Nicolaus Klein wurde am 22.3.1948 geboren. Nach dem Jurastudium zweijährige Anwaltstätigkeit in München. Anschließend Zusammenarbeit mit Thorwald Dethlefsen und 1978 Heilpraktikerprüfung. Nicolaus Klein beschäftigt sich seit dem 21. Lebensjahr intensiv mit Astrologie. 1987 gründete er das KENSHO-Insitut für esoterische Lehren. Er arbeitet als Psychotherapeut, beratender Astrologe und leitet Kurse für esoterische Astrologie, Wuschu und verschiedene Meditationsformen.

Von Nicolaus Klein ist außerdem erschienen:

Glück und Selbstverwirklichung im Horoskop (Band 86113)

Dieses Buch wurde auf chlor- und säurefreiem Papier gedruckt.

Vollständige Taschenbuchausgabe Januar 1997
Droemersche Verlagsanstalt Th. Knaur Nachf., München

Umschlaggestaltung: Agentur Zero, München
Umschlagabbildung: The Image Bank, München
Druck und Bindung: Ebner Ulm
Printed in Germany
ISBN 3-426-86114-3

2 4 5 3 1

Nicolaus Klein

Partnerschaft im Horoskop

Beziehung – ein Spiegel zur Selbsterkenntnis

Knaur®

Inhalt

Teil II Die Systematik der Deutung **167**

Vorwort

Ich habe mich dazu entschlossen, die Partnerschaft zum Gegenstand astrologischer Überlegungen zu machen, nicht nur, weil sie innerhalb der Astrologie ein sehr faszinierender Themenkreis ist, sondern auch deshalb, weil das unser Leben am meisten dominierende Gesetz, das Gesetz der Polarität allen Seins, in der Partnerschaft in einer Form zum Tragen kommt, die uns alle persönlich berührt. Damit wird es uns schwer gemacht, die Polarität nur akademisch zu diskutieren und unverbindlich darüber zu philosophieren, da sie jeder von uns ganz praktisch auf seine individuelle Art und Weise über seine persönliche Partnerschaft – oder die Sehnsucht danach – erleben kann.

In diesem Kosmos kann nichts wirklich isoliert existieren. Dies ist eine Tatsache, die die buddhistische Philosophie als Gesetz der bedingten Entstehung der Dinge definiert. Helligkeit kann nur erlebt werden an ihrem Kontrast, der Dunkelheit, ebenso ist Wärme nur fühlbar im Vergleich zu Kälte. Freude ist meßbar an Leid, Gesundheit an Krankheit, Jugend an Alter.

In der Partnerschaft tritt das Ich mit dem ergänzenden Du in Beziehung, die Zugehörigkeit zu einem Geschlecht kann in der Anziehung und auch Gegensätzlichkeit zum anderen erfahren werden. Der Partner wird so zum leibhaftigen Symbol für das andere, was uns zur Ganzheit fehlt, nach der wir uns so sehnen. Er kann uns zum Spiegel werden, in dem wir uns selbst erkennen können, kann uns im Zusammenleben Bekanntes, aber auch in Schattenbereiche Verdrängtes vor Augen führen.

Partnerschaft ist mehr als eine Möglichkeit, Kinder in die Welt zu setzen – so schön dies auch sein mag –, ist mehr als die Hoffnung auf Geborgenheit und Versorgtheit, die dann allzugerne in Bequemlichkeit und monotoner Alltäglichkeit versinkt. In der Beziehung begegnet der Mensch der ganzen Welt und kann erleben, wie *er* mit ihr umgeht.

In diesem Sinne hoffe ich, daß es mir in den folgenden Zeilen gelingt, den geneigten Leser in die vielen Möglichkeiten einzuführen, die die Beziehung zwischen Menschen für die große Aufgabe des »Erkenne Dich Selbst« bietet. Denn mir persönlich hat gerade auch die Betrachtungsweise der esoterischen Astrologie in bezug auf den Bereich der Partnerschaft viele wesentliche Aha-Erlebnisse vermittelt, die ich gerne mit Ihnen teilen möchte.

Der Hinduismus umschreibt den Schöpfungsmythos mit folgendem Bild: Wenn Brahma (der Weltenschöpfer) ausatmet, atmet er sich selbst aus und wird so zur Schöpfung; wenn er einatmet, atmet er die ganze Schöpfung ein und wird so wieder der, der er ist.

Im Buddhismus finden wir exakt dasselbe Bild, nur daß hier für Brahma Buddha eingesetzt wird. Daneben sprechen manche Spielarten des Buddhismus davon, daß jeder Mensch ein solcher Buddha sei und mit dem ersten Atemzug nach der Geburt dieses Schöpfungsspiel spiele – leider freilich, ohne dies zu wissen. Er tut nach seiner Geburt den ersten Atemzug, atmet sich selbst aus, schlägt die Augen auf und erkennt so, in all dem, was er sieht, nur eines: sich selbst. Der philosophische Hintergrund dieser Betrachtungsweise ist der, daß das Leben ein Spiel sei, mit einem einzigen Zweck, nämlich dem der Selbsterkenntnis. Die These hierzu lautet: Gott schöpft sich, um sich erkennen zu können.

Erkenntnis, wie wir sie verstehen, ist ja nur möglich aus einer Subjekt-Objekt-Spaltung. Das Subjekt blickt in die Welt hinaus und erkennt dort ein Objekt. Freilich gehen wir in unserer üblichen (exoterischen) Betrachtungsweise davon aus, daß das Objekt, welches wir gerade betrachten, nichts mit uns zu tun hat. Unsere Haltung ist die, daß wir sagen: Hier bin ich, und da drüben ist das (fremde) andere, welches ich be-ob-achte und be-ur-teile. Aus dieser Sicht entsteht dann auch das für uns heute leider so selbstverständliche Denkkonzept, daß die Umwelt uns kausal beeinflußt und uns veranlaßt, die »Schuld« für erfahrene Probleme an die Umwelt zu delegieren.[1] So entwickelt sich immer mehr ein Mensch, der nicht mehr bereit ist, Verantwortung für das eigene Leben zu übernehmen, sondern sich als Opfer ungerechter Zufälle begreift.[2]

Die esoterische Betrachtungsweise dagegen begreift das Beobachtete immer als Teil des Eigenen, als in die »Bühne Umwelt« ausgeatmetes Innenleben des Betrachters, nach dem berühmten Motto: »Tat twam asi«, oder: Das bin ich, ich bin das.[3]

Der neugeborene Mensch kann also nach dem ersten Atemzug an seinem Umfeld sein Inneres ablesen: Seine ausgeatmete Männlichkeit (Väterlichkeit) erscheint auf der Bühne Umwelt als Vater (oder väterliche Bezugsperson), seine ausgeatmete Weiblichkeit (Mütterlichkeit) als Mutter oder mütterliche Bezugsperson. Mit einem modernen psychologischen Begriff könnte man auch davon sprechen, daß der Mensch sein eigenes Innenleben auf die Umwelt projiziert. Auch die Psychologie fordert dabei von dem Betreffenden die Rücknahme seiner Projektion zum Zwecke der Selbsterkenntnis, geht dabei aber nicht so weit, daß sie die gesamte wahrgenommene Umwelt als Projektion gelten ließe, wie der erwähnte philosophische Ansatz. Auch der Volksmund kennt diesen Denkansatz, wenn er sagt: »Wie der Herr, so sein Gscherr«, und damit auf die Ähnlichkeit eines Menschen und seiner Umgebung abhebt. Witzige Anspielungen auf physiognomische und haltungsspezifische Ähnlichkeit zwischen Herr und Hund etc. führen diesen Gedanken anhand von Alltagserfahrungen weiter.

Bezeichnenderweise finden Menschen diese treffenden Beobachtungen in der Regel nur dann so lustig, wenn es sich um andere handelt. Bei sich selbst verhindert der berühmte blinde Fleck das Wirksamwerden dieser schönen Selbsterkenntnismöglichkeit, die das Prinzip »Umwelt (Partnerschaft) als Spiegel« uns anbietet. Bitte glauben Sie auch nicht, daß ich Sie mit den oben genannten Blickwinkeln zwingen möchte, diese philosophische Sichtweise einfach zu übernehmen. Die typische Angst des Menschen, der Wahrheit nahe zu kommen, würde dies ohnehin mit Sicherheit verhindern. Vielleicht macht es Ihnen aber Spaß, diese Betrachtungsweise zunächst als Arbeitshypothese zu verstehen und an Bekannten zu testen. Daraus könnte sich später der Mut ergeben, dort gefundene Erkenntnisse auch bei sich selbst anzuwenden.

Lassen Sie mich noch ein praktisches Beispiel zu der eben erwähnten »Arbeitshypothese« aufstellen, da eine solche Illustration oft griffiger ist, als abstrakte Theorie: Stellen Sie sich vor, zwei Frauen stünden an einem Fenster und blickten von dort auf die gegenüberliegende Seite des Gehsteiges. Und nehmen wir an, daß sie dabei den Blick auf dieselben fünf Quadratmeter gerichtet halten. Die eine sagt: »Nun sieh dir dieses Luder dort drüben an; ich beobachte sie schon seit geraumer Zeit. Dies ist schon der sechste Mann, den sie empfängt.« Die andere aber erwähnt im selben Augenblick und mit derselben Blickrichtung einen vorüberfahrenden Radfahrer und bewundert dessen nette rote Mütze.

Es bedarf keiner besonders großen psychologischen Kenntnis, um mit Hilfe der oben dargelegten Überlegungen der ersten Dame attestieren zu können, daß die von ihr gemachte Beobachtung mit einer eigenen inneren Problematik zu tun hat. Man könnte dieses Gesetz auch in Analogie zu physikalischen Gesetzmäßigkeiten als »Resonanzgesetz« bezeichnen. In der Physik können wir beispielsweise beobachten, daß in einem Raum, der voller Saiteninstrumente ist, eine angezupfte Violinsaite nur Saiten derselben Frequenz in Schwingung versetzt. Eine Baßsaite wird dagegen nicht reagieren. Da uns die Physik andererseits zeigt, daß alles Leben als Schwingung begreifbar ist – die Skala geht von Ton-, über Farb/Licht- bis hin zu sehr dichten Schwingungen, die sich uns als feste Körper darstellen –, können wir vermuten, daß auch die Verhaltensweise eines Menschen als ein bestimmtes Schwingungsmuster definiert werden kann. Wenn nun »Frau Nr. 1« aus unserem oben genannten Beispiel auf diese »Schwingung« der Nachbarin entsprechend in »Resonanz« gerät, d. h. sich zu einer emotional aufgeladenen Äußerung hinreißen läßt, so besagt die entsprechende Anwendung des Resonanzgesetzes, daß sie selbst in bezug auf die kritisierte Haltung der anderen ein sehr ähnliches (frequenzidentisches) Problem haben muß. Die erste und zunächst naheliegendste Vermutung ist dabei die, daß sie selbst ähnlich viele Männerbesuche hat und nun glaubt, ihr eigenes Problem an der anderen bearbeiten zu können, frei nach dem Motto, daß man leichter den Splitter im Auge des anderen wahrnimmt, als den Balken im eigenen.

Nicht immer wird diese erste Interpretationsvariante zutreffen, was nicht heißen muß, daß unsere Theorie vom Resonanzgesetz nicht stimmt. Es ist nämlich durchaus möglich, daß »Frau Nr. 1« gerade eben die »Liga zur reinen Jungfrau« gegründet hat und sich an ihren edlen Bemühungen von den derben Schwingungen des »Luders« gehindert glaubt. In diesem Falle liegt es besonders nahe zu vermuten, daß nicht der bewußte Anteil ihrer Persönlichkeit mit ihrem Gegenüber in Resonanz geht, sondern die in den Schatten verdrängten, ungeliebten Charakterzüge, die ihrem Ideal der reinen Jungfrau zuwiderlaufen; direkter ausgedrückt: Sie neidet der anderen unbewußt das, was sie bewußt bekämpft. Und sie hofft, daß, wenn es ihr gelänge, der anderen die Männer auszutreiben, sie auch selbst frei von jenem »unreinen Bedürfnis« werden könne. Kurzum, sie gerät in Resonanz, weil sie an dem wahrgenommenen Sachverhalt innerlich selbst stark beteiligt ist und noch keine souveräne, ausgeglichene Einstellung dazu gefunden hat.

»Frau Nr. 2« dagegen scheint zumindest im Augenblick mit diesem Thema keine Probleme zu haben, da sie durch ein anderes Ereignis »in Mitschwingung versetzt wird«. Auf den Hinweis ihrer Fensterkollegin wird sie deshalb in etwa antworten: »Laß ihr doch das Vergnügen, wenn es für sie eines ist; sie stört uns doch damit nicht«.

Fazit: Die scheinbar objektive Umwelt kommt bei den Betrachtern ganz offensichtlich nicht so objektiv an, sondern wird durch die »Charakterbrille« jedes einzelnen verändert. Der »Empfängerhorizont« bestimmt also entscheidend mit, was vom Leben wahrgenommen wird und was nicht. Diese Tatsache können wir uns bei unserem Selbsterkenntnisweg zunutze machen, indem wir nicht allzu selbstverständlich davon ausgehen, daß wir das sehen, *was ist* – und was vermeintlich auch alle anderen sehen –, sondern uns klarmachen, daß wir vor allem das sehen, *was uns betrifft*. Der Mensch begegnet einer Umwelt, die mit ihm zu tun hat, bzw. filtert sich durch seine Charakterbrille das heraus, was ihn betrifft.

Wenn wir diesen Blickwinkel als Arbeitshypothese akzeptieren können, dann wird gerade der Themenkreis Beziehung und Partnerschaft zur Selbsterkenntnismöglichkeit Nr. 1. Ich versuche deshalb diesen Gedanken etwas ausführlicher an den Anfang dieses Buches zu stellen, weil ich in meiner Beratungs- und Therapiepraxis sogar Fachkollegen begegnet bin, die mittels astrologischer Überlegungen belegen wollten, daß der Partner an ihrem Unglück »schuld« sei. Dieser exoterische astrologische Ansatz, der dem Ratsuchenden ein Alibi gibt, um von den eigenen Problemen ablenken zu können, ist keine echte Hilfe. Er macht beispielsweise den Versuch, dem Klienten dessen Einengungsgefühle in Gegenwart seines Partners damit zu erklären, daß der Partner ja seinen Saturn auf der »armen« Sonne unseres Klienten stehen habe. Da sei es ja kein Wunder, daß er Beklemmungsgefühle »durch den anderen« erfahre. Vielleicht käme dann noch der wahrhaft exoterische Rat hinzu, sich von einem solchen Partner zu trennen, um dann freier leben zu können. Eine solche Vorgehensweise muß aber unterstellen, daß die bisherige Partnerschaft aus »dummem Zufall« zustande gekommen ist. Der Astrologe wird dann erstaunt sein, wenn sich der Klient nach der Trennung »zufällig« wieder einen Partner auswählt, dessen Saturn zwar vielleicht nicht in Konjunktion, aber im Quadrat zur eigenen Sonne steht. Konsequenterweise müßte ein solcher Astrologe den »armen« Klienten wegen seines schlimmen Schicksals bemitleiden und ihm zu einer weiteren Trennung raten.

Die esoterische Astrologie dagegen geht von der Sinnhaftigkeit allen Geschehens aus, faßt Schick-sal als das zur Heilung (sal = althochdeutsch: Heil) Geschickte und Zufall als das aus Gesetzmäßigkeit Zu-fallende auf. In obigem Beispiel würde der Astrologe den Klienten an die Überlegung heranführen, was für eine Aufgabe für ihn darin liegen könnte, sich in Beziehungen mit den Grundsätzen und Prinzipien (Saturn) des Partners konfrontieren zu müssen. Sie würde Fragen aufwerfen wie: »Könnte es sein, daß Sie, obwohl Sie die Strenge und Unnahbarkeit (Saturn) des Partners bedrückt, in seiner Prinzipienhaftigkeit Halt suchen, oder daß Sie jemanden brauchen, der Ihr Verhalten (Sonne) korrigiert oder diszipliniert?« Die esoterische Astrologie fragt also zunächst nach dem Sinn und der Be-deutung des Geschehens, auch – und gerade dann –, wenn dieses als schmerzlich empfunden wird. Sie gibt dem Klienten kein (astrologisches) Alibi, um not-wendiger Selbsterkenntnis ausweichen zu können à la: der Saturn des anderen ist schuld. Vielmehr begreift sie, daß Selbsterkenntnis und persönliche Entwicklung oft auch von unvermeidlichen »Geburtsschmerzen« begleitet werden. Erkenntnis kann hier lindernd wirken. Esoterische Astrologie ist nach meiner Auffassung also vor allem Aufklärungsarbeit, nicht trickreiche – und deshalb langfristig gesehen viel erfolglosere – Leidvermeiderei.

Begreift man im Laufe sorgfältiger Beobachtung die Gesetzmäßigkeit und Sinnhaftigkeit sogenannter Zufälle, dann erscheint es einem nicht mehr als »dummer Zufall« wenn man feststellt, daß man in der Partnerschaft immer wieder auf denselben Typ »hereinfällt«, sondern beginnt langsam die dahinterstehende Lernaufgabe zu erkennen. Dann kann auch deutlich werden, warum man sich als Eltern gerade Kinder *dieser* Charakterstruktur »ausgesucht« hat und nicht andere.[4]

Häufig wird man – wenn man diesen Blickwinkel einnimmt – entdecken, daß man mit Partnern, Kindern, Eltern liiert ist, die eigenen unbewußten und ungelebten Persönlichkeitsanteilen entsprechen (Motto: Die Liaison mit dem eigenen Schatten), um so über den Spiegel Umwelt Bezug zum eigenen Unterbewußten zu bekommen. Wie oben schon erwähnt, begreift der naive Volksmund das instinktiv, wenn er über die Beziehung von Verbrecher und Polizist, Psychiater und Klient, Arzt und Patient witzelt.

Was hier beschrieben wird, ist die alltägliche und praktische Anwendung eines Gesetzes, welches wir am klarsten formuliert in der Grundregel der Homöopathie wiederfinden: »similia similibus curentur« (Ähnliches wird durch Ähnliches geheilt).

Lassen wir uns nicht von der polaren Erscheinung an der Oberfläche täuschen. Oft wirkt der selbstsichere, im ärztlichen »Ornat« auftretende Chefarzt weniger krank als sein Klient. Sollte das entgegen aller tieferblickenden Erfahrung auch tatsächlich der Fall sein, wird er seinen Patienten kaum heilen können: weil dieser sich in ihm nicht erkennen kann.[5]

Hier bieten Selbsthilfegruppen, in denen die Spiegelungswirkung des eigenen Problems offensichtlicher ist, eine größere Erkenntnis- und damit Heilungschance.

Doch wenden wir uns nun einer Analyse des Themas Partnerschaft mit Hilfe der astrologischen Technik zu.

Teil I
Grundlagen
Partnerschaft und Astrologie

1. Das Horoskop der Partnerschaft

Wenn wir Partnerschaft und Astrologie zueinander in Bezug setzen, kann es zunächst interessant sein, zu untersuchen, was der Tierkreis als archetypischer Entwicklungszyklus – als »Mandala« – zu dem Themenkreis Partnerschaft aussagt. Auf diese Weise können wir erfahren, welche »Uridee« aus astrologischer Sicht einer (idealen) Partnerschaft zugrundeliegt. Die Frage, die sich in diesem Zusammenhang stellt, lautet: »Welches Anliegen hat die Partnerschaft an sich?«

Die technische Umsetzung bzw. Beantwortung dieser Frage mit den Mitteln der Astrologie geschieht auf folgende Weise: Da der Aszendent ein Symbol für das Anliegen innerhalb eines Horoskopes darstellt[6], müssen wir ihn mit dem Tierkreiszeichen verbinden, welches das Thema Partnerschaft am deutlichsten widerspiegelt. Dies ist unbestritten das Zeichen Waage. Wenn wir den Aszendenten als Beginn des Ur-Häusersystems von 12 gleichgroßen Häusern auf 0 Grad (also den Beginn und damit intensivsten Punkt von) Waage einstellen, so erhalten wir nachfolgende Abbildung.

An den so entstehenden Kombinationen von Tierkreiszeichen und Häusern können wir ablesen, was das Wesen der Partnerschaft ist.[7] Dabei haben wir es durch unsere Interpretation in der Hand, ob sich die Aussagen auf entwickeltere oder weniger entwickelte Stufen von Partnerschaft beziehen.[8]
Das Bild auf Seite 21 sagt uns:

1. Das Anliegen (Aszendent) der Partnerschaft ist Ergänzung (Waage). Hermann Hesse hat das hier anklingende Thema wunderschön beschrieben, wenn er sagt: »Es ist nicht unsere Aufgabe, einander näher zu kommen, so wenig wie Sonne und Mond zueinander kommen, oder Meer und Land. Unser Ziel ist, einander zu erkennen, und Einen im Anderen zu sehen und ehren zu lernen, was er ist: des Anderen Gegenstück und Ergänzung.«

2. Der Besitz (2. Haus) einer Partnerschaft liegt in der Bereitschaft zum Opfer (Skorpion). Diese Kombination von 2. Haus und dem Zeichen Skorpion ist ein Hinweis darauf, daß erst die Opferbereit-

Abb: 1 Das Horoskop der Partnerschaft

schaft der an einer Beziehung beteiligten Individuen und ihre Fähigkeit zum Verzicht auf egoistische Ansprüche einer Partnerschaft Wurzeln, Bestand und Festigkeit (2. Haus) verleihen.

3. Die kommunikative Ebene (3. Haus) einer Partnerschaft sollte von Vertrauen und Optimismus (Schütze) gekennzeichnet sein. Beziehung will demnach üppigen (Schütze) Austausch (3. Haus), möchte Gespräche (3. Haus), die sich an der Sinnhaftigkeit des Daseins (Schütze) orientieren.

4. Basis und Quellpunkt (4. Haus) einer Partnerschaft ist Treue (Steinbock). Das Zeichen Steinbock kann natürlich auch als »Verantwortung«, »(gemeinsames) Ziel«, »Perspektive« gedeutet werden oder auf minder entwickelter Stufe als »Angst«, denn alle diese

Bedeutungen läßt das Tierkreissymbol Steinbock zu. Ob eine Beziehung Angst oder Verantwortungsgefühl zur Basis hat, ist also weniger von der astrologischen Symbolik abhängig, als von der Entwicklungsebene der an der Partnerschaft beteiligten Personen. Das wahrhaft Schöne an einer seriös betriebenen Astrologie ist denn auch die Weite des symbolischen Spielraumes, die sie von der konkret-festlegenden Vulgärastrologie unterscheidet. So bleibt der Mensch frei von festlegender Abstempelung durch vermeintlich unverrückbare Tatsachen und findet doch in der Symbolik wegweisende Hilfe für seine Entwicklung.

5. Der »lebendige Ausdruck«, der »kreative Spielraum« (5. Haus) einer Partnerschaft sollte auf dem Motto »Freiheit, Gleichheit, Brüderlichkeit« (Wassermann) beruhen. Hier erhalten wir von unserem Mandala die Auskunft, daß der Selbstausdruck der Persönlichkeiten die Freiheit des anderen respektieren möge. Man könnte aus dieser Kombination auch einen Hinweis auf die Gleichberechtigung (Wassermann) im sexuellen Ausdruck (5. Haus), auf eine Befreiung in der Sexualität ablesen.

6. Die »Anpassung an die konkreten Alltagsanforderungen« (6. Haus) sollte in einer Beziehung mit »Einfühlungsvermögen und Feingefühl« (Fische) erfolgen. Wollte man eine unerlöste Partnerschaft in derselben Symbolik ablesen, so könnte man natürlich auch hier Fische als »Sich-Entziehen« oder »Hindurchschwindeln« übersetzen. Die Astrologie sagt dazu, zunächst einmal, daß wir beide Spielarten, sowohl die erlöste (Feingefühl) als auch die unerlöste (Täuschung), im tatsächlichen Leben vorfinden werden. Ob eine Partnerschaft nahe an das mögliche Ideal herankommt, hat dann mit dem Bewußtheitsgrad der Beteiligten zu tun.

7. Die Begegnung (7. Haus) hat innerhalb einer Partnerschaft die Aufgabe, einander Impulse zu setzen (Widder) und so die beiderseitige Entwicklung zu stimulieren. Das Spektrum reicht hier vom Ehekrieg (Widder) bis hin zur gegenseitigen Anregung.

8. Das »Leitbild« (»Modell«) (8. Haus) der Partnerschaft ist die Gruppe (Stier). Die Idee (8. Haus) der Zugehörigkeit (Stier) ist offenbar notwendig für Beziehung, wenn sie nicht abgleitet in Besitzansprüche als Negativinterpretation des Tierkreiszeichens Stier. Dann nämlich müßte man die hier vorgefundene Gleichung etwa

so interpretieren: »Besitzansprüche sind der Tod (8. Haus) jeder Partnerschaft.«

9. Die »Lebensphilosophie«, die »Sinnhaftigkeit« (9. Haus) der Partnerschaft liegt im »Austausch« (Zwillinge). Diese Gleichung zeigt, daß eine Beziehung ihre Sinnhaftigkeit verliert, wenn in ihr kein Austausch mehr geschieht, wenn die Gespräche (Zwillinge) versiegen.

10. Die »Zielsetzung«, »Perspektive« (10. Haus) einer Beziehung liegt in »seelischer Nähe« oder auch »Familiengründung« (Krebs). Weniger erfreulich wäre es wiederum, wenn wir als »Ergebnis« (10. Haus) von Partnerschaft »Unselbständigkeit« (Krebs) vorfänden, aber auch das wäre nur Ausdruck minderer Entwicklungsstufe derselben Symbolik und ist in der Praxis leider häufig vorzufinden.

11. Die »Freiheit« (11. Haus) einer Beziehung liegt in der »Selbstbewußtheit« (Löwe) der Partner. Je mehr der einzelne in der Lage ist, kreativ und eigenverantwortlich sein Leben in die Hand zu nehmen, desto freier wird sich die Partnerschaft entwickeln. So ist die Autarkie der Partner eine Freiheitsgarantie für die Beziehung.

12. Mit dem 12. Haus sind wir bei der höchsten Entwicklungsstufe eines Entwicklungszyklus', der das Thema Partnerschaft (Waage) zum Ausgangspunkt (1.Haus) hatte, angelangt. Und diese höchste Entwicklungsstufe von der Partnerschaft heißt, wie wir an unserer Kombination nun ablesen können: »dem anderen dienen« (Jungfrau).[9]

Nach diesem ersten Überblick zur Partnerschaft aus astrologischer Sicht im allgemeinen, wollen wir nun untersuchen, welche besondere Bedeutung die Grundbausteine der Horoskopinterpretation, nämlich Tierkreiszeichen, Häuser und Planeten in der Betrachtung des Themenkreises Partnerschaft haben.

2. Tierkreiszeichen und Partnerschaft

Dazu zunächst eine flüchtige Skizze typischer Vertreter von Tierkreiszeichen in ihrem allgemeinen und insbesondere partnerschaftlichen Verhalten.[10] Dabei ist es für das Verständnis der Zeichenqualität entscheidend, sich nicht an der konkreten Begrifflichkeit der geschilderten Beispiele festzuhalten. Vieles von dem konkret zu dem betreffenden Tierkreiszeichen Gesagten wird in der Realität *nicht* zutreffen. Mir geht es bei der Schilderung auch nicht darum, statistisch die Signifikanz spezieller Verhaltensweisen aufzuzeigen, sondern über die karikaturistisch pointierte Darstellung ein Klima, ein atmosphärisches Bild des entsprechenden Tierkreisprinzips entstehen zu lassen, welches dessen Wesen zwischen den Zeilen durchscheinen läßt. Es möge mir auch verziehen werden, daß ich nicht so häufig auf die in »Esoterikerkreisen« so geliebten »feinstofflichen« Ebenen der Seelenpartnerschaft eingehe, da mir die therapeutische Praxis gezeigt hat, daß gerade diejenigen, die nur noch von Dualseelen und »karmischen Beziehungen« sprechen, damit alltägliche und reale Probleme zu verdrängen suchen.

Widder

oder: »Wo rohe Kräfte sinnlos walten«
oder: »Der Draufgänger«

Widder, das Oppositionszeichen zum partnerschaftsbezüglichsten Zeichen Waage, zeigt in seinem Verhalten am wenigsten Bereitschaft, sich auf Beziehung einzustellen. Er kann als das egozentrischste aller Tierkreiszeichen gelten. Wenn er sich für einen Partner einsetzt, dann entweder, um sich seine eigene Leistungsfähigkeit zu beweisen, oder weil er sich in seiner Ritterlichkeit bestätigen möchte. Primär gilt sein Denken, Fühlen und Streben der Durchsetzung gerade aktueller Zielsetzungen, die mit aller Direktheit und Kompromißlosigkeit verwirklicht werden wollen. Sein Partner tut gut daran, sich diesen Zielen nicht in den Weg zu stellen, sondern den Dingen (fatalistisch) ihren Lauf zu lassen, möchte er nicht als »Hindernis« beiseitegeräumt werden. Allerdings kann man getrost darauf vertrauen, daß die spontanen »Energieschübe« des Widders relativ schnell verrauchen (besonders, wenn sie wenig Widerstände vorfinden). Wenn der(die) Krieger(in) sich erschöpft hat, ist er(sie) wieder recht handsam und verträglich. Das gilt auch für Zornausbrüche, die bei dem ungeduldigen Naturell des Widders recht häufig vorkommen, dafür am nächsten Tag schon längst wieder vergessen sind. Widder wollen also wie ein rasch heraufziehender Gewittersturm überstanden werden, indem man sich – Zuflucht suchend – zurückzieht und den hereinbrechenden Naturgewalten ihren Lauf läßt.

Mit seinem untrüglichen Sinn für im Verborgenen liegende Spannungen (Widder kommt im Tierkreiszyklus ja eben aus dem »Verheimlicherzeichen« Fische) zerrt der Widder im Hintergrund Verborgenes schonungslos ans Tageslicht. Er leidet unter Unausgesprochenem und kann eine für andere schmerzliche Direktheit viel besser ertragen als das abgestandene »Fischeln«[11] von in die Heimlichkeit verdrängten Angelegenheiten. Das macht ihn zum ehrlichsten Zeichen des Tierkreises, bei dem man immer weiß, woran man ist. Die Spontaneität und Direktheit des Widders läßt Täuschungsmanöver ebensowenig zu, wie strategische Überlegungen. Wenn er sich in diesen für ihn atypischen Verhaltensweisen üben sollte, ist ihm dies auch mit wenig Menschenkenntnis an der Nasenspitze ablesbar. Seine Ehrlichkeit hat allerdings oft etwas Ungeschliffenes, so daß er zum Elefanten im Porzellanladen wird, und zartere Gemüter Schaden an ihr nehmen.

In erotischer Hinsicht geht es ihm (oder auch »ihr« – in der weiblichen amazonenhaften Form) primär um die Eroberung des Partners. In seiner sozialen Entwicklungsstufe des »Jägers und Nomaden« bewegt er sich vor allem dort, wo es Beute gibt, die er nicht so sehr kunstfertig oder verführerisch, als vielmehr »im ersten Ansturm und mit roher Kraft rauben« möchte. Da der Widder kurzfristig sehr hohe Kraftpotentiale zu mobilisieren weiß, ist es wenig sinnvoll ihm direkten Widerstand entgegenzusetzen. Der Kampfgrundsatz des Aikido, der den Gegner mit dessen eigener Kraft ad absurdum führt, verspricht hier mehr Erfolg. Das meint konkret, daß das rechte Ausweichmanöver im rechten Augenblick dem Eroberungswillen des Widders mehr entgegenzusetzen hat, als die Hoffnung, sich durch ein klares Nein durchsetzen zu können.

Eine eroberte Burg, ein ans Halsband gelegter Hausmann ist freilich für den Widder (die Widderfrau) keine Herausforderung mehr und verliert (besonders beim primitiveren Widdertypus) sehr schnell an Attraktivität. Wenn man den Widder bei der Stange halten möchte, ist es daher klug, sich nie ganz »geschlagen zu geben«. Will man etwas von einem Widder, ist es am besten, es ihm direkt und ohne Umschweife zu sagen. Die Erwartung, er könne zwischen den Zeilen Angedeutetes schon als Hinweis verstehen, wird dagegen meist enttäuscht werden. Er liebt klare unmißverständliche Formulierungen und haßt diplomatische Ausflüchte. Da des Widders Leben auf die Tat ausgerichtet ist, kann man sich im Zusammenleben auf ein recht aktives bis hyperaktives Geschehen einstellen. Gemütliche Stunden und beschaulich-ruhiges Zusammensein sind hier ebensowenig angesagt wie romantische Spaziergänge und stilles Innewerden. Abenteuerliche Aktivitäten dagegen und das Erobern noch unbekannten Terrains, »Querfeldeinmärsche« und sportliches Kräftemessen liegen da viel näher. Das gilt übrigens auch für die weibliche Widder-Amazone, die nach »Brunhildenmanier« nur den Partner wirklich akzeptiert, der den Speer weiter werfen kann als sie selbst.

Im Grunde seines Herzens ist (besonders der männliche) Widder ein Einzelgänger, kein gruppenbezüglicher Typus, der viel persönlichen Freiraum braucht, bei gemeinsamen Unternehmungen immer gerne in die Führungsrolle geht und sich dem Willen eines anderen nur schwer unterordnen kann, es sei denn, er akzeptiert den anderen als den Stärkeren.

Fazit: Wer sich mit einem Widder liiert, sollte sich auf ein turbulent-aktives Leben einstellen, in das kaum Ruhe einkehrt und sich auf häufiges Kräftemessen einstellen, wenn er sich dem Widder nicht unterordnen möchte.

Stier

oder: »Ein Oscar für die Sturheit«
oder: »Ein Prosit der Gemütlichkeit«

Wie die Wurzelknolle Halt im Boden sucht, so der sicherheitsbedürftige Stier inmitten der ihn stabilisierenden Gruppe. Als fixes Erdzeichen zu den unbeweglichsten Tierkreiszeichen zählend, wünscht sich der Stier einen Partner, in dem er Halt und Schutz finden kann, mit dem zusammen er burgbildend sein Revier gegen die Unbilden der Umwelt verteidigen kann. In ihm schlummert rudimentär die soziale Entwicklungsstufe des Seßhaftwerdens als Bauer, der aus der zum Eigentum gemachten Scholle Erwerb und Nahrung zieht. Im Anhäufen von Substanz und Bilden von Depots soll sichergestellt werden, daß die eigene Unbeweglichkeit nicht zum Verhängnis wird. Hunger zu leiden, gehört – sowohl substantiell als auch seelisch gesehen – zu den Urängsten des Stiers. So wird, wie in bäuerlichen Regionen üblich, der Zusammenhalt einer Gruppe zur Existenzsicherung zum partnerschaftlichen Hauptthema. Das Zusammengehörigkeitsbedürfnis kann den Partner zum Eigentum erklären oder auch sich selbst zum Eigentum des Partners. Um dieses existenzsichernden Gruppenzusammenhalts willen werden oft große Zugeständnisse und Opfer gebracht, die dem Stier seinen Ruf als besonders gutmütiges Zeichen eingebracht haben. Freilich, was der Stier für das Erhalten des Gruppenwohls seelisch herunterschluckt oder auf seinem Stiernacken hartnäckig zu ertragen sucht, wird allzuoft ins Unterbewußte verdrängt und kann später als herbe Enttäuschung über die »Fehlinvestition« in den anderen aus dem Fermentmagen dieses Wiederkäuers wieder nach oben kommen. »Undank ist aller Welt Lohn« ist dann die Leier, die wieder und wieder gekäut werden will. Wer sich mit einem Stier verbindet, wird einerseits eine gemütlich-bodenständige Geborgenheit finden wie bei keinem anderen Tierkreiszeichen, wird mit Butterstullen (und zwar nur den echten!) und gutbürgerlicher Kost verwöhnt werden und sich, so wie Rituale der Gastfreundschaft das zeigen, ganz zugehörig fühlen dürfen. Andererseits ist der Preis dafür die persönliche Freiheit. Wer das Gruppenbrandzeichen trägt, sollte eben nicht in fremden Revieren grasen. »Wir gehören zusammen« ist hier die Parole, die Sicherheit ebenso verspricht wie Abhängigkeit.

Der Stier kann bei dem ihm angeborenen Beharrungsvermögen kein Freund von Experimenten sein. So könnte er seiner Aufgabe des Bewahrens von alten Werten nicht gerecht werden. Und wenn Sie sich nicht darauf freuen sollten, zum 57. Mal in derselben Runde lieber Gruppenmitglieder zu Weihnachten dieselbe Gans »ganz nach Großmutters Gutsherrenart« zu speisen, dann ist Stier vielleicht nicht der rechte Partner für Sie.

Volkskunst, Brauch und Tradition sind Grundwerte, die mit der Festigkeit schweizerisch-solider Mentalität erhalten werden. Der Stier schwört – instinktiv gelenkt – auf die natürliche Ordnung der Dinge und weiß schon aus eigener Erfahrung darum, wieviel Zeit organische Entwicklung braucht.

In erotischer Hinsicht verspricht das Genußzeichen Stier ein hohes Maß an Sinnlichkeit. Als oral fixierter Typus ist er nicht nur in Ernährungsfragen ein Gourmet. Er braucht eine beschauliche Umgebung, um langsam für Nähe warmwerden zu können und hält sich auch in Sachen Sex gerne an Altbewährtes. Dabei wird, wie bei der Kost, auch Bodenständig-Deftiges nicht verschmäht.

Wie aus dem bisher Gesagten schon hervorgehen mag, gehören Trennungssituationen zu dem Schlimmsten, was man einem Stier zumuten kann. Wer einmal ein von der Herde isoliertes Kalb auf der Weide stehen sah, weiß, wie sich ein Stier allein fühlt. Wenn der Partner geht, ist es dem Stier, als ginge ein Teil von ihm selbst. So intensiv ist das Bedürfnis nach Symbiose, daß auch über die Jahre unerträglich gewordene Beziehungen noch weiter konserviert werden, als wäre die Symbiose Selbstzweck. Für die konfliktfreie Beziehung ist es wichtig, daß der Stier sein eigenes Konto zur Verfügung hat, selbst dann, wenn es traditionellen Vorstellungen nicht entspricht und der Stier den Partner durch den Anspruch auf sein Eigendepot nicht provozieren möchte. Zwar möchte er sich lieber vom anderen verwöhnen lassen, was er als tiefes Zeichen von Zuneigung wertet, braucht aber doch das Sicherheitsgefühl jederzeitigen ungehinderten Zugriffs aufs Depot.

Fazit: Wer sich einen Partner wünscht, mit dem er in treuer Einehe nach dem Motto »zusammen sind wir stark« leben möchte, ein Haus bauen will, was er später mal den Kindern vererben wird, insgeheim nach den Bergen, Banken und Buttern der Schweiz sich sehnt, der reiche dem Stier nach Brauchtumsart die Hand und wünsche sich zur Hochzeit Ochsenschwanz.

Zwillinge

oder: »Die bedeutungslose Nachricht«
oder: »Wer schwätzet, hat mehr vom Leben«

Hier finden wir das »Nachrichtenbüro« unter den Tierkreiszeichen. So wie das Überleben einer Nachrichtenagentur von dem entsprechenden Informationsfluß abhängig ist, so der Zwilling von der Möglichkeit, Neuigkeiten zu erfahren und mit anderen auszutauschen. Ihm ist im Tierkreis die Aufgabe zugefallen, neugierig Informationen zu sammeln, Dinge bezeichen- und benennbar zu machen und dann alles – ohne sich selbst weiter tiefgründig damit auseinanderzusetzen – weiterzuverbreiten. Er ist demnach ein unbeschwerter Gesprächspartner, der von allem und nichts weiß, der in journalistischer Neutralität und Unverbindlichkeit mit Informationen handelt wie auch mit Waren. Er läßt wie ein Katalysator Nachrichten oder Handelsobjekte von der Quelle zum Abnehmer fließen, ohne sich selbst persönlich zu engagieren. Handel und Austausch selbst sind ihm bei weitem wichtiger als die Gegenstände seines Vermittlungsprozesses. So angenehm die wertfreie Veranlagung in vielerlei Hinsicht ist, weil sie unabhängig macht von moralisierenden Betrachtungsweisen, so sehr kann sie bei Übertreibung auch zur Gewissenlosigkeit durch das beliebige Relativieren von Werten führen. Es werden Dinge dann zu wenig ernst genommen und mit flotten Argumenten die eigene Position gerechtfertigt. Der Zweck soll so die Mittel heiligen. Und wenn bei den Aktionen für den Zwilling selbst noch heiter-oberflächliche Information (oder ein kleines Entgelt) hängen bleibt, so ist die Welt für ihn in Ordnung.

Die Beweglichkeit und Offenheit des labilen Luftzeichens machen ihn (sie) zu einem angenehm-unbeschwerten Partner(in), der sich auch nach Schlappen mit Stehaufmännchenqualitäten wieder schnell erholt oder wie ein Schmetterling dorthin fliegt, wo Neues und Ablenkendes Zerstreuung verspricht. Schlau und gewitzt weiß er Vorteile für sich zu nutzen, besonders solche, die sich aus seinen vielfältigen Beziehungen ergeben. Diese sind übrigens kein Hinweis für ein untreues Verhalten seiner Partnerschaft gegenüber, da er Treue ohnehin nicht kennt. Denn letztlich bleibt für ihn auch eine engere Beziehung nur eine unter vielen. Er könnte einen Treuebruch schon deshalb gar nicht begehen, weil er auch zu einem Dritten kein tieferes oder engeres Verhältnis eingehen möchte. Partnerschaft bleibt für den Zwilling eine schöne Möglichkeit zum Informationsaustausch, die nicht unbedingt zu verbindlich werden sollte. Das geistige wie körperliche Bewegungsnaturell empfindet kontinuierlichere Beziehungen schnell als monoton und langweilig und sucht dann Abwechslung bei anderen, ohne sich deshalb von der Zweierbeziehung abwenden oder gar trennen zu wollen. Wie den Luftzeichen ganz allgemein, ist auch den Zwillingen das Bedürfnis eigen, am liebsten mit allen gut auszukommen. Er will es sich mit niemandem verderben und setzt sich als Folgezeichen von Stier gegen das dort vorzufindende Revier- und Zugehörigkeitsdenken ab.

Leidenschaftlichkeit ist der neutralen (hier herrscht der Hermaphrodit Merkur/Hermes) Grundnatur des Zwillings fremd, so daß er (sie) auf andere Tierkreiszeichen manchmal etwas sachlich wirken mag. Vielleicht ahnt der Zwilling auch nur den extrem verpflichtenden Charakter der Sexualität (bzw. ihrer Folgen), durch die ihm seine Freiheit eingeschränkt werden könnte. Was die Sachlichkeit anbetrifft so würde es beispielsweise einen Krebs sicherlich verletzen, wenn der Zeitpunkt für die Heirat nach steuerlichen Gründen ausgewählt würde. Ein Zwilling dagegen könnte ein solches Verhalten durchaus als zweckmäßig, klug und nicht als gegen sich gerichtet empfinden. Was sollte denn schließlich schlecht daran sein, wenn man auf so einfache Art und Weise ein Geschäft machen kann, was noch dazu beiden dient?

Auch der in der Regel nutz- und zweckbetonte praktische Lebensstil des Zwillings verrät ihn nicht als Ausbund saftiger Sinnlichkeit, sondern eher als heiteren Intellektuellen. So mag manchmal auch die Erotik einen technisch-funktionellen Akzent tragen, eher gymnastisch als emotional und sinnlich wirken. Mit einem Zeitschriftenabonnement oder dem Plan für eine gemeinsame Radwandertour können Sie einem Zwilling mehr Freude bereiten als mit eifersüchtigen oder leidenschaftlichen Liebesbezeugungen.

Partnerschaft ist für den Zwilling eine Form von kameradschaftlicher Freundschaft, in der er vor allem Kommunikation und Informationsaustausch sucht. Er möchte in einer Beziehung atmen können, kann und will sie nicht als Gefängnis verstehen, sondern lieber als Heimatbasis für diverse Erkundungsgänge oder Ausflüge in das nähere Umfeld.

Fazit: Der Zwilling ist ein pflegeleicht-heiterer, luftig-unverbindlicher Partner mit neutral-intellektueller Ausstrahlung, mit dem das Zusammenleben vielseitig und beschwingt, manchmal auch nervös und flatterhaft sein mag, dessen sanguinisches Temperament aber sicher nicht belastend wirkt, wenn man nicht Tiefgründigkeit und Bedeutsamkeit bei ihm sucht.

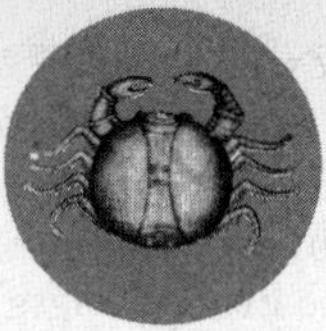

Krebs

oder: »Zuhause im Mutterschoß der Familie«
oder: »Schlaf, Kindlein, schlaf«

Der Krebs ist der Prototypus des anhänglichen, gefühlsbetonten Familienmenschen, der mit »Nestbauinstinkt« die Nachkommenschaft sichern möchte. So entwickelt nicht nur der weibliche, sondern auch der männliche Krebs oft eine geradezu mütterliche Fürsorge und versteht sich als Umsorger und Ernährer der Seinen. Es besteht hier ein ähnliches Bedürfnis nach Nähe und Zusammengehörigkeit wie beim Stier, doch ist dies bei dem Wasserzeichen Krebs mehr auf die seelische Nähe, als auf die existentiell-körperliche des Stiers gegründet. Wasser ist stark adhäsiv (= anhänglich) und weniger kohäsiv (= zusammenhängend), wie das im Erdzeichen der Fall ist. Die Wasserzeichenqualität ist es auch, die dem Krebs wenig inneren Halt und Kontur vermittelt, so daß er diese in der Partnerschaft außen sucht, so wie Vase oder Ufer dem Wasser Halt geben. Der Krebs macht lieber »mit«, als etwas allein zu tun, trägt ungern für sich selbst Verantwortung, und wenn er sie schon tragen muß, dann noch eher in seinem Fürsorgesyndrom für andere. Die Einstellung zur Partnerschaft ist »partizipatorischer« Natur. Er nimmt teil am Leben des anderen, spiegelt den Partner, paßt sich seelisch der jeweiligen Stimmung wie ein Chamäleon an und kann an einer für ihn unverträglichen Atmosphäre krank werden. Wer ihn heiratet, sollte sich darüber im klaren sein, daß er nun auch mit dessen Sippe liiert ist. Denn der Krebsgeborene fühlt sich dem Urbild der Großfamilie tief verpflichtet. Sein Gefühlsklima ist wandelbar wie die Launen des Wetters und ähnlich schwierig vorhersagbar. Diese periodischen Schwankungen geben dem Krebs ein feines Empfinden für das Werden und Vergehen in der Natur, fühlt er sich doch oft genug wie ein Spielball der Gezeiten. Mit großen Kinderaugen harrt er der äußeren Kräfte, die sein Leben bestimmen.

Wo Entscheidungen anstehen, macht sich der berühmt-berüchtigte »Krebsgang« bemerkbar, der seitlich oder mit fluchtartigem Rückstoß nach hinten ausweicht. Das mag damit zusammenhängen, daß Entschlüsse, die aus dem Oberbewußten getroffen werden, dem Krebs unorganisch erscheinen. Bei ihm wird aus dem »Bauch« heraus empfunden, so daß sich Entscheidungen für ihn eher »ergeben« als willentlich getroffen werden. Seine ausgeprägte Phantasie richtet sich weniger nach vorne, sondern beschäftigt sich lieber mit der Verdauung bildhafter Eindrücke, die die Vergangenheit hinterließ. So wie der Begriff »Inter-esse« (lat.: dazwischen sein) den Zwilling kennzeichnet, so treffend ist die »Er-innerung« für den introvertierten Krebs. Die Fülle von Impressionen, denen er als wohl aufnahmefähigstes Tierkreiszeichen ständig ausgesetzt ist, macht es oft sogar nötig, zusätzlichen Schlaf als von Träumen geschwängerten Regenerationsschlaf zu nutzen.

Es ist wohl die Tatsache, daß der vom Mond regierte Krebs das weiblichste Zeichen des Tierkreises verkörpert, die es den männlichen Vertretern dieses Zeichens erschwert, sich mit ihrer weichen Natur anzufreunden, zumal sie damit nicht den Klischees gesellschaftlicher Erwartung entsprechen.[12] Das kann manchmal zu Minderwertigkeitsgefühlen führen, die durch kompensatorisches Abenteurertum und besonders markig-männliches Auftreten überspielt werden.[13] Der Krebs ist ein Partner für romantische Stunden, in denen er jeden Zeitsinn verliert. Seine Romantik scheint etwas naiv-bürgerlich, liebenswert-kindlich. Sein Lebensweg wird sich selten geradlinig und konsequent gestalten, sondern eher chaotisch und durch die Umstände gelenkt, obwohl er überdurchschnittlich ehrgeizig ist. Oft sind es auch die Konfliktsituationen zwischen den ehrgeizigen beruflichen Ambitionen und dem noch stärkeren Bedürfnis nach einem intakten Privatleben, die eine klare Konsequenz in seinem Leben verhindern.

In erotischer Hinsicht ist ihm die Gefühlsbindung das Wichtigste. Er kann sich erst dann hingeben und fallen lassen, wenn die regelmäßig vorhandene Anfangsscheu geschwunden und ein familiär-vertrautes Klima entstanden ist. So ist es weniger die Spannung der Geschlechtlichkeit, die ihn anzieht, als eine Atmosphäre gegenseitiger Fürsorge und Zärtlichkeit. Er genießt es dann, in der Gegenwart des Vertrauten ganz zum Kind zu werden und sich versorgen zu lassen, oder seinerseits den Partner wie eine liebevolle

Mutter zu behandeln. Dabei mag aus der Sicht anderer Tierkreiszeichen zu wenig sexuelle Erwachsenheit entstehen, da diese im Klima des Eltern/Kind-Rollenspiels nicht gedeiht. Für den Krebs selbst liegt die Priorität aber eben mehr auf der geschützten Familiensituation als dem aufregenden »Kampf der Geschlechter«.

Fazit: Wer gerne eine große Familie möchte, Abenteuer lieber in der Phantasie als der Realität erlebt, ein Klima der seelischen Nähe und gegenseitigen Versorgens anstrebt, der findet im Krebs den idealen Partner.

Löwe

oder: »Ich bin der (die) Größte«
oder: »Der Starke ist am mächtigsten allein«

Im Löwen finden wir den klassischen individualistischen Einzelgänger vor, wie er sich in der Natur auch in den Vertretern der Katzenfamilie zeigt. An ihnen kann man all die Eigenarten ablesen, die analog auch auf das Tierkreiszeichen zutreffen. Katzen leben ihr Eigenleben, sind nicht bereit sich unterzuordnen (oder gar vor dem Rudelführer »Männchen zu machen«), brauchen ihren freien Auslauf und kommen und gehen, wann *sie* wollen. Wenn sie nicht ihren Spieltrieb ausleben (der auch grausame Züge haben kann, wie man am »Katz-und-Maus-Spiel« sieht), sind sie eher faul. Sie nehmen mit Würde, was man ihnen zubereitet hat und holen sich – wenn sie es wollen – als »Schmusekatzen« ihre Streicheleinheiten. Der männliche Löwe ist besonders bequem. Er »läßt jagen«. Und wenn eine Gruppe von Löwinnen – erst als es unbedingt nötig wurde, und der Magen schon knurrte – zusammen eine müde Antilope zur Strecke gebracht hat, brüllt der männliche Oberlöwe und will sich – seiner Position entsprechend – als erster bedienen.

Wer sich auf eine Beziehung mit einem Löwen einläßt, sollte sich also im klaren darüber sein, daß er einen Pascha zum Partner bekommt. Dies gilt nicht nur für die männlichen, sondern ebenso für die weiblichen Repräsentanten dieses Tierkreiszeichens. Auch die Löwin erwartet hofiert zu werden und ist in ihrem ausgeprägten Stolz schnell verletzt, wenn ihr nicht die »gebührende« Aufmerksamkeit gezollt wird. Wie selbstverständlich gehen Löwen als »Sonnen- oder Sonntags-Kinder« davon aus, etwas besonderes zu sein und nicht etwa mit dem Maßstab des »gemeinen Volks« gemessen zu werden. Und in der Tat hat die unbedenkliche Verspieltheit und Wärme dieses Zeichens oft auch Attraktivität genug für andere, daß er sich als »Mamis Liebling« verwöhnen lassen kann. Der Charme des Löwen liegt in seiner a priori gegebenen

Selbstbewußtheit und der daraus erwachsenden Kraft, das Leben als Spiel zu betrachten. Nie käme es einem Löwen in den Sinn – würde er nicht durch die Umstände dazu gezwungen –, Leben unter dem Aspekt der Arbeit zu betrachten. Dies ist schließlich das Privileg Mindergeborener. Das Bedürfnis nach Eigenständigkeit drückt sich im Heiratsfall bei weiblichen Löwen zumindest im Beibehalten des eigenen Namens aus, als äußerem Ausdruck für die durch die Beziehung nicht aufgegebene Souveränität.

Löwe ist neben Widder das archetypisch männlichste der Tierkreiszeichen und dieser männlichen Eigenart zufolge eher egozentriert als auf den anderen bezogen. Abgesehen von der (dem Löwen selbst – in guten Zeiten – nicht bewußten) Abhängigkeit vom beifallspendenden und dienenden Fußvolk macht ihn die Selbstbezogenheit aber auch recht unabhängig. Er entwickelt keine den Partner belastende Erwartungshaltung, da er genug mit seinen eigenen Ambitionen zu tun hat. Sein reiches Eigenleben zieht Menschen besonders an, die sich mangels eigener Substanz vorwiegend mit der Umwelt auseinandersetzen.

Im Zusammenleben treten Rivalitätskämpfe auf, wenn sich der Partner dem Löwen nicht unterordnet. Schließlich ist im Reich nur Platz für eine(n) Sonnenkönig(in). Bei noch nicht gefestigten Beziehungen und beengteren Wohnverhältnissen kann dann schon die Zahnbürste des anderen oder dessen »Gastkoffer« zum Fremdkörper im eigenen Reich werden. In festen Partnerschaften ist ein »Nebeneinander-Leben« mit gemeinsamen Berührungspunkten für den Löwen oft die beste Lösung, weil er sich in seinem schöpferischen Spielraum dann nicht durch den anderen eingeschränkt fühlt. Vor zu engen Beziehungen flieht er dann lieber in ein Single-Dasein, was seinem starken Eigenleben entgegenkommt.

Erotisch ist der Löwe ein Eroberertyp, ähnlich dem Widder, doch ruhiger und genußfähiger. Da er als fixes Feuerzeichen weniger bewegungsfreudig und schon gar nicht getrieben ist, kann er sich durchaus vom Partner verwöhnen (»kraulen«) lassen. Er spielt gerne mit dem Feuer der Sexualität und kann dabei auch patriarchalische Fortpflanzungsfreude entwickeln, solange ihn die Verantwortung nicht belastet. Am liebsten wäre ihm auch hier der entsprechende »Hofstaat«, der dann die Sorge für den freudig gezeugten Nachwuchs übernimmt. Löwinnen lassen sich (wie alle »Feuerfrauen«) durch Kinder ungern von den ihre Eigenständigkeit sichernden beruflichen Ambitionen abhalten und suchen deshalb auch rasch nach Delegationsmöglichkeiten für Erziehungspflichten. Als typisches »Luxusweib« möchte die Löwin nicht auf den häuslichen Wirkungskreis eingeschränkt sein, zumal man dort sehr viel schwieriger die für sie besonders wichtige Anerkennung und Hochachtung erhält.

Fazit: Mit einem Löwen wählen Sie sich einen luxusbedürftigen Pascha mit einem warmen verspielten Herzen, der Sie entweder als Rivalen oder als Personal sieht und sich mit großer Geste von Ihnen verwöhnen läßt. Als Einzelgänger bewegt er sich lieber ohne oder an einer langen Leine und braucht die Freiheit, hie und da auch mit einer anderen Maus spielen zu dürfen.

Jungfrau

oder: »Vorsicht ist die Mutter der Porzellankiste« oder: »Die warnende Gouvernante«

Wer in der Schule noch nicht genug gelernt hat, ist mit einer Jungfrau gut beraten. Als »Lehrmeister des Tierkreises« findet die Jungfrau sicher auch in der Partnerschaft genügend Stoff, um den anderen eines besseren zu belehren. Als sehr exakte Beobachterin, gepaart mit der ihr eigenen Vorsicht und Existenzangst, ist sie ständig auf der Suche nach Energie und Geld sparenden Verbesserungsmöglichkeiten. Jungfrau verkörpert auch den Typus des nüchternen Wissenschaftlers, der dem Diktat der Vernunft und Logik folgend aufklärerisch wirken will und dabei alles nicht quantitativ bestimmbare als irrelevant abtut. Der Begriff Rationalisierung beschreibt nicht nur in seiner ökonomischen, sondern auch in der psychologischen Bedeutung das Wesen der Jungfrau. Denn Arbeitsersparnis durch Methodik ist ihr ebenso wichtig wie die Begründbarkeit eigenen Verhaltens vor sich und anderen. Fragt man einen Löwen, warum er auf die eine oder andere Weise handelt, so wird er indigniert und verwundert die Antwort geben: »weil ich Lust dazu habe«. Die Jungfrau dagegen tendiert sogar ungefragt dazu, eine rechtfertigende logisch-wissenschaftliche Erklärung für ihr Verhalten anzubieten, als müßte sie sich selbst der Situationsadäquanz ihrer Handlung versichern. Als zweites von Merkur beherrschtes Zeichen ist auch bei ihr Wißbegier und Neugier dominant, doch im Gegensatz zum Zwilling auf Gründlichkeit und Spezialisierung ausgerichtet. Verkörpert das Luftzeichen Zwillinge mehr das journalistisch breitgefächerte, flüchtig informative Wissen, so ist bei der erdhaften Jungfrau die Begründbarkeit, das Begreifen und die Methodik in der Arbeit vorrangig. Wo der Zwilling interdisziplinär flüchtige Verbindungen knüpft, sucht Jungfrau geschichtliche und kausale Bezüge herzustellen und verliert sich – um penible Betrachtung des Details bemüht – in Einzelheiten. Wer Ihnen mit spitzem Finger ein Haar vom dunklen Pullover zupft oder Sie mit säuerlichem Lächeln auf eine Schuppe am Revers anspricht, gibt sich damit als Jungfrau zu erkennen. Nur noch im Steinbock finden wir einen ähnlichen Reinlichkeitstrieb. »Proper« soll das Leben für diese beiden Zeichen sein. Die Hoffnung der Jungfrau, durch ihr Streben nach Hygiene Ansteckungsmöglichkeiten zu verhindern und Geruchsbildung zu erschweren, läßt sie manchmal als etwas steril erscheinen.

Angenehm für andere ist die Verläßlichkeit und unauffällige Angepaßtheit, die auf das Bedürfnis der Jungfrau zurückzuführen ist, unnötige Reibungen zu vermeiden und das Leben möglichst risikoarm und effizient zu gestalten. Im Gegensatz zum oft recht großspurig wirkenden Löwen zeigt das Auftreten der Jungfrau englisches Understatement bis hin zum kleinkarierten Glencheckmuster und der Dunhill-Pfeife. Praktisch und dezent zurückhaltend ist der Lebensstil. Im Vordergrund steht das Bemühen, die Umgebung sorgfältig zu beobachten, die neugierig aufgenommenen Informationen pedantisch genau zu analysieren und auszuwerten, um so eine Strategie des geringsten Kräfteeinsatzes und größtmöglicher Unauffälligkeit zu entwickeln. Die Charakterfärbung nimmt so ein dezentes Grau oder gedecktes Sandfarben an. Als labiles Erdzeichen trägt Jungfrau den Widerspruch des Labilen zur Festigkeit der »Erde« in sich, was am besten im Bild des Sandes zum Ausdruck kommt. Hier wird die Stabilität im Detail ausgedrückt, der große Zusammenhalt fehlt. Und so wirken Argumentationsketten von Jungfrauen oft etwas winkeladvokatenhaft, zeigen die Schläue und den Opportunismus des Merkurialen und beeindrucken vor allem durch Detailkenntnisse oder statistische Werte. So kann es durchaus geschehen, daß man von einer Jungfrau bei einer Unterhaltung über das Wetter auch noch Einzelheiten über die Völkerwanderung der Ostgoten erfährt.

Sich im Zusammenleben mit einer Jungfrau auf Diskussionen einzulassen, ist wenig sinnvoll, möchte man nicht »logisch« verargumentiert werden. Die exakte Grammatik der Worte läßt den Inhalten zwischen den Zeilen oft wenig Raum und wirkt zwar logisch, aber auch dürr und steril. Besonderer Wert wird in der Argumentation auf sachlich gerechtfertigte Warnungen gelegt. Vorsicht und Zweckpessimismus entstehen aus der Gabe, den Teufel im Detail aufzuspüren und sich in ihm zu verheddern. Das Bemühen der Jungfrau, Leben zu konservieren und dienend zu umsorgen, macht sie zu einem hervorragenden Pfleger und Restaurator. So wird es dem Partner einer Jungfrau technisch an nichts fehlen. Alles ist vernünftig geordnet und nur das wurde zugelassen, was »klinisch getestet und für harmlos befunden« war. Berechenbarkeit soll so Sicherheit vermitteln, und Improvisation durch überlegtes Handeln ersetzt werden.

In erotischer Hinsicht ist die Jungfrau Jungfrau. Wie sie zum Kinde kam ist unbekannt oder durch die Vereinigung von Spermium und Eizelle erklärlich. Daß es eine große Anzahl von Jungfrauen gibt, die als Sexsymbole das Gegenteil beweisen wollen[14], vermag eher das psychologische Prinzip der Kompensation zu beweisen. Ihr Charme liegt in der sterilen Unberührbarkeit des Jungfräulichen und ihrer Intellektualität, im Reiz, ihre Ratio durch Sexualität verwirren zu können und damit zu überwinden.

Im Ergebnis ist der Jungfraugeborene ein um Vorsicht und Rücksicht bemühter, neugierig-ängstlicher, neutral-intellektueller, unauffällig-kritischer, sichernd-umsorgender Partner, der manchmal etwas schulmeisternd, in Bedrängnis zynisch, existentielle Sicherheit in der Beziehung sucht. Heirat ist aus seiner Sicht der vernunftgebotene existenzsichernde Verwaltungsakt mit dem steuergünstigen Einkommenssplitting.

Waage

oder: »Der lauwarme Diplomat«
oder: »Küß die Hand gnä' Frau«

Der extrem harmoniebedürftige Waagepartner tut sich schwer damit, das Leben auch in seinen unästhetischen und aggressiven Formen zu akzeptieren. Er beschönigt es dort, wo Direktheit für ihn unerträglich wird und möchte sich eine friedvolle Puppenstubenwelt aufbauen. Mit seinem Sinn für Schönheit deckt er schwelende Konflikte lange zu, »schminkt« sie rosarot, um der Angst vor einer Trennung zu entgehen. Waage ist das partnerschaftsbezüglichste Zeichen des Tierkreises, was das Bild der Waage mit ihren beiden Waagschalen auch gut illustriert. Hier ist das feinste Empfinden für die eigene Einseitigkeit und damit das größte Bedürfnis nach Ergänzung gegeben. Andererseits verträgt Waage als Luftzeichen keine Verdichtung von Beziehung oder gar Nähe, und sie würde am liebsten in der Unverbindlichkeit und erotischen Spannung des Flirts im beginnenden Kontakt verbleiben. Das Motto: »Bitte wasche mich, aber mache mich dabei nicht naß« beschreibt einen typischen Waagekonflikt. Solange die Situation harm-los[15] bleibt, ist die Waage der geborene Verführer und Charmeur und vermag den Partner diplomatisch geschickt »warm zu halten«. Wehe aber, wenn der andere ihm die Pistole auf die Brust setzt und ein klares Bekenntnis will. Mehr als ein lauwarmes »Jein« wird sich kaum entlocken lassen, wegen der Angst der Waage (Waage = kardinales Luftzeichen), die luftige Freiheit zu verlieren. Der Waagegeborene ist ein Meister darin, dem Partner Entscheidungen zu überlassen, diese aber dann wegen ihrer Unausgewogenheit in Frage zu stellen. Er kann sich selbst sehr schwer entscheiden und ist (obwohl geistig der geborene Planspieler) auch nicht initiativkräftig oder entschlußfreudig. Vor diesen Domänen seines kampfesmutigen Gegenübers, des Widders, scheut er zurück, weil damit eine bestehende Balance aufgegeben und ausgleichende Alternativmöglichkeiten verlassen würden. So bleibt ihm nichts anderes übrig, als Techniken zu entwickeln, die die Last des ersten Schrittes an den Partner delegieren. Wenn sich dieser die Finger schmutzig macht, kann die Waage ihre Hände in Unschuld waschen. So wird der unbewußte Waagetypus leicht zum »Delegationstäter«, entwickelt ein »Pontius-Pilatus-Syndrom«.[16] Er will den Frieden und erntet den Krieg, da der Partner natürlich erbost darüber ist, einerseits die Entscheidung tragen zu müssen, und andererseits auch noch dafür getadelt zu werden.[17] In seinem Bemühen um eine friedvolle Umgebung taktiert der Waagegeborene diplomatisch und sucht nach Arrangements und Kompromissen, die oft die ehrlichen und direkten Ambitionen der Beteiligten verschleiern oder verdrängen. So kann der Versuch, es um des lieben Friedens willen allen recht zu machen, auch dazu führen, daß die Waage selbst zwischen die Fronten gerät und wie von Mühlsteinen zermahlen wird. Die Parteien empfinden sie als charakterlos und lauwarm und wenden sich schließlich – als schlimmstes Ergebnis für die harmoniebedürftige Waage – beide ab.

Der Ästhetizismus der Waage macht sie Partnern gegenüber, die in Natur oder »Verpackung« nicht dem eigenen Schönheitsideal entsprechen, regelrecht befangen. So kann eine Partnerschaft an einem Netzunterhemd oder praktischen Gesundheitssandalen scheitern, weil diese Dinge für waagebetonte Menschen nicht nur Äußerlichkeiten darstellen, sondern als Ausdruck innerer Lebensart gewertet werden. Frei nach dem Motto: »mens sana in corpore bello«.

In erotischer Hinsicht sollte man sich von Waagen weniger Heißblütigkeit und Sinnlichkeit als herbstlich-kühlen Charme erwarten, obwohl sich hinter der kühl-ästhetischen Oberfläche noch mancherlei verbirgt.[18] Einige Spielarten tendieren zum Narzißmus und bei entsprechendem Wohlgefallen am eigenen Körper zur Homophilie oder fürchten, wenn sie nicht von makelloser Schönheit sind, die Ablehnung durch den (gegengeschlechtlichen) Partner.

Fazit: In der Waage finden Sie einen bläßlich-blaublütigen, herbstlich-kühlen Ästheten in Denken und Lebensart, der Sie höflich und ein wenig diplomatisch-distanziert behandeln wird, mit randloser Brille über Kunst und Friedensforschung diskutiert und sich mit Glacéhandschuhen arrangiert, um den elegantesten Weg durch das Leben zu gehen.

Skorpion

oder: »Stille Wasser gründen tief«
oder: »Der grausame Idealist«

Wo sich anstelle ausgleichenden Mittelmaßes Extreme aufspannen, da ist das Heimatklima des Skorpiongeborenen. Wir finden dort puritanische Selbstüberwindung ebenso wie den Ehrenkodex der Zuhälter, die Selbstverleugnung von Fakiren und religiöses Flagellantentum ebenso wie sexuellen Exzeß. Besonders reizt den Skorpion die Auseinandersetzung mit den Themen: Geburt und Tod, Sex and Crime, Liebe und Haß, Verschmelzung und Rache, Okkultismus und Magie. Demgemäß kennzeichnen vulkanische Hitze und eisige Kälte den leidenschaftlichen Weg dieses Typs.

Zwei Seelen wohnen – ach – in seiner Brust. Seine häufig dämonische Ausstrahlung erwächst ebenso aus der manischen Wühlarbeit in den Schattenbereichen der Seele, wie aus dem idealistischen Streben nach überirdischer Reinheit. Diese Spannungen haben damit zu tun, daß er einerseits ein (stacheliger) Kämpfertyp ist, andererseits als Wasserzeichen Gefühlsmensch und entsprechend verletzlich. So bleibt ihm nichts anderes übrig, als den Kampf getarnt, auf verdeckte Art und Weise zu führen, was ihm in der klassischen Astrologie den Beinamen »Der Kämpfer mit dem geschlossenen Visier« eingebracht hat. Er kämpft entweder spionageähnlich (wie im berühmten Film: »Der dritte Mann«) in unterirdischen Kanalisationssystemen oder im übertragenen Sinn in der seelischen Unterwelt.[19] Dieses Klima verdeckten psychotaktischen Kampfes zieht ihn, auch wenn es oft Schmerzen bereitet, sehr an. Zumindest unterbewußt würde er etwa das Klima eines Doppelagenten, der nicht mehr sicher sein kann, ob er nicht von der eigenen Geliebten (als möglicher Gegenspionin) getötet wird, als besonders intensiv und daher attraktiv empfinden. Mit seiner Kamikazementalität[20] setzt er sich – Leid und Tod verachtend – für das ein, was seiner fixen Idee entspricht. Ohne solche leitbildhaften Fixierungen erscheint ihm das Leben zu lau und durchschnittlich. Daher ist er (sie) auch besonders ansprechbar für alle sogenannt okkulten Themenkreise und dort vor allem für Magie und Alchemie.

Er glaubt hier sowohl ein Feld für indirekte Machtausübung[21] oder aber auch geeignete Instrumente zur Selbstüberwindung und Persönlichkeitsschulung zu finden. Von einer Sache überzeugt, tendiert er zu zwanghaftem Perfektionismus und fanatischer Ideologie. Er kann dann nicht ruhen, bis er den Partner – und sei es mit psychotaktischen und suggestiven Mitteln – überzeugt hat. Erst, wenn der andere im Spinnennetz seelischer Abhängigkeit zappelt, fühlt er sich sicher. In der gelebten Beziehung ist er kein Typ, der sich durch Nettigkeiten oder freundliches Werben auszeichnet. Den höfischen Charme hat er mit dem Tierkreiszeichen Waage hinter sich gelassen. Gegenüber seiner unmittelbaren Umgebung wirkt er sogar oft kühl und ruppig, als wollte er gerade die ihm am nächsten Stehenden verletzen. Gefälligkeiten und Freundlichkeit sollte man von ihm nicht verlangen. Solche empfindet er als lauwarm und unwesentlich und macht sich lieber auf die Suche nach den seelischen Abgründen bei sich und beim anderen. In extremen Situationen dagegen kann er Treue bis zur Selbstverleugnung oder -schädigung auf sich nehmen, um Freundschaften zu verteidigen. Seine Qualitäten zeigen sich also weniger in durchschnittlichen Alltagssituationen, als – seiner Natur entsprechend – unter extremer Belastung.

In seiner Erotik ist der Skorpiontypus als sex-fixiert zu bezeichnen. Es ist zwar möglich, daß er – in verzweifeltem Ringen mit sich selbst – auch zum Mönch oder zur Nonne wird, aber auch darin ist oft der starke Bezug zur Sexualität (dann in Form bewußt-ideologischer Distanz) erkennbar. Keinen anderen Vertreter des Tierkreises kann man durch die »Verweigerung des Bettes« so treffen wie den Skorpion. Wegen seiner – oft mit Schuldgefühlen verbundenen und geheimgehaltenen – Neigung zu ausgefalleneren Intimspielen (bis hin zur Sado/Maso-Variante) empfindet er sexuelle Zurückweisung als persönlich verletzende Kritik. Er reagiert extrem eifersüchtig auf noch so lockere Flirts seines Partners, obwohl er selbst – und dann gar nicht so unverbindlich – mit dem Gedanken an Sexabenteuer spielt. Erotik hat bei ihm vor allem mit Sexualität zu tun. Er ist kein Freund zarten Vorspiels oder sanften Ausklingens, sondern möchte eigentlich »zur Sache« kommen und diese als Machtspiel erleben.

Fazit: Von einem Skorpionpartner können Sie sich gebannt fühlen, wie das Kaninchen von der Schlange, Sie können die Sexualität ausloten bis ins Extrem und sich über die Abgründe der Seele austauschen. Eine Beziehung voll von leidenschaftlich-schmerzhaften Höhen und Tiefen. Der, der Sie vorher waren, werden Sie danach kaum mehr sein. Entspannung und Ruhe können Sie vergessen.

Schütze

oder: »Der Duft der großen weiten Welt«
oder: »Der Priester im Rolls Royce«

An der Visitenkarte kann man die Schützen leicht erkennen. Ein Hauch von »Paris/London/New York« umgibt sie selbst dann, wenn es sich nur um Briefkastenadressen handelt. Viel heiße Luft um nichts, so stellt sich der Schütze aus der Sicht »seriöserer« Tierkreiszeichen oft dar. Er ist ein global orientierter Mensch, der die Dinge gern pauschal betrachtet und löst. So gerät er kaum jemals in Gefahr, sich mit »unwesentlichen Kleinigkeiten« auseinandersetzen zu müssen. Als Meister im Delegieren von mühseliger Kleinarbeit an andere, behält er sich gerne den großen Überblick vor, für den er zugegebenermaßen oft auch besondere Begabung mitbringt. Wird er in Details verstrickt, ist er hilflos wie ein Kind und auf sein »Fußvolk« angewiesen. Als von Jupiter/Zeus regiertes Zeichen ist er auf der Suche nach Möglichkeiten, einen Olymp für sich zu schaffen, von dem aus er als höchster der Götter oder auch als »Göttergatte« herrschen kann. Bei all seinem pompösen Auftreten ist er seelisch extrem verletzlich, und es fällt ihm schwer wie kaum einem anderen Tierkreiszeichen, nein zu sagen. Dies würde nicht zu der Rolle des Gönners passen, die ihm wie auf den Leib geschrieben ist. Der Schütze glaubt an das Gute, Sinnvolle, Wesentliche im Leben, auch noch dann, wenn ihm das Wasser bis zum Halse steht. Selbst in solchen Fällen wird er auf die Frage, wie es ihm geht, mit breitem Lachen »glänzend« antworten.[22] Ist das Leben gar nicht mehr auszuhalten, so hilft ihm eine Weltreise und ein Longdrink unter Freunden, garniert mit einem philosophischen Gespräch, um sich wiederherzustellen. Er liebt die Fülle, ist quasi ein »barocker« Mensch und kann sich nur sehr schwer beschränken. In allem ist er bereit, Maße zu sprengen und in übergroße Dimensionen zu wachsen. Der unentwickelte Schützetypus tut dies als Neureicher, indem er unter den »upper ten« im Hafen von

Monte Carlo auf eigener Yacht seinen Reichtum zeigt und sich in den Suiten aalglatter Luxushotels auf seinen Weltreisen verwöhnen läßt. Von seiner Wohnung, über das Auto, bis hin zur Kleidung ist alles »oversized«, er selbst als Mitglied der Schickeria »in«. Dies ist dann auch der rechte Platz, mit lexikalischem Halbwissen prahlen zu können.

Der entwickelte Schütze schöpft dagegen mehr aus innerem Reichtum, hat er doch wie kein anderes Tierkreiszeichen Zugang zur Religion und zum Urvertrauen ins Dasein. Er hat eine Begabung zu tiefer Einsicht in die wesentlichen Zusammenhänge der Dinge, ohne deshalb wie auf unterentwickelterer Stufe, aufdringlich oder arrogant zu wirken. In Verbindung mit seiner globalen Reiselust eignet er sich vorzüglich zum »Wanderprediger«, kann Menschen mit seinem Feuer begeistern und sein zum Pathos neigendes Sendungsbewußtsein wie mit der olympischen Fackel durch die Welt tragen. Nichts bremst ihn in seiner Begeisterung mehr, als eine Trübsal blasende Umwelt, die er dann humoristisch aufheitern möchte.

Wie ein Ausflug in die Mythologie sehr bildreich zeigt, ist der Schütze in seiner erotischen Veranlagung auch kein Kind von Traurigkeit. Weder der männliche noch der weibliche Schütze steht seinem olympischen Vorbild (Zeus/Jupiter) darin nach, das andere Geschlecht in immer neuen Spielarten als reizvolle Beute zu betrachten. Treue würde als Ausdruck von Selbstbeschränkung gegen sein Bedürfnis sprechen, aus dem Vollen zu schöpfen. Zu seinem Leidwesen findet er in der Partnerschaft aber häufig genug auch eine eifersüchtige Hera (oder ihr männliches Gegenstück), die seinem zeugenden Treiben[23] ein Ende setzt.

Ähnlich wie auch bei den anderen Feuerzeichen Löwe und Widder schiene dem Schützen der Harem die stimmigste Form des Zusammenlebens, zumal dann, wenn dies von den religiösen Normen her gebilligt wäre. Denn als von philosophischen und religiösen Wertsystemen in hohem Maße abhängigem Menschen ist ihm die Moral noch am ehesten ein Hindernis, seine wonnigen Gelüste auszuleben.

Fazit: Mit dem Schützen begegnet Ihnen ein Partner mit Allroundtalent in der Skala vom hohlen Schwätzer bis hin zum religiös Begeisterten. Sein Thema ist die große weite Welt außen und innen, vom Werbestrategen bis zum religiösen Guru.

Steinbock

oder: »Wer ewig strebend sich bemüht ...«
oder: »Der (die) kühle Klare aus dem Norden«

Steinbock ist das diszipliniertste Tierkreiszeichen. Wer sich mit ihm liiert, wählt damit klare Ordnung und straffe Zeiteinteilung im Zusammenleben. Als Partner strahlt der Steinbock wenig Wärme aus, wirkt oft unnahbar und distanziert. Das mag damit zu tun haben, daß er ständig darum bemüht ist, sich zu profilieren. Was er sich vom anderen wünscht, ist, geachtet zu werden. Dies scheint ihm oft viel wichtiger, als Nähe und privat freundschaftlicher Umgang.

Er selbst respektiert an seinen Mitmenschen auch vor allem das gesellschaftliche Format des Betreffenden und ist manchmal geradezu hörig, wenn er dort auf Rangabzeichen, wie etwa Adels- oder akademische Titel trifft. Ganz allgemein ist er sehr von »Markenzeichen« abhängig, die ihm in seiner versteckten Unsicherheit ein Indiz für Qualität zu sein scheinen. Auch er selbst strebt ständig danach, in der gesellschaftlichen Hierarchie nach oben zu kommen und sammelt dabei bevorzugt Diplome oder ähnliches, um dadurch sein a priori gegebenes Minderwertigkeitsempfinden zu beruhigen. Glaubt er sich dagegen durch das Erreichen einer gesellschaftlichen Norm bestätigt, so kann er sich dann wiederum geradezu impertinent sicher fühlen. Dieses Gefühl ist aber regelmäßig nicht aus seiner Eigenpersönlichkeit geboren, sondern bezieht sich nach wie vor auf die Legitimation durch andere Respektspersonen oder aber auch auf die häufig auf hartem, entbehrungsreichem Lebensweg erarbeitete Eigenerfahrung.

Beim unentwickelteren Steinbocktyp entsteht so eine »Radfahrermentalität«, die nach unten tritt, um nach oben zu kommen. Auch zeichnet sich diese Spielart durch beamtenhafte Rechthaberei aus, wo sie sich sicher durch eine Norm oder einen Vorgesetzten gedeckt sieht.

Erlöstere Steinböcke zeigen sich dagegen trotz ihrer Reife und aus Erfahrung gewonnener Klarheit sehr bescheiden und zurückhaltend. Auch sie richten sich dabei allerdings nach den Normen aus, die in »besseren Häusern«, d. h. in gesellschaftlich anerkannten Kreisen gelten. Der Steinbocktyp ist also wie der Schütze darauf aus, zu den oberen Zehntausend zu gehören, nur wählt er sich dabei weniger die dynamische Welt der Neureichen als Vorbild, als den rieselnden Kalk altehrwürdiger »Frackatmosphäre«. Eine Einladung auf den Wiener Opernball oder die Zugehörigkeit zu den »Wagnerianern« in Bayreuth erfreut sein Herz.

Auch in der Beziehung herrschen aus der Sicht des Steinbocks klare Hierarchien und Zuständigkeiten. Er zeigt sich dabei in aller Regel sehr konservativ, liebt keine »modernen« Experimente und fixiert sich stark und zuverlässig auf wenige Menschen, mit denen er dauerhaften Kontakt sucht. Da er selbst sehr langsam »warm wird«, begründet er die Beschränkung in Kontakten damit, daß es nur über Zeit und Konzentration auf wenige Menschen zu der ersehnten Tiefgründigkeit kommen kann. Auch kann es nicht in seinem Sinne sein, mit jedermann gemein zu sein. So entstehen klare Kategorien, die echte Freundschaften von Zufallsbekanntschaften unterscheiden. Die Sonnenseite seiner kantigen, unflexiblen Persönlichkeitsstruktur ist die hohe Zuverlässigkeit und die Bereitschaft, mit dem Partner durch dick und dünn zu gehen, selbst wenn der Weg schwierig und steinig sein sollte. Treue in einer einmal etablierten Beziehung ist für ihn kein leeres Wort. Insgeheim wünscht er sich dann, mit dem Anderen gemeinsam alt zu werden.

Der tägliche Umgang mit ihm (ihr) ist vor allem vom Arbeitsalltag gekennzeichnet, ohne den der pflichtbewußte Steinbocktyp nicht auskommt. Selbst im Urlaub kennzeichnen die Aktenordner neben der Hängematte, daß er Urlaub eigentlich für entbehrlich hält. Versucht er es entgegen seinem Naturell mit dem »happy life«, wird er schnell mißmutig bis depressiv. Daher erscheint er müßigeren Kollegen aus dem Tierkreis als Prototypus des »Workaholic«.[24] Neben der Jungfrau hat er die stärkste Tendenz zum Belehren seines Partners, möchte er ihn doch an seinem reichen Erfahrungsschatz auf diese Weise teilhaben lassen. So kann es Ihnen durchaus geschehen, von ihm ein Buch geschenkt zu bekommen, in dem er nachdrücklich die wichtigen Passagen für Sie unterstrichen hat, so daß Sie es nicht mehr ganz lesen müssen. Die Verantwortung dafür übernimmt er gerne, selbst wenn der andere damit zum Kind abgestempelt wird. Er formuliert dabei seine Thesen nicht subjektiv, so daß sie nach Allgemeingültigkeit aussehen[25]. Wegen seiner inneren Unsicherheit ist er ständig auf der Suche nach unverrückbaren Wahrheiten, ewiglich gültigen Prinzipien und Grundsätzen. Da er dem Diktat der Zeit[26] unterworfen ist, lebt er mehr in Vergangenheit und Zukunft, als in der Gegenwart. Er verplant sein Leben gerne und mit ihm den Partner. Der mag sich dann als Bestandteil des Terminkalenders fühlen, was kaum romantische Gefühle wecken kann. Auf der anderen Seite darf man als Partner des Steinbocks auch sicher damit rechnen – wie es sich gehört! – am Valentinstag die Bonbonniere und die Blumen geschenkt zu bekommen – nicht zu früh, und nicht zu spät!

Fazit: Mit einem Steinbock treffen Sie auf einen eher ernsten, zur Melancholie neigenden Menschen, der die Welt durch Kategorien in den Griff zu bekommen sucht. Er ist hart und kühl im Verhalten, aber auch wahrhaftig und treu. Eben ein Partner fürs Leben.

Wassermann

oder: »Die wahren Abenteuer sind im Kopf«
oder: »Der Narr in der Welt der ›Normalen‹«

Der Wassermann ist der Freigeist unter den Tierkreiszeichen. Seine blitzartige Einfallsflut und das daraus resultierende sprunghafte Verhalten macht ihn für andere sehr unberechenbar. Im Zusammenleben mit ihm ist man vor Überraschungen nie gefeit, zumal er eine Vorliebe dafür hat, alle Dinge anders zu machen als der Rest der Welt. Allein der Gedanke an eine drohende Ehe läßt ihn die Flucht ergreifen. Steht er nicht zu seinem überproportional ausgeprägten Freiheitsdrang und legt sich fest, so bricht das Bedürfnis nach Unabhängigkeit sich in häufigen Umzügen, Orts- und Berufswechseln Bahn oder zeigt sich im Krankheitsfall in klaustrophoben Zuständen[27]. So gerät er häufig in Außenseiterrollen, die er – solange es ihm gut geht – aufgrund seiner revolutionären Einstellung auch gerne ausfüllt. Als moderner Robin Hood oder als provokativer Narr an »Königshöfen« fühlt er sich besonders wohl. Es ist, als bräuchte er den Dunstkreis der Mächtigen, um gerade dort mit Witz und Esprit an deren Schemel zu sägen. Dem Witz eines Till Eulenspiegel wird es auch eher verziehen, wenn er mit schmerzlicher Wahrheit den Punkt trifft.

Wer sich mit einem Wassermann liiert, sitzt in gewisser Weise ständig auf einem Schleudersitz. Langeweile wird es kaum geben, obwohl der Wassermanntyp die meisten seiner abenteuerlichen Eskapaden im Kopf lebt. Dort ist er oft seiner Zeit voraus und strahlt eine exzentrisch anmutende Genialität aus. Genie und Wahnsinn liegen bei keinem Tierkreiszeichen so nahe beieinander wie bei ihm. Er hat die Nervosität eines Windspiels und den flakkernden Blick eines Computerfreaks. In seiner oft brillanten Gedankenwelt fühlt er sich allein und unverstanden, kennt oft nur wenige Menschen, die seinen unruhigen Erfindergeist verstehen und mit ihm teilen können. Um sich für die geistige Unbeweglichkeit, die ihn an anderen schmerzt, zu rächen, straft er sie mit Arroganz. Freilich ist nicht jeder Wassermann auch genial.

Auf unerlösterer Stufe bleibt für dieses Prinzip nur die irrwischhafte Unberechenbarkeit und Unzuverlässigkeit. Sobald er grenzsetzende Normen oder Regeln vorfindet, muß er sich, selbst wenn diese situationsadäquat sind, gegen sie auflehnen und wird dann von all denen, die sich daran halten, als Außenseiter abgelehnt. Sein Talent zum Komischen bekommt dann einen traurigen Beigeschmack. Auch mit seiner Zeiteinteilung – der Domäne des Steinbocks – kommt er in aller Regel schwer zurecht. Er scheint von unerwarteten Zufällen geradezu verfolgt, die es ihm immer wieder unmöglich machen, ein einmal geplantes Konzept einzuhalten.

In der Beziehung sucht er oft Wärme und einen ruhenden Pol, Eigenschaften, die ihm selbst fehlen. Findet er sie, muß er sich aber ständig versichern, daß ein Flugloch bereit ist, damit ihm die Geborgenheit nicht beengend wird.

In erotischer Hinsicht ist es immer wieder zu beobachten, daß ihm ein Zugehörigkeitsbekenntnis zur Geschlechterrolle des eigenen Geschlechts mißfällt.[28] Das mag vor allem damit zu tun haben, daß er sich in keinerlei Kategorien einsperren lassen mag, hat aber auch noch tiefere Gründe, die in der Kastrationsphobie der uranischen Mythologie zu liegen scheinen.[29] Ein besonderes Kompliment ist es für den Wassermann dagegen, wenn er spürt, daß eine ihm (ihr) entgegengebrachte Zuneigung primär an den Menschen und nicht an die Geschlechterrolle adressiert ist. Nimmt die geschlechtliche Polarisierung eine für ihn unerträgliche Form an, so bricht er aus der Beziehung aus, sucht nur noch den freundschaftlich-geistigen Umgang oder weicht in homophile Tendenzen aus.[30]

Als Winterzeichen fehlt es ihm an Eigenwärme. Seine dennoch oft starke Ausstrahlung erinnert an das kühle Licht weihnachtlicher (Magnesium-)Wunderkerzen oder an das künstliche Glimmen von Neonreklameleuchten. Sie variiert in der Skala des blutleer-durchgeistigten Anthroposophentums (die eurhythmischen Bewegungen älterer Jahrgänge zu sanftem Blockflötenspiel und Triangelklingen auf naturbelassenen grau-beigen Webteppichen mit nachfolgenden Grünkernleckereien) bis hin zum stahlblauen Blick von Jetpiloten in silbrigen NASA-Raumanzügen und schwerelos im All gleitenden Satelliten.[31]

Fazit: Der Wassermann ist ein geistreicher, sprunghafter, in seinen Aktionen und Reaktionen nicht vorausberechenbarer Partner, mit dem es kaum jemals Langeweile geben dürfte. Für seinen Esprit muß man gläserne Kühle und Unnahbarkeit in Kauf nehmen.

Fische

oder: »Ja, wo ist er (sie) denn?«
oder: »Traumverloren in der harten Realität«

Das Fischezeichen symbolisiert das Thema: »Leider in dieser Welt, doch Gott sei dank nicht von dieser Welt«. Demgemäß versuchen sich seine Vertreter durch das Leben zu mogeln. Je nach Niveau des Betreffenden zeigt sich das entweder in illusionären Sehnsüchten, die mittels Täuschungsmanövern verwirklicht werden wollen, wobei oft nicht sicher ist, wer mehr ge- (bzw. ent-)täuscht wird, der andere, oder der Fisch selbst; oder aber in einer mystisch-meditativen Lebenseinstellung, die sich mehr dem Jenseitigen zuwendet als der diesseitig greifbaren Realität. Die Fischeprägung zeigt ein sprichwörtlich konturloses »Schwimmen« im Leben, was von keiner konkreten Zielsetzung bestimmt ist, sondern sich fließend aus den Umständen ergibt. Dem Fisch geschieht das Leben mehr, als daß er es gestaltet. Er kann sich selbst und seine Anliegen schwer definieren, nimmt viel lieber wie ein Chamäleon die Farbe seiner Umgebung an und befindet sich dadurch – freiwillig oder unfreiwillig – in ständiger Tarnung. So kommt es, daß er oft übersehen wird und auch bei beeindruckenden Leistungen förmlich »untergeht«. Das mag sich einerseits störend anfühlen, andererseits ist diese tarnende Anpassung an die jeweilige Atmosphäre ein guter Schutz für die Hypersensibilität dieses Zeichens, dem schneller als allen anderen Tierkreiszeichen die Dinge unter die Haut gehen. Die Grenze zwischen Ich und Umwelt verschwimmt häufig. Das zeigt sich beispielsweise darin, daß dem Fischegeborenen das Auftreten anderer an deren Stelle peinlich sein kann, oder er leidet mitfühlend für den anderen, obwohl der vielleicht gröber gestrickte Partner die Situation gar nicht so schlimm erlebt und sich vielleicht sogar wohlfühlt. Diese Einfühlungsgabe macht den Fisch unbewußt zu einem guten Schauspieler, da er quasi in die Haut des anderen schlüpft und am Ende nicht mehr weiß, ob er nun dessen oder seine eigenen Gefühle wahrnimmt. Charakterformende und profilbildende Abgrenzung nach außen ist ihm fremd, so daß er wie Ich-los dasteht. Das kann im Positiven zu selbstlosem Handeln führen, im Negativen zur Charakterlosigkeit und Unzuverlässigkeit. Er fühlt sich in der trockenen, nüchternen Welt so unwohl, wie eben ein Fisch auf dem Trockenen und entzieht sich oft »glitschig« von ihm geforderter Stellungnahme. Wer ihn (sie) nicht gut kennt, weiß oft nicht, woran er bei dem Fisch ist und wird so gezwungen, sich auf das fischetypische Klima der Mutmaßung, Ahnung, Vermutung einzulassen. Nichts scheint dem Fisch unangenehmer, als seine Gefühlswelt zur »Diskussion« zu stellen, da er – wohl zu recht – spürt, daß Sprache ein allzu unzulängliches Instrument ist, um der Dimension der Gefühle gerecht werden zu können. Er (sie) fürchtet, daß es durch die analytische Qualität der Sprache mehr zum Zerreden als zu echtem Verständnis kommen kann und zieht sich dann lieber in einen Schmollwinkel zurück, in dem er stumm auf nonverbales Verständnis hofft. Aber es hat eben nicht jeder die bei Fischen meist besonders ausgeprägte Begabung, einem anderen Wünsche quasi an den Augen oder dem Klima ablesen zu können, und so bleibt diese Hoffnung meist unerfüllt.

Das erotische Spektrum der Fischgeborenen bewegt sich je nach Typ von der blutleer durchgeistigten Nonne über das zerbrechliche Elflein bis hin zur Promiskuität jenseits jeder Moral. Eigentlich sucht der Fisch in der Begegnung mit dem Partner die Vereinigung mit der ganzen Schöpfung oder zumindest die Vereinigung mit dem »Menschen an sich«. Da ein einzelnes Individuum nur in den seltensten Fällen das universelle Spektrum des Menschseins abzubilden in der Lage ist, wendet sich der Fisch entweder vom konkreten Menschen ab und wird so zur »Braut Christi« oder sucht sehnsüchtig nach dem Ideal im anderen, was etwa in der schwärmerischen Distanz einer Brieffreundschaft eher gelingen wird, als in gemeinsam gelebtem Alltag. Manche Fischetypen versuchen, der Ent-Täuschung und der Ernüchterung durch die Alltäglichkeit nicht auf diese Weise zu entgehen, sondern versuchen, durch fließenden Partnerwechsel alle Schattierungen des Menschlichen zu erfahren oder besser formuliert: zu erleiden. Eine weitere Variante des Fische-Verhaltens in der Partnerschaft ist der Versuch, den in der labilen Eigenpersönlichkeit fehlenden Halt durch die Liaison mit einem besonders stabil-bodenständigen Partner zu ergänzen, etwa so, wie Wasser Halt am Ufer sucht. Zwar ist in derartigem Zusammenleben kein Raum für romantisch-verträumte Zärtlichkeit (die dann in geheimer Phantasie ausgelebt wird), aber es ist zumindest ein symbiotischer Halt in der dem Fisch so fremden praktischen Welt gegeben. Der Typus der männlichen oder weiblichen Elfe sucht sich als Partner auch häufig einen Menschen, der den Archetypus des Pan[32] verkörpert, um sich über das Band von Sinnlichkeit und Sexualität zu »erden«.

Fazit: Mit einem Fisch erwartet Sie ein schillernd-unbestimmbarer Partner, dessen Reiz in seiner Unfaßbarkeit, dem schauspielerischen Verfließen seines Charakters und seiner stillen unscheinbaren Kraft liegt, die man bei seiner Zerbrechlichkeit nicht erwarten würde.

3. Kombinatorik der Tierkreisarchetypen

Häufig wird in der Partnerschaftsastrologie die Frage gestellt, welche Tierkreiszeichen zueinander »passen« und welche nicht harmonieren.

Als Vorbemerkung hierzu sei gesagt, daß letztendlich immer das »paßt«, was ist. Es gibt das geflügelte Wort in der Psychologie, daß der Mensch immer das hat, was er (eigentlich) will. Er leidet nur darunter, daß er dies nicht weiß und meint, er bräuchte etwas anderes. Ich weiß, daß dies in manchen Fällen sehr unwahrscheinlich klingt. Wenn beispielsweise eine schwere Krankheit oder ein anderer Leidensprozeß durchgemacht wird, scheint dies sicher nicht dem Willen des Betroffenen zu entsprechen. Wer möchte schon gerne leiden. Aber wenn wir uns eine Sichtweise angewöhnen, die die Dinge nicht nur an der Oberfläche betrachtet und wir die Hintergründe und unterbewußten Motivationen näher beleuchten, so werden wir oftmals ent-decken, daß in den tieferen Seelenschichten durchaus Kräfte wirksam sind, die leidvolle Prozesse anstreben. So wird Krankheit oft vom Unterbewußten als Mittel eingesetzt, Unangenehmes zu verhindern oder Angenehmes zu erreichen. Zuwendung kann so »erzwungen« werden, und Mißliebiges oder Beängstigendes abgewendet werden, mit dem mächtigen »Bündnispartner« Krankheit als Alibi im Hintergrund.[33] Selbst dort, wo eine solche verdeckte Motivation nicht so leicht erkennbar ist, will ich einmal unterstellen, daß Leben ein Lern- und Entwicklungsprozeß ist, und jeder Mensch tief im Inneren den Wunsch hat, dazuzulernen und sich weiterzuentwickeln. Wenn wir davon ausgehen, so werden wir uns (unterbewußt gerne) in Situationen verstricken, die ein Maximum an Lernmöglichkeiten anbieten, auch wenn sie uns dabei leiden lassen.

Kommen wir damit zu der Ausgangsthese zurück, daß jeder das hat, was er (eigentlich) will. Dies gilt natürlich auch für die Partnerschaft, die sich »zufällig« (besser gesagt: unterbewußt gewollt) ergibt.[34] Dennoch haben Astrologen von jeher versucht, Regeln aufzustellen, die die Partnerauswahl »optimieren«. Dies ist auch trotz der obigen These, daß alles gut ist, so wie es ist, legitim.[35] Wir können also – ohne daß es unversöhnliche Widersprüchlichkeit bedeuten müßte – sowohl den Blickwinkel der »aufklärenden Astrologie« vertreten, die die »Ist-Situation« der Partnerschaft analysiert und dabei über die unterbewußten Inhalte der Beziehung aufklärt, als auch den Blickwinkel der »Optimierungs-Astrologie«, die die Verbesserung der Situation nicht in wachsender Einsicht in die Situation sieht, sondern in der Optimierung der Um-stände.[36] Die traditionellen Thesen der »Optimierungs-Astrologie«, die man auch als »Leidvermeidungsastrologie« bezeichnen könnte, gehen in der Regel davon aus, daß Tierkreiszeichen, die im Sextil- oder im Trigon-Verhältnis zueinander stehen, gut verträglich sind, während das Quadrat- oder Oppositionsverhältnis Probleme aufwirft. Demzufolge rät die Vulgärastrologie dem Widdermann zur Zwillingfrau oder Schützin und warnt den Löwen vor der Beziehung mit der Wassermannfrau oder der Skorpionin. Solche Pauschalregeln mögen für den astrologischen Anfänger hilfreich sein, zumal man sich als unsicherer Anfänger aller Disziplinen feste und einfache Gesetze wünscht, auch wenn solche Klischees der Wahrheit nicht sehr zuträglich sind.

Bei näherem Hinsehen entpuppt sich die obige Regel allerdings als Vorschlag, daß »Männer« und »Frauen« jeweils unter sich bleiben sollten, denn Sextil- und Trigon-Beziehungen verbinden immer Zeichen gleichen Geschlechtes (weiblichen oder männlichen Elementes) miteinander. In der Tat entsteht auf diese Art und Weise weniger leidvolle, aber auch weniger lustvolle Reibung. Gleichzeitig verhindern solche Regeln aber auch Fruchtbarkeit und Kreativität, wie sie durch die Geschlechterspannung erst entstehen kann. Es kann – wie schon erwähnt – anfänglich hilfreich sein, die aus der Aspektelehre gewonnenen Erkenntnisse auf Partnerschaftsverhältnisse der einzelnen Tierkreiszeichen zueinander anzuwenden. Wesentlich differenzierter ist dagegen eine Betrachtungsweise, die jedes einzelne Zeichen aus seiner Stellung im Gesamtzusammenhang des Tierkreises begreift und mit derjenigen des zu vergleichenden Zeichens in Bezug bringt;[37] oder ganz einfach auch eine »differentialdiagnostische« Betrachtungsweise, die die Grundwesenszüge der entsprechenden Tierkreiszeichen auf inhaltliche Syn-ergien oder Ant-ergien zu überprüfen. Letztere Techniken setzen aber bereits ein sehr komplexes Verständnis der Tierkreiszeichensymbolik voraus und eignen sich daher mehr für den fortgeschrittenen Astrologen, der keine »technischen« Regeln mehr braucht, sondern »inhaltlich« arbeiten kann.

Ich möchte versuchen, dem geneigten Leser im folgenden durch eine sehr geraffte Darstellung der Kombinatorik zwischen den einzelnen Tierkreiszeichen den zuletzt genannten Interpretationsansatz näher zu bringen.

Dabei ist nur natürlich, daß es bei der Kürze der Darstellung nicht gelingen kann, die Fülle der Symbolik befriedigend auszuschöpfen. Vieles wird, auch wenn ich mich bemüht habe, die wichtigsten Wesenszüge zu berücksichtigen, fragmentarisch bleiben. Da es mir aber gerade nicht darum geht, ein weiteres der schon überzähligen astrologischen »Kochbücher« zu schreiben, in denen die Eigenkreativität des Lesers durch Rezepthaftigkeit erstickt wird, möge man über dieses Manko gnädig hinwegsehen.

Besonders wichtig scheint es mir auch, darauf hinzuweisen, daß die folgenden Übungen zur Kombinatorik nicht (nur) die sogenannte Sonnenstandsastrologie betreffen. Wenn ich hier von der Beziehung zwischen Widder und Wassermann spreche, meine ich damit nicht Menschen, die im April und Februar geboren sind, sondern die Beziehung von symbolischen Archetypen zueinander. Dies kann sich zwar natürlich *auch* auf das Verhältnis von Sonnenständen beziehen. Untersuchen wir aber zunächst die Typologie der Zeichen als solche, hat dies den Vorteil, daß wir eine darauf aufbauende Kombinatorik für das Verhältnis aller anderen Horoskopfaktoren (Planeten, Häuserspitzen, Mondknoten etc.) untereinander einsetzen können. Wenn wir nämlich von den symbolischen Archetypen ausgehen, so können wir später nicht nur die Verträglichkeit der Verhaltensweisen (Sonne) von Partnern, sondern auch die der seelischen Beeindruckbarkeit (Mond), der intellektuellen Veranlagung (Merkur) oder der Durchsetzungsfähigkeit (Mars) etc. untersuchen.[38] Dies kann bei der Betrachtung der später zu besprechenden Synastry (Horoskopvergleich von zwei Partnern) sehr hilfreich sein.

Widder

Widder mit Widder
Leistungswettbewerb

In dieser Paarung spielt Leistung und Rivalität eine vorrangige Rolle. Jeder möchte der Erste und Beste sein. In der Beziehung herrscht Wettbewerbsstimmung.

Durch die Potenzierung der Spontanenergien kann es zu blindem Aktionismus kommen. Paradoxerweise entsteht aber auch oft eine eigenartige (der Waagesymbolik ähnliche) Ruhe, als ob sich die Energien der beiden Partner absorbieren würden.[39]

Die Aufgabe besteht hier darin, die Kampfstimmung als spielerisches Stimulans zu erkennen und nicht zu »blutigem Ernst« werden zu lassen. Eigentlich spürt man bei dieser Konstellation aus der Wesensverwandtschaft die Veranlagung des Partners auch ohne Worte und könnte so die Kräfte entweder spielerisch messen, oder miteinander zu gemeinsamen Zielen vereinigen. Probleme entstehen hier nur, wenn aus Minderwertigkeitsempfindung profilneurotische Stellungskämpfe ausgetragen werden. Diese Gefahr ist aber bei dem a priori recht selbstbewußten Widder nicht allzu groß.

Widder mit Stier
Reiz und Beharrlichkeit

Hier trifft das Leistungsprinzip (Widder) auf das Genußprinzip (Stier). Das schnellste Zeichen (kardinales Feuer, Urknall, sich entzündender Funke) sieht sich dem trägsten Zeichen (fixe Erde, in fruchtbarem Lehm haltsuchende Wurzelknolle) gegenüber. Widder erlebt sich vom Stier festgehalten und in seinen Energien gebremst, Stier durch die Hektik des Widders in seiner gemütlichen »Bierruhe« gestört. Das Geschehen kann sich durchaus zum »Stierkampf« entwickeln, bei dem der Widder als stichelnder Torero den lange trägen und gutmütigen Stier herausfordert, bis dieser »rot sieht« und dann mit entsprechendem »erdigen« Nachdruck reagiert. Widder als kämpferischer Einzelgänger wird konfrontiert mit der Gruppenmentalität des Stiers; Pionier- und Eroberungsgeist trifft auf konservative, bewahrende Tendenzen, Risikolust auf Sicherheitsstreben.

Wie wir sehen können, sind im Tierkreis nebeneinanderliegende Zeichen durchaus sehr verschieden, eine Erkenntnis, die wir aus Aspektbeziehungen nicht herleiten könnten. Denn das Halbsextil (der 30-Grad-Aspekt) gilt als »Merkurwinkel« und damit als »neutral-verbindend«. Die Verschiedenheit aneinandergrenzender Tierkreiszeichen läßt sich aber einmal gut daraus erkennen, daß sie immer verschiedenen Geschlechts sind, da sich weibliche und männliche Zeichen im Kreisverlauf abwechseln. Zum anderen ergibt sie sich auch aus der Qualität des Tierkreises als eines Entwicklungszyklus'. Denn der aus zwölf Entwicklungsschritten bestehende Zyklus verlangt für jeden neuen Schritt das Sich-Absetzen von der vorangegangenen Entwicklungsstufe, so daß das im Kreisverlauf folgende Zeichen sich gegen das vorangegangene Zeichen deutlich absetzt. Im Beispiel Widder/Stier heißt das, daß Stier nach der im Widder erfolgten erschöpfenden Verausgabung von (vor allem körperlicher) Energie – als Gegengewicht – körperliche Ruhe und sinnlich-orale Aufnahme sucht.

So wird Stier versuchen, sich zu setzen, zur Ruhe zu kommen und diese zu bewahren, sich zu stabilisieren und gegen äußere Reize zu verteidigen, während Widder die Eroberung neuen Terrains und das mutige Erproben der eigenen Kraft im Auge hat. Das 1/2- und 1/12-Verhältnis der beiden Zeichen zueinander drückt folgendes aus: Stier als zweites Zeichen von Widder aus betrachtet, stellt für diesen Nahrungsquelle und Halt im Leben dar, während Widder als zwölfter Entwicklungsschritt aus der Sicht des Stieres zeigt, wie schwer es dem Stier fällt, wieder Eigeninitiative zu bekommen (erst im 12. und letzten Schritt im Zyklus!), und daß er in Verbindung mit dem Widder am besten Egolosigkeit (12. Haus) lernen kann, da er Widder am wenigsten zu fassen bekommt (12. Haus), was für ihn die schwierigste Aufgabe darstellt. Im erotischen Bereich steht hier Trieb gegen Sinnengenuß.

Widder mit Zwillinge

Pfadfinderromantik; Tat und Information; Leistung und Interesse

Beide Zeichen beinhalten »männliches« Bewegungsnaturell, wobei Widder ein unmittelbares Willensziel vor Augen hat, während Zwillinge neugierig vielseitige Interessen verfolgt. Gleichklang herrscht in der Freude an der Bewegung und Veränderung, im Erschließen von neuen Räumen. Unterschiedlichkeit ist dagegen bei der Intensität der Ambitionen gegeben. Wo Widder darauf »brennt«, etwas zu erreichen, relativiert sich das Ziel des Zwillingszeichens in der Fülle verschiedener Interessen. Treibt Widder bildlich gesprochen Leistungssport, so wandert und radelt der Zwilling dorthin, wo er seine Kenntnisse erweitern kann.

Die Beziehung zwischen beiden hat kameradschaftlich-burschikosen Charakter. Die Qualität ist von neutral-zweckmäßigem Leistungsdenken geprägt und hat technisch-funktionalen Charakter. Aus der Aspektlehre sehen wir am Sextilbezug der Zeichen zueinander die recht reibungslose Verbindung. Zwillinge als drittes Zeichen von Widder aus gesehen, vermittelt der marsischen Urenergie technische Beweglichkeit, indem es einzelne Kraftimpulse in Beziehung zueinander setzt und so »funktionabel« macht. Widder als elftes Zeichen von Zwillinge aus betrachtet, weist darauf hin, daß sich Zwillinge mit keinem anderen Zeichen zusammen so frei (11. Haus) fühlt wie mit Widder und dort auch die meisten geistigen Anregungen (11. Haus) erfährt.

Eine unternehmungslustige Beziehung, in der nicht der große Tiefgang gesucht wird, sondern heitere Aktivität.

Widder mit Krebs

Die Schwangere im Ferrari; Impuls und Reaktion

Wo der Widder nach vorne will, weicht der Krebs seitlich oder nach hinten aus. Für ein zügiges Vorankommen wahrlich keine geeignete Kombination. Der eine sucht Geborgenheit und Ruhe, will mit seinen Stimmungen und Gefühlen schwanger gehen, während der andere voller Tatendrang die Welt erobern möchte. Wenn man

Feuer (Widder) und Wasser (Krebs) zusammenbringt, gibt es vielerlei Reaktionen. Gefühle (Wasser) werden durch die Flamme der Aktivität und des Willens zum Aufwallen oder gar Verdunsten gebracht, so daß der arme Krebs sich ganz ausgetrocknet fühlt, oder das Wasser netzt auf die Willensflamme des Widders und transformiert dessen Leidenschaft zu einem kümmerlichen Schwelbrand, wenn sie nicht gar verlöscht. Bis der Widder es geschafft hat, den Krebs aus seinen atmosphärischen Träumen zu reißen, ist er schon fast in seiner Energie erschöpft. Hier treffen Tagmensch und Nachteule aufeinander. In das Seelengebräu des empfindsamen Krebses fährt die Energie des Widders oft wie ein Tauchsieder ins Wasser.

Diese aus der Elementenverschiedenheit und dem Quadrataspekt der Zeichen zueinander sich ergebenden Spannungen geben aber auch ein archaisches Mann/Frau-Verhältnis wieder. Der Krebs als, vom Widder aus gerechnet, viertes Zeichen verkörpert dessen Sehnsucht nach Familie und Zuhause, während Widder als zehntes Zeichen von Krebs aus gesehen dessen ehrgeiziges Bedürfnis, gesellschaftliche Geltung zu erobern, abbildet. Vom Krebs aus betrachtet, steht Widder im 10. Haus, dem Haus gesellschaftlicher Geltung.

So erfüllt Widder dem Krebs die diesem unangenehme Eroberung der Welt draußen und wird dafür mit einem seelenvollen Zuhause belohnt. Gegenüber dem empfindlichen Krebs geht Widder auch gerne in eine ritterliche Beschützerpose, die vom Krebs in kindlich-weiblicher Anmut gerne angenommen wird.

Widder mit Löwe

Der Ritter des Königs; Wille und Ausstrahlung

Diese beiden Zeichen ergänzen sich als Feuerzeichen in ihrem Bemühen, zu leuchten und zu strahlen. Möchte der eine durch sein Tun strahlen, so der andere durch ruhige Souveränität. Trotz seiner Feuerqualität ist Löwe als fixes Zeichen primär kein Bewegungstypus; er »läßt« lieber tun, als sich selbst anzustrengen. Dabei gelingt es ihm aber gegenüber den meisten Zeichen und so auch dem Widder gegenüber in aller Regel gut, diese für sich handeln zu lassen. Er gibt dem Widder zusätzlich zu dessen Selbstüberzeugung das Gefühl, etwas Wichtiges zu tun, eine Heldentat für das »gemeinsame« Projekt zu leisten. Da beide im Grunde ihres Herzens Einzelgänger sind, hat der Widder bei seinen Aktionen auch nie das Gefühl, der Löwe bräuchte seine Leistung, sondern kann sie »freiwillig« erbringen, was für ihn sehr wichtig ist. Rivalitäten können bei zwei so machtbetonten Zeichen durchaus entstehen, doch sind die Ambitionen so verschieden (Widder möchte aufgrund seiner Leistung anerkannt werden, Löwe aufgrund seines Daseins), daß es selten Streitpunkte geben wird. Dies kann noch am ehesten bei Fragen der Über- und Unterordnung geschehen. In aller Regel haben aber beide Zeichen ein so ausgeprägtes Selbstbewußtsein, daß sie sich selbst bei faktischer Unterordnung unter den anderen innerlich noch überlegen fühlen.

Das Verhältnis 1/5 und 1/9 bezogen auf den Entwicklungszyklus besagt, daß Löwe es als fünftes Zeichen von Widder diesem besonders leicht macht, sich positiv in Szene zu setzen, und das Leben als spielerischen Selbstausdruck zu begreifen (analog 5. Haus), und daß Widder als neuntes Zeichen von Löwe diesem seine Sinnhaftigkeit (analog 9. Haus) erfahren läßt. Hier finden wir eine Parallele zu der überlieferten Regel, nach der die Sonne im Widder in Erhöhung steht, was inhaltlich wohl auch meint, daß Schöpfung (= Löwe = Sonne) ihren Sinn in der Tat (Widder) oder noch deutlicher: in der Fleischwerdung findet.[40]

Widder mit Jungfrau
Das kalkulierte Risiko; Leistung und Ökonomie; zweckgebundenes Tun

Wenn der ungestüme Mut des Widders auf die wissenschaftlich begründete Ängstlichkeit der Jungfrau trifft, kann es Gemeinsamkeit nur in wagemutigen Aktionen mit Netz und doppeltem Boden geben. Der »Wildling« trifft hier auf die »Gouvernante« des Tierkreises. Der eine tut sprichwörtlich un-bedacht, der andere wagt vor Bedenken, Vorsicht und Rücksicht erst zu handeln, wenn das Geplante wissenschaftlich getestet und für harmlos befunden wurde. Wie in vielen männlich/weiblich-Kombinationen kann es anfangs zu gegenseitigen Blockaden kommen, bei verständnisvollem Umgang miteinander aber auch zu sehr fruchtbaren Ergebnissen, die der zu erreichenden Mitte nahekommen. So kann der Widder der allzu ängstlichen Jungfrau Mut einflößen, wenn er nicht zu ungestüm vorgeht, und die Jungfrau ihn ein wenig Besonnenheit lehren. So mag aus einer sich in der bloßen Freude an der Aktion erschöpfenden Tätigkeit oder aus tatenlosem Grübeln und Kopfzerbrechen effizientes, nutzbringendes Tun werden. Die beiden Zeichen stehen hier in einem 1/6- und 1/8-Verhältnis zueinander, d. h. daß Jungfrau von Widder aus gesehen das sechste Zeichen ist, und Widder, von Jungfrau aus betrachtet, das achte Zeichen. Widder wird also in der Begegnung mit Jungfrau mit dem Thema des Dienens, vernünftiger Anpassung und rationellem, sparsam-ökonomischen Umgang mit den Kräften (6. Haus-Thematik) konfrontiert, während Jungfrau in der Auseinandersetzung mit Widder den achten Entwicklungsschritt im Zyklus erlebt und damit auf die Stirb-und-Werde-Symbolik des Skorpionischen trifft. Jungfrau macht demnach in der Begegnung mit Widder eine gravierende Metamorphose durch, wie man sich gut vorstellen kann, wenn man sich vor Augen führt, daß von dem ängstlichsten der Tierkreiszeichen der mutige Absprung zu unbedingter Tat verlangt wird. Jungfrau, die alles bedingt und kausal vernetzt erlebt, wird von Widder gleichsam dazu gezwungen, ohne wenn und aber zu handeln.

Wir werden diesem krisenhaften Verhältnis 1/6 und 1/8 bei anderen Zeichenkombinationen später noch begegnen und trotz anderer Zeichenqualität dieselbe herausfordernd krisenhafte Grundtendenz wiederfinden. Dies mag uns nicht verwundern, wenn wir von der Aspektlehre her an das Quincunx-Verhältnis mit seiner Qual-der-Wahl-Thematik denken.

Widder mit Waage

Kampfkunst; Krieg und Frieden

Im besten Falle entsteht aus der Kombination dieser beiden Oppositionszeichen gleichsam als »unio mystica« wahre Kampfkunst, im Gegensatz zu Kampfsport, der einseitige Widderqualität ausdrückt. Wenn Waage als kardinales Luft- (und damit Geist-)Zeichen sich mit der reinen Kraft des Widders paart, kann durchgeistigte Energie entstehen, wie wir sie in den alten Kampf

(Widder)-Kunst(Waage)-Traditionen vorfinden. Aktion wird dann aus der Balance, Kraft aus Geist und Harmonie geboren. Wie bei allen anderen Kombinationen aus gegenpolaren Zeichen steht anfänglich oft ein unvereinbar erscheinender Gegensatz, der Spannung bis zur Zerrissenheit aufbaut. Jedes der beiden Zeichen fordert das andere im Verhältnis 1/7 heraus. Und doch liegt darin auch die größte Chance, die »goldene Mitte« zu erreichen, nach der alle Ein-Weihungswege streben. In der Widder/Waage-Polarität kann als Endergebnis die erlöste Eigenschaft des Gleich(Waage)-Mutes(Widder) entstehen.

Bis es freilich dazu kommt, muß ein langer Weg gegangen werden, bei dem Unentschlossenheit gegen kurzsichtige Spontanaktion steht und lauwarmer Ästhetizismus gegen rohe Kraft. Blaublütig dekadenter Kunstsinn trifft auf das pochende Arterienblut schwellender Zornesadern, pinkfarbene Barbiepuppenmode auf verschwitzte »Hitzköpfigkeit«.[41]

Widder mit Skorpion

Aktion bis zur Erschöpfung

Hier treffen zwei klassische Zeichen des Kampfes aufeinander. Nach der alten Astrologie handelt es sich schließlich um das Tag- und das Nachtdomizil des Kriegsplaneten Ares/Mars. Dabei wurde Widder als der Kämpfer mit dem offenen Visier bezeichnet, Skorpion dagegen als der mit dem geschlossenen. Dies ist ein Bild, welches die Art und Weise zu kämpfen recht treffend illustriert. Widder kämpft – im Vertrauen auf seine ungestümen (Anfangs-) Kräfte – offen und ehrlich mit dem Blick in das Auge des Feindes. Skorpion gibt mit verdecktem Blick seine Absichten nicht zu erkennen und schlägt aus der Dunkelheit taktisch zu. Verletzt man Widder, so muß man mit weißglühender Wut und roher brachialer Gewalt rechnen, verletzt man Skorpion, so ist die Folge eiskalte, grausame Rache. Während sich das martialische Aggressionspotential beim Widder (auf derberer Stufe) rein körperlich oder (auf entwickelteren Stufen) geistig manifestiert, zeigt es sich bei Skorpion vorwiegend im seelischen Bereich. Die Qualität der Marsenergien wird eben aus der Qualität des Zeichens heraus begreifbar. Im Feuerzeichen leuchtet und brennt Mars, während er sich im

Wasserzeichen aus den Tiefen unbewußter Seelenschichten begreifen läßt.

Treffen sich diese beiden Kämpferzeichen, so potenzieren sich entweder ihre Energien bis zur erschöpfenden Verausgabung, oder sie reiben sich gegenseitig auf. Denn Skorpion kann als reaktionsärmeres Zeichen bei der Spontaneität der Widderaktionen oft nicht mitmachen und muß sich auf verborgene Unterstützung oder Sabotage dieser Aktionen beschränken, und Widder ist andererseits ein zu direktes Zeichen, als daß es bei der spionagehaften Wühlarbeit und der sabotierenden Destruktion des Skorpionkampfes mitmachen könnte. Widder lebt von »tiefen Atemzügen« (Feuer braucht Sauerstoff!) bei seinen Aktionen, während sich die Aggression des Skorpionischen unter Sauerstoffabschluß in Gärungsprozessen, Verfaulungen – wie Milzbrand oder Krebs – durch feindliche Zellen frißt.

Beide Zeichen stehen in dem uns mittlerweile schon als kritisch bekannten 1/8- und 1/6-Verhältnis zueinander. Das heißt, daß Widder in seinem achten Entwicklungsschritt, dem Stirb-und-Werde-Prozeß, mit Skorpion konfrontiert wird. Er wird also im Zusammensein mit diesem in eine Metamorphose gezwungen, die ihn grundsätzlich wandelt und ihn unter viel Federnlassen zu einem neuen Handlungsansatz hinführen möchte. Widder wird durch Skorpion mit dem für ihn besonders schwierigen Problem der Ohnmacht konfrontiert. Skorpion gerät seinerseits mit Widder in seinem sechsten Entwicklungsschritt in Kontakt, und lernt so Dienen und vernünftige Mäßigung (analog 6. Haus). So paradox dies auch klingen mag, ist der Umgang mit keinem anderen Zeichen für Skorpion so geeignet, Differenzierung und feine Unterscheidungen (6. Haus) zu lernen wie mit Widder.

Doch lassen Sie mich auch die unproblematischeren Seiten dieser Zeichen und ihrer Kombination beleuchten. Mars muß sich ja nicht nur von seiner destruktiven Seite her zeigen, sondern kann durchaus als Leistungsbereitschaft in Erscheinung treten. Auch hier zeigt sich die Ähnlichkeit aber auch Verschiedenheit dieser beiden alten Marszeichen deutlich. Ähnlich sind sie in dem Bezug, etwas leisten zu wollen, in ihrer Willensintensität. Unterschiedlich ist – dem Elementenunterschied angemessen – die Ausdrucksform des Willens zur Tat. Dieser kommt beim Widder, wie alles andere auch, sehr unmittelbar, in direktem Kräfteeinsatz (wie z. B. in einem 100-

Meter-Lauf) zum Ausdruck, während Skorpion mit dem idealistischen Ziel seiner Träume schwanger geht und es durch zähes Ringen unter Überwindung seiner selbst zu erreichen hofft. Treffen beide zusammen, so kann sich die im Skorpion angelegte Opferbereitschaft und sein unglaubliches Durchhaltevermögen sehr positiv auf die Ungeduld des Widders auswirken und ihm dabei helfen, ein Ziel zu erreichen, welches dieser nach Abklingen seiner strohfeuerartigen Begeisterung schon lange in die Ecke geworfen hätte. Widder kann seinerseits den Skorpion durch seine natürliche Unbekümmertheit davon abhalten, sich in unerreichbare Ziele zu verbeißen, nur um eine fixe Idee zu verwirklichen, und sich so zu schädigen.

Widder mit Schütze

Der heilige Krieg

Hier trifft der Krieger mit dem Strategen zusammen. Der eine hat Mut und Kraft, der andere Weitblick und hochgespannte Ziele. Das Schlagwort »der heilige Krieg« meint in diesem Zusammenhang das Zusammentreffen der »klerikalen« Komponente im Schützen mit der Bereitschaft zum »heiligen« Zorn beim Widder, der dem Schützen zur Durchsetzung seiner »religio« gerne sein Flammenschwert leiht. Da beide demselben Element angehören, findet energetisch eine gute Ergänzung statt.

Keiner fühlt sich durch den anderen gehindert oder gar blockiert. Im Gegenteil: Der Schütze findet als Meister im Delegieren einen Partner, der gerne ausführende Hand ist, und der Widder, dem es in seiner Spontaneität meist an Weitblick fehlt, findet durch den Schützen die Sinnhaftigkeit für sein Tun.

Dies wird auch durch das 1/9- bzw. 1/5-Verhältnis der Zeichen zueinander ausgedrückt. Widder gelangt im 9. Schritt im Tierkreisentwicklungszyklus zum Schützen und findet in ihm seinen Sinn (analog 9. Haus). Schütze kommt im 5. Schritt bei Widder an und erfährt durch diesen die beste Möglichkeit sich auszudrücken (analog 5. Haus = Selbstausdruck). Die Tatsache, daß Widder im 5. Haus des Schützen steht, welches in der klassischen Astrologie als das Haus der Kinder gilt, findet auch eine schöne Entsprechung in der Mythologie: Mars ist ein Sohn des Jupiter/Zeus. Wenn

Ares/Mars freilich nicht genug Möglichkeiten zu kämpfen findet oder sich in Tätigkeit »auszutoben«, so greift er – wie uns die Mythologie lehrt – oft seinen Erzeuger Jupiter an, wobei er in aller Regel den Kürzeren zieht.[42] Für den Schützen, der nicht nur dem Widder gegenüber gerne den Gönner und Förderer spielt, kann dieses Spiel also durchaus eine sprichwörtlich »brenzlige Angelegenheit« werden. Zumal Schützen sich sehr schlecht gegen Aggression zur Wehr setzen können. Ihm bleibt dann meist nur die schützetypische Flucht in die Arroganz. Am besten ergänzen sich die beiden, wenn sie, begeistert von einem hochfliegenden Ziel, die Kräfte vereinen, der Widder handelt, und der Schütze generös handeln läßt.

Widder mit Steinbock

Hammer und Amboß; Energie und Widerstand; geregelte Kraft

Hier treffen zwei »gehörnte« Zeichen grundverschiedener Elementarqualität aufeinander. Widder als Zeichen feuriger Beschleunigung von Prozessen und der erdhaft-kristalline, retardierende Steinbock. Kein Wunder, daß sich der Widder von dem Erdzeichen gebremst fühlt. Nicht durch dessen sinnliche Trägheit wie beim Stier, sondern durch maßregelndes, Grenzen setzendes Verhalten, wie es der kantigen, granitenen Struktur des Steinbocks entspricht. Widder, der es gewöhnt ist, seine Energien an Widerständen zu entwickeln und zu messen, gerät hier an den Meister rechthaberischer Reserve, die ihn zu immer neuen Anläufen reizt. Wie der mittelalterliche – Widder genannte – Rammbock zum Zertrümmern von Burgtoren rennt er gegen die Grundsätze und Normenbastionen des Steinbockes an. Was den Widder, der zu subjektiven Standpunkten neigt, an steinbocktypischem Verhalten besonders reizt, ist dessen Eigenart, persönliche Meinungen und Erfahrungen durch unpersönliche Formulierung wie »man« oder »es« so darzustellen, als handelte es sich um die objektive Wahrheit. Widder empfindet dies – oft richtig – als Feigheit vor persönlicher Stellungnahme und als ein Verschanzen hinter einer Pseudo-Objektivität, die der Meinung des Steinbockes mehr Gewicht einräumen soll, und rennt aggressiv gegen dieses Bollwerk Sturm. Zugunsten des Steinbockes muß gesagt werden, daß er sich seine Meinungen nicht so spontan und unüberlegt bildet wie der Widder, sondern anhand langjähriger Erfahrungsprozesse, er hat sie auch an der herrschenden Meinung überprüft, die er für die einzig Maßgebliche hält. So befindet er sich – obwohl selbst eher einzelgängerisch veranlagt – im Schutze der Mehrheit und vermag sich durch das Etablierte zu rechtfertigen. Der vor subjektivem Kraftgefühl strotzende Widder empfindet solches Verhalten als eines Einzelkämpfers unwürdig. Er würde auch nie wie der Steinbock zum Arzt gehen und sich dabei auf die »Empfehlung von Herrn Professor X« berufen. Unbekümmert frühlingshaftes, manchmal etwas ungehobeltes Widder-Verhalten sieht sich im Steinbock mit einer ehrgeizig aufstrebenden, manchmal (solange das entsprechende »Level« nicht erreicht ist) devot-anbiedernden Verhaltensweise konfrontiert. Er findet sich in der abweisenden Distanz wahrenden, bereits alt-etablierten Steinbockgesellschaft vor verschlossenen Türen, die sich nicht durch Rammbockmanier öffnen lassen, sondern nur durch ein Verhalten, wie »es« sich gehört. Als »Newcomer« ist er dort bestenfalls als vorübergehend amüsant-vitales Intermezzo zugelassen.

Das 1/10- und 1/4-Verhältnis der beiden Zeichen macht deutlicher um was es hier geht, als die bloße Aussage, daß beide Zeichen in dem als schwierig eingestuften Quadrataspekt zueinander stehen. Trotz der Reibung sieht Widder in dem in seinem 10. Haus stehenden Steinbock offensichtlich so etwas wie seine Perspektive, seine Möglichkeit, sich zu profilieren. Dieser Gedanke mag wohl auch die alten Astrologen bewogen haben, Steinbock als das Zeichen der Erhöhung für Mars zu betrachten, lernt doch der ungestüme Wildling dort noch am ehesten nicht nur »Manieren«, sondern auch, seine Kräfte zielgerichtet und konsequent einzusetzen. Widder ist andererseits das vierte Zeichen von Steinbock aus betrachtet und verkörpert so dessen Zuhause (= 4. Haus).

Widderenergien sind demnach nicht nur besonders geeignet, den Steinbock seelisch zu beeindrucken (4. Haus), sondern vermitteln diesem trotz ihrer aggressiven Grundfärbung ein Gefühl von Geborgenheit. Oft ist Steinbock aufgrund leidvoller Erfahrungen auch nicht mehr zu Neubeginnen bereit und möchte sich hinter Sicherem, weil als probat Erfahrenem, zurückziehen. Der unerschütterliche Mut des Widders, trotz Niederschlägen mit einer Stehaufmännchen-Qualität immer wieder neu anzufangen, kann ihn hierzu ein wenig ermutigen. Auch wenn zwischen beiden das Aufeinanderprallen von Hammer und Amboß zu hören ist, so kann man doch von einer fruchtbaren Beziehung sprechen nach dem Motto: Der Widder lernt Stil und der ansonsten schwer beeindruckbare Steinbock bekommt vom Widder in dessen schonungsloser Ehrlichkeit das für Kurskorrekturen Nötige beigebracht. Mit seiner Hilfe wagt er Neubeginne und wird nicht erdrückt von seiner Erfahrung.

Widder mit Wassermann
Der Testpilot; Tat und Idee

Beschleunigung kennt keine Grenzen, wenn zwei so unruhige Zeichen wie Widder und Wassermann aufeinandertreffen. Die Luft des einen facht das Feuer des anderen an; die der Zeit vorauseilende Erfindungsgabe und Experimentierfreude des Wassermanns potenziert sich mit der mutigen Improvisationslust des Widders. Als elftes Zeichen von Widder aus gesehen, repräsentiert Wassermann für diesen die Freiheit schlechthin. Also: Keine Beschränkung im Aktionsspielraum, da der sprunghafte und sporadische Wassermann gerne bei den improvisierenden Handlungen des Widders mitmacht.

Der Wassermann sieht es auch gerne, wenn seine im Kopf sich abspielende Abenteuerlust durch den zu allen »Schandtaten« bereiten Widder umgesetzt wird. So wird uranisches »Brainstorming« mit marsischem Pragmatismus verwirklicht.

Widder, als drittes Zeichen von Wassermann aus gesehen, dient diesem als Vermittler (3. Haus-Analogie) seiner Gedankenwelt in die real greifbare Daseinsebene, der Domäne des Widders. So flüchtig die Gedanken des einen, so strohfeuerartig auflodernd sind die Aktionen des anderen. Unruhe und Schnelligkeit, Witz und Eigenwilligkeit paaren sich in dieser Verbindung zu einem Feuerwerk genial-vergänglicher Handlungen. Solidarität und Ausdauer dagegen wird man von diesem explosiven Gespann nicht erwarten dürfen. Es dürfte auch kaum vorkommen, daß sich die beiden ernstlich – und vor allem in nachtragender Weise – in die

Quere kommen. Dazu ist jeder zu sehr Einzelgänger und auch zu schnell durch etwas Neues ablenkbar.

Durch die Temperamentsähnlichkeit kann es dagegen noch eher zu Projektionen eigener Probleme, z. B. der den beiden Zeichen eigenen Unruhe und Hast, auf den anderen kommen. Das durch die Potenzierung der gegenseitigen Energien entstehende hektische Lebensklima verlangt natürlich beizeiten auch regenerative Ruhephasen, die die beiden sich gegenseitig kaum schenken können und daher außerhalb der Beziehung nach einem Ruhepol (z. B. Stier, Krebs etc.) suchen müssen.

Widder mit Fische

Eingreifen oder geschehen lassen? Täter und Opfer

Verkörpert Fische die unausgesprochene (noch) nicht realisierte Möglichkeit, das Schweben im Reich der Potenzen, so ist Widder das richtige Zeichen dafür, eine dieser Möglichkeiten aus dem Verborgenen an das Tageslicht zu zerren und durch Aktion zu »inkarnieren«.

Er kann dabei durchaus den Fisch aus seiner verwunschenen Welt befreien, so wie eine Ohrfeige einen Betrunkenen wieder einen Moment lang hart in die Realität holt. Ebenso schmerzhaft wie ein solcher Schlag fühlt es sich aber für den Fisch an, wenn er auf eine der Möglichkeiten festgelegt wird, auch wenn er es als Befreiung aus seiner Handlungslähmung erlebt. Der Fischetypus wird in dieser Liaison als ständig vom Widder Verwundeter leben müssen, da er mit dessen verletzender Direktheit schlecht umgehen kann. Andererseits leidet der Widder unter den unausgesprochenen und für ihn ungreifbaren Stimmungen, die der Fisch verbreitet, wie ein richtiger Fisch, der zu richen beginnt. Das Aufeinandertreffen der Elemente Wasser und Feuer löscht die feurige Energie des Widders entweder, oder »verdampft« die Seele des Fisches in der Gluthitze des Widders. Fische können lange und ohne Hoffnung auf Erfolg bei einem Widder darauf warten, daß er zwischen den Zeilen liest. Selbst wenn der Widder spürt, was der Fisch stumm sagen oder hören will, möchte er Direktheit und weigert sich, auf nonverbale Kommunikation einzugehen, es sei denn, durch reine Aktion bzw. Re-Aktion.

Brauchen Fische als Schutzsystem für ihre überempfindliche Seele die Tarnung durch einen Geheimnisraum, so reizt es kaum ein Zeichen (allenfalls Skorpion) mehr als Widder, mit Jagdhundinstinkt gerade das Verborgene aufzustöbern und durch Sichtbarmachung »handhabbar« zu machen. Dabei wird Widder aus der Sicht von Fische ständig zum Elefanten im Porzellanladen, während ersterer es nicht verstehen kann, wie man sich wegen der Heimlichkeiten so »haben kann«. Man könnte sie doch ebensogut frank und frei aussprechen. Eine ähnliche Widersprüchlichkeit kann sich daraus ergeben, daß Fische in aller Regel darauf setzen, daß sich etwas von selbst aus der Situation heraus ergeben möge und gleichsam auf das verborgene Wirken der Dinge vertrauen, während Widder dem Leben nicht einfach zuschauen kann, sondern – eingreifend – seinen Beitrag dazu leisten möchte. Widder hält es in seiner ungeduldigen Veranlagung nicht aus, sich etwas einfach nur ergeben zu lassen, sondern möchte »tun«; Fische »ergibt sich« in sein Schicksal, damit Es sich ergeben möge. Der Fisch erlebt den Tatbeitrag des Widders oft als den natürlichen Verlauf der Dinge störend, während Widder die märtyrerhafte Ergebenheit von Fische schwer verstehen kann. In Kürze könnte man sagen, daß Widder sich am Leben eher durch positives Tun, durch willentliches Einmischen schuldig macht, Fische dagegen durch Unterlassen.[43]

Begreifen beide ihre extremen Positionen, so kann sich im gegenseitigen Lernprozeß eine goldene Mitte ergeben, in der der Widder von Fische lernt, den Dingen auch einmal ihren Lauf zu lassen, während er seinerseits den Fischen Mut machen kann, dort einzugreifen, wo eine Notwendigkeit dazu gegeben ist, und Fische aus ihrer Veranlagung dazu neigen würden, den von ihnen geforderten Handlungsbeitrag »Gott zu überlassen«. Dies wäre dann die erlöste Entsprechung des 1/12- und 1/2-Verhältnisses der beiden Zeichen zueinander. Widder lernt, im zwölften Schritt seines Entwicklungszyklus angekommen, Egolosigkeit und Geschehenlassen (12. Haus-Analogien), und Fische schlägt, im zweiten Schritt seines Entwicklungszyklus bei Widder angelangt, Wurzeln (2. Haus-Analogie) in dieser Welt.

Fische und Widder – eine Beziehung zwischen Mimose und Hau-Ruck-Mentalität. Dies kann gutgehen, wenn sich der Widder als ritterlicher Verteidiger eines zarten Pflänzchens fühlt und nicht von diesem hintergangen, und wenn Fische – sich der eigenen Überempfindlichkeit eingedenk – die rauhe Schale des Kämpfers nicht als gegen sich gerichtet empfindet.

Stier

Stier mit Stier
Dein oder mein?

Das Revierdenken des Stiers führt im Zusammentreffen mit anderen Tierkreiszeichen, besonders aber mit Kollegen des eigenen Zeichens, schnell zu Zuordnungsfragen. Wem gehört was, oder wer gehört zu wem? Vom »Hi Welf, hi Weibling«-Losungsruf mittelalterlicher Bünde bis zur spezifischen Tracht als Zugehörigkeitssymbol zu der schutzbietenden Gruppe (Rudelsicherheit) reicht das Spektrum, mit welchem es sich das Stierprinzip erleichtern will, herauszufinden, zu wem oder was es gehört. Kein Zeichen hat ein so starkes Bedürfnis nach Zusammenhalt und fürchtet Ausgestoßensein so sehr, wie Stier. Als solides (fixes) Erdzeichen auf bodenständige Sicherheit und natürlich-greifbare Werte fixiert, sucht es durch Sammeltrieb diese Sicherheit zu mehren und muß daher in Eigentumsfragen klare Abgrenzungen schaffen. So kann es, wenn zwei Vertreter dieses Zeichens zusammentreffen, durchaus häufig zu Besitzkämpfen kommen, die nicht auf bloße materielle Dinge gerichtet sind, sondern auch gerne den Partner als zugehörig, als Eigentum ansehen. »Ich gehöre Dir und Du gehörst mir, wir gehören zusammen« sind für den Stier so selbstverständliche Grundhaltungen, daß er die Fluchtversuche zerbrechlicherer Zeichen vor seiner allzu engen Umarmung gar nicht verstehen kann. Untereinander ist man sich dagegen einig, daß ein bäuerlich-kerniger Händedruck mit den Worten: »Wir halten immer zusammen«, Ausdruck hoher Liebeskunst ist. Die analoge Verbindung des Stierzeichens mit der im Erdreich haltsuchenden Wurzelknolle im Pflanzenreich läßt dies verständlich erscheinen. Wie dieser geht es dem menschlichen Stier auch um (Zusammen-)Halt, Kräftespeicherung und Ernährung. Nicht umsonst sind Speisekammern oder Vorratskeller und Banknoten Stiersymbole. Selbst reifere Vertreter des Zeichens tun sich unterbewußt schwer damit, sich von dem Gedanken: »Hast du was, dann bist du was« zu lösen, verspricht er dem sicherheitsbedürftigen Stier doch wenigstens auf der ihm besonders bewußten existentiellen Ebene einen gewissen Halt und Geltung.

Untereinander kommen Stiere wegen ihres ausgeprägten Gruppenwunsches gut zurecht, was um so schneller endet, wenn beide einer jeweils anderen Gruppe angehören. Allein das Zugehörigkeitsgefühl zu einem anderen wird dann schon als Ausdruck der Lieblosigkeit und Abwendung interpretiert. Innerhalb der Gruppe dagegen herrscht Stall- oder Kachelofenwärme vor, die in den seltensten Fällen durch hierarchische Probleme getrübt wird. Denn ein echter Stier fühlt sich weder als »Alpha-Huhn« noch als »Omega-Huhn« in der Hackordnung wohl, sondern möchte geborgen inmitten der »Seinen« sein.

Stier mit Zwillinge

Ruhe und Bewegung; Besitz und Handel

Beharrliches Sicherheitsbedürfnis und unruhige Neugier sind die Qualitäten, die es hier zu vereinigen gilt. Seßhaftigkeit und Wandertrieb, Speicherung und Verteilung, Sinnlichkeit und Zweckmäßigkeit zeigen die oft recht gegensätzlichen Ambitionen der beiden Zeichen. Schon die Qualität der Elemente Erde und Luft weist auf die irdisch-konkrete Veranlagung des einen und das Luftikus- und Hans-Dampf-in-allen-Gassen-Temperament des anderen hin.

Der Elementargegensatz kommt in dieser Paarung um so deutlicher zum Vorschein, als es sich um ein fixes Erd- und ein labiles Luftzeichen handelt. Aus der Sicht des Zwillings ist Stier extrem unbeweglich und träge, aus der Sicht des Stiers der Zwilling zerfahren und oberflächlich. Es muß erst gelernt werden, daß die Fähigkeit, etwas zum Bestand zu machen, zu begründen und zu sammeln genauso wichtig ist, wie die des Verteilens und Austauschens. Bis die Veranlagung des anderen akzeptiert ist, kann es beispielsweise zum Thema Treue durchaus zu Differenzen kommen. Denn während der Stier die »Einehe« und den geschlossenen Gruppenverbund als Lebensform wählt, ist Zwillinge das Zeichen der »offenen Tür«, versteht sich mit jedermann und kennt wie ein

Zimmermannsgeselle in den Wanderjahren keine Angebundenheit. Legt der Stier auf Gemütlichkeit und soliden Geschmack Wert, so läßt sich Zwillinge gerne von der Zweckmäßigkeit leiten und lebt in einer praktisch »bügelfreien« Umgebung, die oft Mischcharakter von Büroatmosphäre und Wohnung haben kann. Der Ikea-Klappstuhl erfreut dagegen den Stilsofaanspruch des Stieres kaum.

Das Verhältnis 1/2 und 1/12 zeigt die Zusammenhänge auf andere Weise auf. Für den Stier ist Zwillinge das zweite Zeichen, welches ihm existentielle Sicherheit bietet, wie für den Bauern der Händler, der ihm die gespeicherte Ware abnimmt und ihm Absatzmärkte verschafft. Für den Zwilling ist Stier das zwölfte Zeichen, was darauf hinweist, daß der letzte und oft schwerste Schritt (von den zwölfen im Tierkreiszyklus) für Zwillinge das Zur-Ruhe-Kommen und Seßhaft-Werden ist. Zwillinge wird in Verbindung mit Stier auch mit der Einsamkeit (analog 12. Haus) konfrontiert, da ihn der eifersüchtige Besitzanspruch des Stiers von seinen Kommunikationsmöglichkeiten abschneidet.

Stier mit Krebs
Trautes Heim, Glück zu zwei'n; Speis und Trank

Diese beiden fruchtbar-weiblichen Zeichen vermengen sich wie Quellwasser und Lehm zu »saftiger« Gemeinschaft. Die ihnen gemeinsame Häuslichkeit und scheue Absicherung der Umwelt gegenüber beschränkt den Wirkungskreis auf heimische Dimensionen. Als drittes Zeichen aus Stiersicht schafft der Krebs dem Stier die Kontakte zur Umwelt und findet seinerseits im Stier als seinem elften Entwicklungsschritt einen freundschaftlichen »Gesinnungsgenossen« (analog 11. Haus) und zugleich seine Freiheit. Das mag erstaunen, wenn wir an den Besitzanspruch des Stiers denken. Aber den Krebs als sehr gruppenbezogenen Menschen stört dies nicht, sondern gibt ihm die für ihn wichtige Sicherheit, um sich aus seiner Krebsschale herauszuwagen, was er als Ausdruck von Freiheit empfindet.

Was der Beziehung fehlt ist Initiativkraft und Dynamik. Sie kann nur in Verbindung mit anderen Zeichen gefunden werden, denn der Rückwärtsgang des Krebses verbunden mit dem Beharrungsvermögen des Stiers führt sonst zu einem gemütlich-sinnlichen Auf-der-Stelle-Treten.

Stier mit Löwe

Satter Prunk

An diesen beiden Zeichen kann man Genuß in verschiedenen Ausprägungen studieren. Stier als Zeichen »oralen« Genusses, ein Meister im Genießen des Besitzens und des Nehmens, der »Welt (sinnlich) essen« möchte, und Löwe, der im Ausgeben, im (sich) Produzieren genießt.

Beide haben gemeinsam also einen lustvollen Zugang zum Leben, nur sehr verschiedene Arten damit umzugehen. Die (Lebens-) Lust kann man bei uns recht gut an den Monaten ablesen, in denen die Sonne durch die entsprechenden Tierkreiszeichen läuft: der Wonnemonat Mai und der glutvoll heiße August. Bei einem Erdzeichen wie Stier kristallisiert sich die Lust in Form angesammelten Besitztums aus, während das Feuerzeichen Löwe lustvoll »verheizt«, um weithin zu leuchten (oder »scheinen«).

Daß es so bei gemeinsamer Lustbefriedigung zu Konflikten kommen mag, verwundert nicht, zumal, wenn der Löwe des Stiers' Habe in Schein umsetzt. Eine weitere Gegensätzlichkeit dieser im Quadrataspekt zueinanderstehenden Zeichen liegt darin, daß Löwe als Vertreter der »Katzenfamilie« der Prototypus des nicht domestizierbaren Einzelgängers ist, der katzengleich streunen und mit Mäusen spielen will, während Stier als klassischer Gruppenmensch Schutz im Rudel sucht. Allein die Tatsache, daß Löwe im 1/4-Verhältnis zu Stier steht, läßt uns vermuten, daß er doch für den Stier so etwas wie Heimat (analog 4. Haus) zu bieten hat. Mag sein, daß die Wärme, die der Sonnentyp ausstrahlt, und die freie und unbekümmerte Art, seine Emotionen zu zeigen, von dem reaktionsträgen Stier als »Animation« erlebt und privat geschätzt wird.

Erdzeichen, die allesamt mit eher schwachem Selbstwertgefühl gesegnet sind, finden in den Feuerzeichen – und allen voran im Löwen – ein Vorbild, zu sich stehen zu lernen. Stier ist seinerseits das zehnte Zeichen des Löwen und drückt somit aus, wonach dieser strebt: Macht (Löwe) strebt nach Besitz (Stier). Im erlösten Sinne

»ergibt sich« (10. Haus) aus »Sein« (Löwe) »Besitz« (Stier) und gründet sich (4. Haus) Besitz auf Sein.

Stier mit Jungfrau

Genuß und Kalkül; Revier und Sicherung

Kann man sich Stier im Bild als fruchtbare Lehmscholle vorstellen, so entspräche Jungfrau trockenem Sand. Saftig, dick und genüßlich das eine, sparsam, trocken und detailliert das andere Prinzip. Obwohl beide Zeichen dem Erdelement angehören und im entspannten Trigonaspekt zueinander stehen, kann man »differentialdiagnostisch« deutliche Unterschiede ausmachen. Wie würden Sie sich als Stier fühlen, wenn Sie auf der Suche nach Mutters gutem Butterkuchen von einer Jungfrau eine Scheibe Knäckebrot gereicht bekämen? – und wie als Jungfrau, wenn Sie nach dem penibel errichteten Haushaltsplan nur noch 312,75 DM in diesem Monat zur Verfügung hätten, der Stierpartner aber nach der Saphirbrosche für 8000,-- DM schielt? Als Jungfrau scheint Ihnen auch die Investition in ein Solardach, mit dem man Heizkosten sparen kann, sinnvoller, als die solide Kücheneinrichtung von Poggenpohl.

Dem greifbare Materie repräsentierenden Erdelement entstammend, dreht sich bei beiden Tierkreiszeichen vieles um Praktisch-Existentielles, um Absicherung der Lebensgrundlagen. Im Substanz-Schaffen und Substanz-Erhalten können sich Stier und Jungfrau sehr gut verständigen.

Stier lernt bei Jungfrau als dem fünften Entwicklungsschritt im Zyklus (analog 5. Haus) Produktivität und Selbstausdruck; Jungfrau erlebt in dem konsolidierenden Element des Stiers als neuntes Zeichen (analog 9. Haus) seine Sinnhaftigkeit. Denn Stier möchte sich differenziert ausdrücken lernen, und Jungfrau sieht seinen Sinn in der Erhaltung der Ressourcen und Lebens-Mittel. Seelisch freilich fühlt sich der sinnliche Stier von der nüchtern-funktionellen Jungfrau oft ausgetrocknet, und die magere Jungfrau vom Stier »oral überfordert«.

Stier mit Waage

Oper und Vernissage; Brauchtum und Ästhetik

Diese beiden von der Venus beherrschten Zeichen finden Gemeinsames in ihren künstlerischen Interessen, die beim Stier »erdig« und bei der Waage »luftig« sind. Wenn auch des einen Vorliebe mehr für Pavarotti und die gediegene Oper schwärmt, während der andere (Waage) zerbrechliches »Elfenballett« à la Schwanensee und das luftige Klima von Vernissagen vorzieht, so ist doch für beide das »Schöne« im Leben von besonderer Bedeutung. Sinnlich saftig, von Lebenskraft strotzend wie die Wiesen und Bäume im Wonnemonat Mai, oder dekadent zerbrechlich, wie der Tanz der sterbenden Blätter im schrägen Licht des Oktoberwaldes und die kariösen Zähne im bleichen Angesicht des schönen Jünglings aus Thomas Manns »Tod in Venedig« zeigt sich hier der Unterschied.

Beide Zeichen sind sich auch – venustypisch – einig in der Ablehnung von Aggression und Streit, was freilich der Offenheit nicht immer zuträglich ist. So »schluckt« der Stier und die Waage beschönigt charmant, was Konflikte bringen könnte. Eine Beziehung also, die fast zu schön, um wahr zu sein, ist.

Hinter der geschmackvollen Oberfläche verbirgt sich schließlich ein Quincunx-Aspekt und das schon oben als schwierig erwähnte 1/6- und 1/8-Verhältnis der Zeichen zueinander. Stier gelangt im krisenhaften sechsten Entwicklungsschritt zu Waage, soll also dort das Dienen und vernünftige Anpassung lernen, während Waage bei Stier den Stirb-und-Werde-Prozeß analog dem 8. Haus durchmacht. Die materielle Fixierung des Stiers soll sich also dem kardinalen Geistzeichen Waage anpassen, während diese in ihrer flatterhaft flirtenden Anlage durch die Besitzwünsche des Stiers in den »Abschied« (8. Haus) getrieben wird.

Stier mit Skorpion

Diesseits und Jenseits

Stier ist ein Symbol für Genuß und Sinnenfreude des diesseitigen Lebens, für ein realistisch-bodenständiges Dasein. Skorpion dagegen sucht (oft geradezu süchtig) nach dem Ungreifbaren, Okkulten und wird dabei von leitbildhaften Modellvorstellungen und Idealen getrieben. Beiden gemeinsam ist das Besitzergreifende, welches im Stier in naiv-direkter und im Skorpion in suggestiv-indirekter Weise zum Ausdruck kommt. Sagt Stier, wenn ein Freund gehen möchte: »Bitte bleib«, so bindet Skorpion den anderen z. B. durch ein Schuldgefühl, indem er ihn ausdrücklich zum Gehen auffordert, dabei aber durchblicken läßt, daß er wieder zum Trinker werden wird, wenn der andere geht.

Ergänzung im Sinne der Oppositionszeichen ist daran erkennbar, daß Stier orales Aufnehmen meint, Skorpion dagegen anales und genitales Ausscheiden. Begrüßung und Abschied, Sammlung und Zerfall sind die ergänzenden Pole dieser Zeichenachse. Auch der Volksinstinkt, wie er im Brauchtum Niederschlag findet, weiß um die Wichtigkeit der Mitte, der Balance der Dinge, wenn er (als wollte er damit die Achse Stier/Skorpion ausdrücken) nach dem Tode eines Menschen zum Leichen(Skorpion)-Schmaus(Stier) auffordert. Als Ergänzung zum Tod, zum Abschied, zur Lösung der Seele vom Körper bietet er – gleichsam als heilendes Ritual – den »Schmaus«, der mit Essen und Trinken und der Gruppengemeinschaft »Leib und Seel' zusammenhält«.

Diesseitig erdig-bodenständige Verwurzelung schafft so die Basis für die wässrig-saugende Sehnsucht nach den Dingen, die über das Sichtbare hinausreichen, oder skorpiontypischer ausgedrückt: schattenhaft unter der Oberfläche liegen. Stier und Skorpion: Das Bauernmädel und der Fixer, Sinnlichkeit und Tod.

Stier mit Schütze

Revier und Weite; Bodenständigkeit und Fernweh

Wo der eine in Hartpenning in der 6. Generation lebt und von waghalsigen Ausflügen nach Dösselbach oder sogar nach München beruhigt wieder ins vertraute Revier zurückkehrt, hat der andere zumindest auf seiner Visitenkarte »Paris, London, New York, Hongkong« stehen, wenn er nicht schon mehrfach dort gewesen ist. Traditionsbewußt bewahrt der Stier, »was immer schon so war« und festigt damit den organisch gewachsenen Horizont, während Schütze »mit Feuer und Flamme« und vom Fernweh getrieben, Horizonte zu erweitern sucht. Was können sich die »Schönheit vom Lande« und der »Globetrotter« gegenseitig geben? Eine Möglichkeit ist das Zusammenwachsen von gesundem Menschenverstand und weitgespannten, »überregionalen« Zielen, von natürlichem Instinkt und einer Toleranz, die viele Lebensweisen auch anderer Kulturen gesehen hat und daher weiß, daß der eigene Weg nicht der einzige ist. Es ist wichtig, sich im nahen Umfeld, im eigenen Revier auszukennen, wie der Stier, denn: »Wozu in die Ferne schweifen, wo das Gute liegt so nah«[44], und es ist ebenso wichtig, den Horizont über den eigenen Gartenzaun hinaus zu erweitern, um nicht dem Sprichwort zum Opfer zu fallen, daß der Bauer nicht mag, was er nicht kennt. Dies ist der Weg, auf dem beide Zeichen sich ergänzen und helfen können. Konflikte erwachsen aus eben derselben Veranlagung. Denn mit dicken Lößschollen am Schuh reist sich nicht so gut, und eigen Haus und Hof verkommt, wenn man sich allzuviel in der Fremde herumtreibt.[45]

Das zeigt sich auch in dem 1/8- und 1/6-Verhältnis der Zeichen zueinander, welches wir schon als problematisch erkannt haben. Stier gelangt im achten Entwicklungsschritt zu Schütze und wird quasi vom Schützen zum Opfer (8. Haus) gezwungen. Kein Wunder, denn auf der Weltreise (Schütze) wird der Säckel (Stier) leer. Schütze seinerseits trifft in seinem sechsten Entwicklungsschritt auf Stier und muß dort analog dem 6. Haus Anpassung an die Gegebenheiten des Umfeldes lernen. Auch Vergangenheit und Vorausschau treffen in den beiden aufeinander. Wo der eine (Stier) sich wiederkäuend mit seiner Vergangenheit auseinandersetzt, begeistert sich der andere (Schütze) für zukünftige Dinge, die er alleine, ohne ein Heer von Helfern, nicht umsetzen kann.

Stier mit Steinbock

Recht muß Recht bleiben; was lange währt, wird endlich gut

Dies ist die hartnäckigste Verbindung zweier Tierkreiszeichen. In ihr treffen die beiden konservativsten Zeichen zusammen. Infolge der Zugehörigkeit zu dem melancholischen Erdelement können sich Stier und Steinbock sehr gut darauf verständigen, daß Solidarität, Wert und Sicherheit im Leben sehr wesentlich sind.

Traditionsbewußtsein und gewachsene Erfahrungen bestimmen beider Verhaltensweise. Doch während Stier rundlich-bauchigen Genuß und Sinnlichkeit im Dasein sucht, strebt Steinbock ehrgeizig nach kantig-klarem Profil. Die Kuh in Karst und ewigem Eis fühlt sich ähnlich verloren, wie der frostige Steinbock unter saftigen Apfelbäumen. Der Stier als Gruppentypus sieht sich dem Steinbock als kühl-distanziertem Einzelgänger gegenüber, und während er sich noch einmal im Federbett dreht, knacken des anderen Gelenke bereits im disziplinierten Frühsport. Der Genießer und der »Workaholic« als Gemeinschaft. Irdisch sind beide, der eine als saftig-pralle Ackerscholle, als Tongefäß, der andere als gotisch nach oben strebender Stalagmit, eckig und hart.

Stier trifft in seinem neunten Entwicklungsschritt auf die Steinbockqualität und findet in ihm seine Lebensphilosophie (9. Haus): Der Sinn des Lebens ist es, es »zu etwas zu bringen«, was der Steinbock ihm gleichsam vorlebt. Steinbock dagegen kommt im fünften Entwicklungsschritt bei Stier an, erlebt Besitz (Stier) als sein Produkt (5. Haus), sein Kind – formbar und doch beständig.

Stier mit Wassermann
Das UFO in Kleindingharting; Himmel und Erde; Tradition und Fortschritt

Die surrealen Höhenflüge des Luftzeichens Wassermann treffen auf den bodenständigen Realismus des Stiers. Der »ewige Außenseiter« begegnet dem symbiotisch in der Gruppe Lebenden. Der Quadrataspekt scheint auch hier wie ein Kreuz auf der Beziehung zu liegen, obwohl Luft und Erde sich kaum so widersprechen, wie etwa Feuer und Wasser. Und doch wird der geistig extrem kreative Wassermann unter der irdenen Unbeweglichkeit des Stiers oft leiden, so wie der ruhige und gemütliche Stier unter dem wirbelsturmähnlichen Zickzackkurs wassermännischer Unruhe. Ist der eine in seinem Zuhause mit Mühe akklimatisiert und warm geworden, plant der andere bereits den nächsten Umzug. Am besten läßt sich dieser Widerspruch lösen, wenn der Stier sich als »Abschußbasis« und Heimathafen zur Verfügung stellt, und der Wassermann sein Flugloch hat, welches ihm die Freiheit der Veränderung erlaubt.

Der Wassermann kann dann auch Zielvorstellung und »Über-ich« des Stieres, als dessen 10. Schritt, verkörpern. Freiheit (Wassermann) ist es, wonach Stier strebt (analog 10. Haus). Der Wassermann findet seinerseits bei keinem anderen Zeichen so sehr ein Gefühl des Zuhauses, eine »Familie« (analog 4. Haus), wie beim Stier, seinem vierten Entwicklungsschritt. Er muß die (Vorstellungs-)Enge und den Mangel an Abstraktionsfähigkeit des Erdzeichens in Kauf nehmen, wenn er bei ihm die ihm selbst fehlende Ruhe und Sammlung finden will.

Stier mit Fische
Der Regenbogen über den Hügeln;
Bacchus und die Elfe

Hier treffen zwei weibliche Zeichen zusammen, die sich recht gut ergänzen. Beide sind passiv empfänglich, der Stier auf konkret-bodenständige Art, der Fisch mehr auf ätherische Weise. Beide haben ein ausgeprägtes Gefühl für Atmosphäre und blühen auf, wenn diese ihnen entspricht. Ist die Atmosphäre angespannt, so schluckt der Stier um des Friedens willen, der Fisch aber entzieht sich seelisch und läßt – wenn dies sein muß – nur seinen Körper wie eine leblose Larve anwesend. In seiner Konturlosigkeit findet der Fisch im Stier den ihm fehlenden Halt durch dessen Ruhe und Gemütlichkeit, während die Erdigkeit des Stiers durch die wässrige Phantasiewelt des Fisches befruchtet wird und ihn aus seiner Befangenheit im Gegenständlichen löst. So finden sich die Elfe und Bacchus zur ländlich-vertrauten Idylle zusammen.

Diese harmonische Ergänzung wird in dem Sextilaspekt der beiden Zeichen zueinander ausgedrückt. Stier, als drittes Zeichen von Fische aus gesehen, eignet sich offenbar besonders gut dafür, für die Fische Kommunikation nach draußen (analog 3. Haus) zu schaffen. Als elftes Zeichen von Stier aus gesehen, verkörpern Fische andererseits für den Stier die Freiheit (11. Haus) schlechthin.

Initiativkraft darf man innerhalb dieser Beziehung nicht erwarten, dafür aber in besonderem Maße die Fähigkeit zur Hingabe. Beim einen (Stier) in Form des Genießerischen, beim anderen in Form der Anteilnahme am Gesamtgeschehen.

Konflikte können dort entstehen, wo sein starker Bezug zur greifbaren Realität dem Stier den Blick für die Traumwelt des Fisches verstellt, wo er diesen als Ausdruck der Zuneigung so handfest umarmt oder festhält, daß letzterer aus Selbsterhaltungsgründen »entglitschen« muß. Der dreidimensionale Fluchtraum, den der Fisch braucht, wird so auf die zweidimensional sichere Erdebene reduziert und läßt ihn nach Luft schnappen. Andererseits löst er gerade dadurch, daß er sich entzieht, beim Stierpartner Verlustängste aus. Der Stier verliert dann quasi den Sicherheit bietenden festen Boden unter den Füßen und kommt im Element des Fisches ins Schwimmen.[46]

Zwillinge

Zwillinge mit Zwillinge

Die Zeitungsredaktion – Abteilung »Klatschspalte«

In keiner Beziehung wird soviel Information ausgetauscht, wie in dieser. Dabei geht es der Elementequalität entsprechend um »luftig-leichte« Konversation nach dem Motto: »Hast du schon das Neueste gehört?« Radfahren, Wandern, Beziehungen pflegen und keine Gelegenheit auslassen, Geschäfte zu machen: darin werden sich die Zwillinge-Partner gut verstehen.

Eine sanguinische Paarung voll von heiterem Temperament. Trübsal blasen ist hier ebensowenig angesagt, wie tiefgründige Diskussionen oder leidenschaftliche Gefühle. Das Klima bleibt beschwingt-neutral. Bei soviel Reibungslosigkeit könnte einem fast langweilig werden, gäbe es nicht immer wieder neue Nachrichten.

Zwillinge mit Krebs

Intellekt und Gefühl

Luft und Wasser sind Elemente, die sich recht gut vereinbaren lassen, obwohl sie verschiedene Geschlechter repräsentieren. Große Spannungen sind also zwischen diesen Zeichen nicht zu erwarten, wobei man freilich auch sehen muß, daß Zwillinge in seiner neutral-beschwingten Art mit kaum einem anderen Tierkreiszeichen ernste Schwierigkeiten hat. Zwillinge »kann es« eben mit jedem.

Im Krebs als seinem zweiten Entwicklungsschritt, findet er einen Partner, der ihm als unruhigem Wanderburschen Wurzeln und Halt (analog 2. Haus) gibt, auch wenn er sich manchmal von der adhäsiven Gefühlswelt des Krebses vereinnahmt fühlt (2. Haus). Krebs seinerseits empfindet den Zwillinge-Partner als ungreifbar (zwölfter Entwicklungsschritt).

Die unverbindliche Neutralität, mit der der Zwilling durch die Welt geht, erscheint ihm unbegreiflich (12. Haus), und er weiß nicht so recht, ob er sich davon verletzt fühlen soll, oder etwa sogar sich selbst etwas davon wünschen sollte. Da beide Zeichen Anpassungsfähigkeit besitzen und nicht nach Dominanz streben, wird es kaum Machtkämpfe in der Beziehung geben. Allerdings fehlt es dem Zwilling beim Krebs an Beweglichkeit und neugieriger Unternehmungslust, da dieser – zumindest im fortgeschrittenen Alter – eher häuslich wird. Und der Krebs sieht in der kameradschaftlich-burschikosen Zwilling-Natur keine Erfüllung für seine romantische Gefühlswelt.

Zwillinge mit Löwe

Der Kurier des Zaren; Hermes und Apollon

Auf der menschlichen Ebene finden wir in diesem »Gespann« das Spiel der Gestirne Merkur und Sonne am Himmel gespiegelt: Emsig rotiert der Zwilling um den Machtpol Löwe.

Die Sextilbeziehung beider zueinander weist auf eine spannungsfreie Verbindung hin, in der der Löwe für den Zwilling die Möglichkeit schafft, seiner Eigenart Bote zu sein, besonders gut zu entsprechen (Löwe ist, archetypisch gesehen das dritte Zeichen des Zwillings). Für den Löwen selbst ist Zwillinge der elfte Entwicklungsschritt und damit die Begegnung mit der wassermännischen Ergänzungsqualität, so daß er über Zwillinge lernen kann, was ihm zur Ergänzung fehlt.

Die männlichen Elemente Luft und Feuer unterstützen sich gegenseitig zu schneller »Verbrennung« und beschleunigtem »Stoffwechsel«. Merkuriale Klugheit und List treffen auf in sich ruhende solare Souveränität, Information fördert den Produktionsprozeß.

Zwillinge mit Jungfrau
Journalist und Wissenschaftler

Es mag aus der astrologischen Symbolik zunächst eigentümlich anmuten, daß die zwei von Merkur beherrschten Zeichen im spannungsreichen Quadrataspekt zueinander stehen, ist doch beiden das Thema des Intellekts gemeinsam. Die verschiedenen Elementarqualitäten jedoch beantworten diese Frage, treffen hier doch bewegliche Vielseitigkeit im Denken (Luftzeichen Zwillinge) mit systematisch-methodischem Spezialistentum (Erdzeichen Jungfrau) aufeinander. Der eine weiß viel, aber Oberflächlicheres, bewegt sich mehr im vergleichenden, interdisziplinären Raum, wie ein Journalist, der andere sucht im Detail und arbeitet gründlich in seinem begrenzten Fachbereich wie ein Wissenschaftler oder Lehrer. Da mag es durchaus angespannte Differenzen geben, wo die Jungfrau dem Zwilling die gründliche Sachkenntnis abspricht, und dieser wiederum der Jungfrau einen begrenzten Horizont bestätigt. Wie in allen Kombinationen führt es aber wenig weiter, wenn wir uns nur an unsere Schwächen erinnern und nicht gleichzeitig die gerade *daraus* (!) erwachsenden Stärken sehen, bzw. gemeinsame Nenner finden.

Beiden Zeichen ist die Neugier gemeinsam und das Bedürfnis, mit Hilfe des Intellekts das Leben zu bewältigen. Daraus kann eine sachliche – nicht gefühlsbetonte – Arbeits- und Informationsatmosphäre als Gemeinsamkeit entstehen.

Jungfrau als aus der Sicht des Zwillings viertes Zeichen stellt für diesen den »Mutterboden« dar (analog 4. Haus), während Zwillinge als zehntes Zeichen der Jungfrau für diese als Zielorientierung dient. Jungfrau möchte in der Beziehung also dorthin gelangen, wo der Zwillingpartner seine Position hat (analog 10. Haus), was diesen überpersönlich bedeutsam macht, während Zwillinge den Jungfraupartner mit dem »Zuhause« (4. Haus) in Verbindung bringen.

Zwillinge mit Waage

Konversation und Diplomatie

Auch hier treffen zwei »Intellektuelle« aufeinander. Doch geht es hier mehr um die Freude am reibungslosen Gedankenaustausch, um den gemeinsamen Kontakt mit anderen Menschen, weniger darum, wer recht hat. Denn beide Zeichen fühlen sich in der Welt des Relativen besonders wohl. So kann man die Dinge von allerlei Warten aus betrachten und standpunktlos relativieren, sich Gedanken wie Bälle zuspielen, ohne sich in irgendeiner Weise festlegen zu wollen.

Die Partnerschaft ist damit eine luftig-lockere unverbindliche Verbindung, eine dynamische Ergänzung im »Luftschlösser bauen«.

Als 5. Haus des Zwillings verkörpert Waage für den Zwilling spielerischen Selbstausdruck und Souveränität, während die 9. Haus-Position des Zwillings der Waage Sinngebung (9. Haus) vermittelt.

Zwillinge mit Skorpion

Neugier und Tabu; burschikose Neutralität und Leidenschaft

In diesen beiden Zeichen treffen Zweifler verschiedener Wesensart zusammen. Der Zwilling sitzt als relativierender »ungläubiger Thomas« ein Leben lang interessiert zwischen den Stühlen, und Skorpion vermag selbst die Erkenntnisse nicht zu glauben, die er sich in verbissenem Perfektionismus erarbeitet hat. Kein Wunder, ist doch Zwillinge das Oppositionszeichen zum Glaubenszeichen Schütze, und Skorpion muß in der Tierkreiswanderung den Schritt zum Schützen erst noch tun. Trotz großer Gegensätzlichkeiten gehen also beide mit Erkenntnissen ähnlich um. Der eine relativiert deren Bedeutung, bis ihm eine unverbindliche Einstellung dazu möglich ist (Zwillinge), der andere nimmt eine zwanghaft anmutende Protesthaltung ein, vielleicht gerade deshalb, weil er seine Neigung spürt, zum Fanatiker und Dogmatiker zu werden, wenn er sich darauf einläßt.

Die oben genannten Gegensätzlichkeiten liegen in der neutralen Leidenschaftslosigkeit des Zwillings und der emotional-gärenden Leidenschaftlichkeit des Skorpions, in der oberflächlichen Neugier einerseits, und der von Tabus magisch angezogenen, Abgründe entdecken wollenden Forschernatur auf der anderen Seite. Der eine nimmt flüchtig zur Kenntnis, der andere bohrt verbissen nach und entwickelt fixe Ideen und Leitbilder, die ihm der luftige Zwilling zu relativieren sucht.

Beide Zeichen stehen in einem schwierigen 1/6-, bzw. 1/8-Verhältnis zueinander. Zwillinge wird in seinem sechsten Entwicklungsschritt durch Skorpion zur Exaktheit gezwungen und lernt Unterordnung (analog 6. Haus), und Skorpion macht in der Begegnung mit Zwillinge, als dem von ihm aus gesehen achten Zeichen, einen Stirb-und-Werde-Prozeß durch. Kein Wunder, wo doch seine fixen Lebensmodelle durch das heitere Relativieren des Zwillings immer wieder den Boden entzogen bekommen.

Zwillinge mit Schütze

Relativität und Wertung; Bildung und Weisheit

In diesen beiden Zeichen finden wir die Pole der »Erkenntnisachse« und der »Reiseachse« des Tierkreises wieder. In ersterer verkörpert Zwillinge Schulbildungswissen oder Zeitungsinformation über Daten des Weltgeschehens, eben das, was man weiß, wenn man »gut aufgemerkt« hat. Schütze dagegen meint Bildung im Sinne des Erkennens von Sinnzusammenhängen in Fakten und Daten, also etwas, was man nicht einfach zur Kenntnis nehmen oder lernen kann, sondern wertend aufbereiten muß.

In Berufsbildern gesprochen stehen sich hier der Journalist und der Priester gegenüber – weiß Gott eine Katz-und-Maus-Kombination. Auch in der Reiseachse zeigt sich der »größere Horizont« des Schütze-Archetypus[47] im Vergleich zu der auf kleinere Dimensionen beschränkten »Wanderlust« des Zwillings.[48]

Beide werden dort gerne aneinandergeraten, wo es um Wertungen geht, die der Schütze entwickelt und der Zwilling abbaut. Ähnlichkeiten ergeben sich aufgrund der verträglichen Elementekombination Feuer/Luft, die ein beweglich-dynamisches Zusammensein fördert.

Zwillinge mit Steinbock
Vermittlung und Standpunkt

Hier trifft der Zwilling – »Hans Dampf in allen Gassen« – auf den in Standort und Standpunkt gefestigten Steinbock. Die geistige Heimatlosigkeit des einen begegnet den Grundsätzen und Prinzipien des anderen. Zwillinge läßt seinen Geist frei wie ein Frühlingslüftchen wehen und dreht seine Fahne nach dem Wind, Steinbock hat über bittere Erfahrung Gesetze herauskristallisiert, die er nicht mehr in Frage gestellt sehen möchte.

Kein Wunder also, daß er die Begegnung mit Zwillinge als krisenhaften sechsten Entwicklungsschritt erlebt, als »Anpassungskrise« analog zur Bedeutung des 6. Hauses. Zwillinge seinerseits trifft im achten Entwicklungsschritt (dem Stirb-und-Werde-Thema) auf Steinbock und macht in der Begegnung einen Mauserungsprozeß durch, bei dem er viele Federn läßt. Der kantige, melancholische Ernst des Steinbocks setzt seiner heiter-beschwingten Lebensart immer wieder Grenzen und fordert ihn auf, in die Tiefe zu gehen, die er oft als bleierne Schwere empfindet.

Eine recht nüchterne Kombination, die für Gefühle weniger Raum hat, als für Pragmatismus und Zweckmäßigkeit. Eher eine Arbeitsbeziehung als eine Partnerschaft.

Zwillinge mit Wassermann
Neugier und Erfindungsgeist

Über das Lufttrigon miteinander verbunden, ergänzen sich diese beiden Zeichen fast spannungsfrei. Der eine (Wassermann) gebiert die Ideen, die der andere (Zwilling) unter die Leute trägt. Beide sind von unruhigem, veränderungslustigem Naturell, wenngleich der Wassermann durch seine elektrische Anspannung auffälliger wirkt. Zum Zwillingetypus gehört in seiner neutralen Beweglichkeit der Charakterzug des Bedeutungslosen, Heiter-Unauffälligen, was man vom Wassermann beileibe nicht sagen kann. Wenn der Zwilling sich plaudernd unter die Menge mischt, ragt Wassermann durch seine Eigenart und Exzentrizität fast provokativ aus der Menge heraus, spielt freiwillig oder unfreiwillig den Außenseiter und fühlt sich fremd. Unverbindlich-verbindend der eine, eigenwillig-kreativ der andere.

Die Geistigkeit ist es, die beiden Verwandtschaft vermittelt, auch das Bedürfnis nach Ungebundenheit und Freiraum. Schön kann man im Zwillinge-Prinzip die Qualität des Labilen, Veränderlichen im Verhalten wiederfinden, im Wassermann dagegen das Fixe, Ideell-Spröde. Der Zwilling, lau wie ein Frühlingslüftchen, wie pollenschwangere Luft voller Information, die bienengleich von Blume zu Blume, von Mensch zu Mensch getragen wird; der Wassermann wie eisklare Februarluft, in der sich funkelnd die Sonne in Eiskristallen bricht und aufblitzt, wie Ideen im Funkengewitter der Neuronen.

Zwillinge symbolisiert als fünftes Zeichen des Wassermanns für diesen den Kontakt zur Wärme (5. Haus), zu spielerischer Ich-Entfaltung, während Wassermann für Zwillinge, als dessen neuntes Zeichen, sinngebend wirkt.

Zwillinge mit Fische
In den Zeilen und zwischen den Zeilen

Hier trifft der »Bezeichner«, der »Namensgeber« auf den »Unbezeichenbaren«. Der eine lebt gerne in den Zeilen, schafft durch Worte Verbindung zu anderen, der andere (Fische) schwimmt zwischen den Zeilen und läßt Kontakt durch Stimmung und Wortlosigkeit entstehen. Diese Unterschiedlichkeit führt natürlich gerne zu Kommunikationsschwierigkeiten, die durch das Quadratverhältnis der Zeichen zueinander technisch dargestellt werden. Möchte der eine der Klarheit halber benennen, so fürchtet der andere, daß über die Worte zerredet wird, was zwischen den Zeilen schon fühlbar war. Zieht sich der Fischetypus gerne als der ewig Unverstandene in seinen Schmollwinkel zurück, so sucht der Zwilling den Kontakt nach draußen.

Fische braucht Zwillinge als sein viertes Zeichen als Basis, als Ursprung und Heimat vermittelnd und bietet dem Zwilling als dessen zehnten Entwicklungsschritt Zielorientierung und Berufung an. Letzteres wird besonders verständlich, wenn man bedenkt, daß Sprache (Zwillinge) das Ziel hat (10. Haus), Wesen und Hintergründe (Fische) zu vermitteln.

Ähnlichkeiten liegen in der hohen Anpassungsfähigkeit der beiden labilen Zeichen und in der daraus folgenden Unaufdringlichkeit und Unauffälligkeit. Die heitere Veranlagung des Zwillings befreit den Fischetypus aus seiner sensibel-sentimentalen Märtyrerhaltung, und der Zwilling spürt in der Gegenwart des Fisches, daß es auch Dinge gibt, die sich seinem wendigen Intellekt entziehen und nicht »gewußt« werden können.

Krebs

Krebs mit Krebs

Im Rückwärtsgang durch das Leben; die Großfamilie

Wenn zwei von Luna (= Laune) regierte Zeichen zusammentreffen, kann in diesem chaotischen Stimmungsgebräu viel entstehen, aber nur wenig klar Vorhersagbares. Es herrscht eine »Ordnung«, wie in einer italienischen Großfamilie. Gefühlsintensive Symbiose wechselt mit eifersüchtigem Buhlen um Zuneigung, besonders, wenn Dritte an der Beziehung teilnehmen.

Im Vordergrund des Interesses stehen Heim und Familie, seelische Geborgenheit, Erinnerung und Tradition. Naturhafter Wandel der Geschehnisse durch periodisch wiederkehrende, vertraute Abläufe, vergleichbar mit dem Wandel der Jahreszeiten, ist erwünscht, wogegen Veränderungen, die gewohnte Rhythmen verlassen, durch Widerstand und ängstlichen Rückzug verhindert werden. Wie durch unsichtbares Pilzmycel mit den anderen Mitgliedern der Familie (nicht notwendig beschränkt auf Blutsverwandte, sondern auf seelisch Vertraute ausdehnbar) verbunden, partizipiert der Krebs symbiotisch am Leben des (der) anderen. Einzelgängertum und isolierte Selbständigkeit sind ihm fremd.

So wird diese Beziehung trotz des Ehrgeizes beider Partner wenig kreative Dynamik beinhalten, dafür um so mehr Mutterboden für Gefühle.

Krebs mit Löwe

Der Herrscher und sein Volk

In dieser Partnerschaft treffen Sonne und Mond, Yin und Yang, das archetypisch Männliche und das archetypisch Weibliche aufeinander, Vater (Löwe) und Mutter (Krebs), Licht und Schatten, Tag und Nacht. Ausstrahlung und Energie paart sich mit Hingabe und Form, Führung mit Anpassung. Eigentlich aus archetypischer Sicht die ideale Ergänzung, wenn jeder sich mit seiner Rolle identifizieren kann und um die Wichtigkeit des anderen als Ergänzung für sein Leben weiß. Ein König ohne Land und Volk ist ebenso sinnlos und allein, wie Land und Volk ohne souveräne Führung.

Schwierigkeiten können dort auftreten, wo Archetyp und Geschlecht nicht übereinstimmen, wo also die Löwin auf den Krebsmann trifft. Denn trotz aller sinnvollen Emanzipation von Geschlechterrollenklischees im Wassermannzeitalter, würde es zu einer Verkennung symbolischer Inhalte führen, das Weibliche mit der Sonne, und das Männliche mit dem Mond (nur um der »Gleichberechtigung« willen) gleichzusetzen. Daher wird »Die Löwin« unterbewußt unzufrieden mit dem »lieben Hausmann« (Krebs) sein und sich, auch wenn Rivalitätskämpfe zu befürchten stehen, langfristig auf die Suche nach einem (aus ihrer Sicht) »starken« Partner machen, während der Krebsmann nach einer noch weicheren Partnerin suchen wird, die ihn nicht führen möchte, sondern sich an ihn anlehnen kann, so sehr er sich das selbst auch wünschen mag.

Die Tatsache, daß Löwe das zweite Zeichen von Krebs aus ist, zeigt, daß Krebs sich am Löwen festhalten möchte (Analogie 2. Haus), während Löwe den Krebs als sein zwölftes Zeichen als seelischen Hintergrund sieht und von ihm opferbereite Einfühlung erwartet (analog 12. Haus).

Gemeinsam ist in Krebs/Löwe-Beziehungen die starke Emotionalität (beim Löwen mehr theatralisch-aktiv, beim Krebs verinnerlicht-reaktiv) und das Bedürfnis, das Leben im Hier und Jetzt, ohne großes Planen zu leben. Spontan in Eindruck und Ausdruck dazusein, die Lebendigkeit des Moments in fast kindlicher Unbefangenheit zu leben, ist charakteristisch für diese beiden Zeichen.

Krebs mit Jungfrau

Brutpflege mit System

Wenn der gefühlsintensive »Muttertyp« Krebs mit dem zweckmäßig denkenden Systematiker Jungfrau zusammentrifft, mischen sich Gefühl und Ratio. Der eine wässrig-chaotisch, der andere nüchtern und vernunftbetont. Beiden gemeinsam ist eine eher ängstliche Zurückhaltung, so daß man von diesem »Gespann« keine wagemutige Eroberung des Lebens erwarten sollte, sondern eher eine konservative, pflegend-bewahrende Grundhaltung. Wo die sabbernden Kleinen mit hygienischen Einmaltüchern gesäubert werden und mit lehrreichen Memo-Spielen pädagogisch auf das Leben vorbereitet werden, da herrscht Krebs/Jungfrau-Stimmung.

Das Sextilverhältnis der Zeichen zueinander weist auf eine recht harmonische Beziehung hin, obgleich eine genauere Analyse der Symbolik zeigt, daß der Krebstypus sich durch die nüchtern-funktionale Denkweise einer Jungfrau oft seelisch ausgetrocknet fühlt, und die pedantisch-exakte Jungfrau sich ihrerseits durch die stimmungsgebunden-chaotische Verhaltensweise eines Krebses an Grenzen gebracht sieht. Während der Krebs seine Zahnpastatube gerne wurstförmig ausquetscht, sucht Jungfrau mit Sardinendosenöffnern System in die Entleerung zu bringen. Und – was am Anfang einer Beziehung so liebenswürdig anders ist – vermag nach einigen Jahren Streit zu provozieren.

Krebs sieht in Jungfrau als seinem dritten Zeichen den Boten zur Umwelt, der Vermittlung aus der häuslichen Enge nach draußen schafft, und Jungfrau wird durch Krebs als seinem elften Zeichen mit dem Phänomen des Unberechenbaren, mit der Ausnahme von der Regel (analog 11. Haus) konfrontiert und erlebt ihn dennoch als Freund.

Krebs mit Waage

Scham und Charme

Hier finden sich zwei »Weichmacher« des Tierkreises zusammen. Der Krebs im Rückwärtsgang mit verschämt-lockendem »Lady-Di-Blick«, die Waage Komplimente verteilend, unangreifbar-verführerisch. Beide geben sich wenig Kontur, bieten kaum Möglichkeit anzuecken, wie das bei ihren Oppositionszeichen Widder und Steinbock um so deutlicher der Fall ist. Die Waage auf unverbindlichem erotischen Verführungskurs, tändelnd und nach dem Motto: »Bitte wasche mich, aber mache mich dabei nicht naß«, der Krebs auf der Suche nach verbindlichem Gefühlsaustausch. Der eine geistig-elegant, sophistisch-ausgeglichen, der andere von der komplexen »Logik« der Gefühle gesteuert.

Das Quadratverhältnis läßt auf Spannungen schließen, sucht doch der Krebs in der Waage als seinem vierten Zeichen Heimat und Zuhause und fühlt sich durch deren Ausgeglichenheit angezogen, aber auch oft durch das lauwarm-unbestimmbare Verhalten verunsichert, während die Waage ihrerseits im Krebs als ihrem zehnten Zeichen das ehrgeizige Streben nach gesellschaftlicher Geltung widergespiegelt sieht. Auch fürchtet sich die Waage davor, daß Krebs als ihr »Finalitätszeichen« (10. Haus = MC-Analogie) ihr ständig vor Augen führt, wo das Ergebnis (10. Haus) von Verführung (Waage) liegt, nämlich in familiärer Verbindlichkeit.

Krebs mit Skorpion

Das kleine Mädchen und der Tod[49]

Hier finden sich zwei schalentragende Weichtiere zusammen. Meist ist es dabei der Skorpion, der versucht, an der wässrigen Seele des Krebses zu saugen; der Krebs dagegen zieht sich im Krebsgang zurück, wenn er sich in dieser Hinsicht zu stark beansprucht fühlt.

Worin sich beide im Trigon miteinander verbundenen Zeichen gut verstehen, ist der seelische Tiefgang. Hier die naive Seele des Krebses, und die gärende des Skorpions dort. Hier Schwangerschaft und Fruchtbildung (Sommer der Natur), dort Allerheiligen- und Totensonntagsstimmung im Sterbeprozeß der Natur im November, oder auch der Schmerz von Preßwehen bei der Geburt. Beide Zeichen verlangen Einfühlungsvermögen, um verstanden zu werden, denn der Krebs ist – wie sein Herrscher, der Mond (Luna = Laune), zeigt – durch periodische Schwankungen in seinem Gefühlsspektrum schwer zu berechnen. Skorpion macht aus seiner Seele lieber eine Mördergrube, als sie der Öffentlichkeit preiszugeben und bleibt so für viele in seiner Abgründigkeit »okkult«.

Krebs erlebt in Skorpion als seinem fünften Zeichen nicht nur einen Spielgenossen und Sexualpartner (analog 5. Haus), sondern auch ein Paradebeispiel für seinen eigenen paradoxen Selbstausdruck.[50] Skorpion sieht in Krebs als seinem neunten Zeichen einen Partner, der ihm Vertrauen und Sinn vermittelt (analog 9. Haus), was sich wohl besonders dadurch verstehen läßt, daß Krebs den zyklischen Prozeß der Naturabläufe in ihrem Werden und Vergehen, besonders aber in ihrer lebendigen Fruchtbarkeit spiegelt, und Skorpion dadurch den Mut fassen kann, daß sein Sterbeprozeß kein endgültiger ist, sondern die Voraussetzung für neuentstehendes Leben schafft.[51]

Krebs mit Schütze

Heimweh und Fernweh; Volk und Priestertum

Hier treffen ein Stubenhocker (besonders ab dem 30. Lebensjahr) und ein Globetrotter aufeinander. Der eine sehnt sich nach einem Heim und Familie, der andere nach der großen weiten Welt.

Auf minderer Entwicklungsstufe: »Spießer« und »Hochstapler«, auf entwickelterem Niveau: »Gefühlsmensch« und »Mann von Welt«.

Man muß nicht erst das krisenbezogene 1/6- und 1/8-Verhältnis (= Quincunx-Aspekt) der Zeichen zueinander entdecken, sondern kann schon aus der recht gegensätzlichen Tierkreissymbolik auf Spannungen schließen. Schon die Gegensätzlichkeit der Elemente (Krebs = Wasser, Schütze = Feuer) zeigt, daß es hier gerne »zischt« und »dampft«. Das Bedürfnis nach Geborgenheit versprechendem Zusammenhalt, nach emotional Vertrautem, periodisch Wiederkehrendem, läßt sich eben mit dem Wunsch, über Grenzen hinauszufliegen, Horizonte zu erweitern, und fremde Kulturen kennenzulernen, nur schwer vereinbaren. Krebs kommt in Schütze als seinem sechsten Entwicklungsschritt in Anpassungskrisen (analog 6. Haus), gleichsam als müßte er sich auf der großen Reise (Schütze) mit immer neuen, ihm seine heimische Sicherheit verweigernden Situationen einstellen lernen. Schütze dagegen »stirbt« (analog 8. Haus) in Krebs als seinem achten Entwicklungsschritt, da er in der Beschränkung auf die häusliche Sphäre am »Fernweh« zugrundegeht.

Gemeinsamkeiten finden sich allerdings auch, wie zum Beispiel in dem starken Naturbezug und dem Wunsch nach Fruchtbarkeit und Wachstum.

Krebs mit Steinbock
Kindheit und Alter; Wandel und Ewigkeit

Der augenblicksbezogene, sich von Stimmungen und Gefühlen leiten lassende Krebs, wird hier mit dem planenden, vom Diktat der Zeit und Ordnung geprägten Gegenzeichen Steinbock konfrontiert. Chaos und Ordnung, periodischer Wandel und lineare Konsequenz verlangen in dieser Verbindung nach einer Mitte.

Wie immer bei Oppositionszeichen ist die Aufgabe gestellt, aus den anfänglich erdrückend erscheinenden Kontrasten eine Synthese zu finden. Die im Osten oft als Gleichnis verstandene Flexibilität des Bambusrohres, welches trotz seiner hohen Festigkeit flexibel bleibt und gerade deshalb den Stürmen des Lebens zu trotzen vermag, wäre ein Beispiel für die Kombination Krebs/Steinbock. Die Nachgiebigkeit und Fähigkeit des Krebses zurückzuweichen zusammengenommen mit der Härte und Festigkeit des Steinbocks, vermögen diese Flexibilität zu erreichen.

Unerlöst präsentiert sich diese Kombination als eine von Spießigkeit und Rechthaberei, von Unreife (Krebs) und Unbeweglichkeit (Steinbock) gekennzeichnete Partnerschaft.

Erlöst finden wir dagegen die Entsprechungen von kindlicher Offenheit (Krebs), die vorurteilsfrei an das Leben heranzugehen vermag, gepaart mit dem Charakter, der Reife und dem Rückgrat eines erfahrungsreichen Lebens (Steinbock). Beiden Zeichen ist besonders der Umgang mit der Zeit als Aufgabe gestellt, dem einen, sie als ordnende Funktion in sein Leben zu tragen (Krebs), dem anderen, sich von ihrem Diktat soweit zu lösen, daß auch Raum für Muße und Entspannung bleibt.

Krebs mit Wassermann

Emotion und Esprit; Geborgenheit und Freiheit

Zwischen diesen Zeichen ergibt sich wiederum der als krisenhaft erkannte Quincunx-Aspekt oder, in Entwicklungsschritten ausgedrückt, ein 1/6- bzw. 1/8-Verhältnis zueinander. Krebs trifft in seinem achten Entwicklungsschritt (als Symbol für einen nötigen Absterbeprozeß, um ein ganz Neuer werden zu können) auf Wassermann. Sein Bedürfnis nach in sich periodisch wiederkehrenden, seelisch beruhigenden Abläufen, wird durch die Sprunghaftigkeit und Unberechenbarkeit wassermännischer Verhaltensweise durchkreuzt, sein Wunsch nach emotionaler Nähe durch die gläsern-spröde, kühl-nervöse Wassermanngeistigkeit im leeren Raum stehen gelassen. Er muß sich gleichsam mit der Gemütlichkeit einer Raumkapsel zufriedengeben.

Der Wassermann seinerseits trifft in seinem sechsten Entwicklungsschritt auf den Krebs und wird demgemäß dort mit Anpassungsproblemen konfrontiert. Er, der am liebsten den freien Himmel über dem Kopf fühlt, den allein der Gedanke an Festlegung in irgendeine Richtung zu nervösem Zittern veranlaßt, soll sich den Weg in die Geborgenheit eines »Mutterleibes« vorstellen lernen. Die »Höhlensymbolik«, wie sie das »Mutterzeichen« Krebs versinnbildlicht, löst bei dem Wassermann klaustrophobe Gefühle aus und läßt fast reflexartig die für ihn typischen Fluchtreaktionen auftreten. Für ihn kann Krebs bestenfalls zum »Heimatflughafen« werden, auf dem er ab und zu landet, um ihn mit neuen gedanklichen Impulsen zu schwängern.

Krebs mit Fische

Stilleben: Teich mit Nymphe; lyrische Gefühle

Wo zwei Träumer wie diese beiden Zeichen sich zusammenfinden, hat die »harte Realität« kaum eine Chance. Der Krebs als der realistischere der beiden wird die für ihn nicht leichte Aufgabe übernehmen müssen, den Kontakt zum praktischen Alltag zu erhalten. Beide können sehr gut miteinander romantisch ins Schwärmen geraten und sich über die Möglichkeiten, die das Leben bietet, austauschen. Ob davon allerdings jemals etwas realisiert wird, steht in den Sternen, und die sagen astrologisch dazu eher nein. Eine weiche und gefühlvolle Kombination, die gemeinsam mit dem Strom des Lebens mitschwimmt und dabei eher das Empfinden haben wird, daß das Leben ihnen beiden geschieht, als daß sie selbst dabei etwas mitzureden oder gar zu bewirken hätten.

Das Trigon als der die Beziehung symbolisierende Aspekt zeigt die reibungslose Vereinbarkeit der Ambitionen. Krebs erlebt in Fische seinen neunten Entwicklungsschritt, kann sich also mit Fische über seine philosophischen und religiösen Themen besonders gut verständigen.

Fische dagegen trifft in seinem fünften Entwicklungsschritt auf Krebs, erlebt im Zusammensein mit diesem also die beste Möglichkeit, sich selbst auszudrücken (analog 5. Haus).

Löwe

Löwe mit Löwe
Wer ist der Größte im ganzen Land?

Zwei Raubkatzen auf engem Raum miteinander leben zu lassen, zeugt nicht von guter Sachkenntnis; und so ist es bei dieser Kombination sehr wichtig, daß weitläufige Reviere für beide »Tiere« zur Verfügung stehen. Auch dann wird es noch zu Auseinandersetzungen kommen, die die Machtsituation klären sollen. Denn es darf nur eine(n) Herrscher(in) unter der Sonne geben. Eigentlich treffen hier zwei Individuen zusammen, die eher eine Einzelgänger-(modern ausgedrückt: Single-)Mentalität aufweisen. Der angeborene Stolz und das Gefühl, zu Höherem geboren zu sein, bringt die fast selbstverständliche Erwartungshaltung mit sich, der jeweils andere sei verpflichtet, für den Lebensunterhalt zu sorgen und »Hochwohlgeboren« zu verwöhnen. Es wird ihm – wie dem schlichten Volke – mit großer Geste belohnt werden. Was aber, wenn beide so denken? Wer wird sich unterordnen und »seine Pflicht tun«, um dem »Boß« den Raum für seine Kreativität freizuhalten? Die Klärung dieser Frage kann während der gesamten Beziehung im Vordergrund stehen. Vielleicht aber fällt die Entscheidung auch in Richtung des Nebeneinander- und nicht des Miteinander-Lebens.

Zu vorübergehenden Zusammenschlüssen kann es zwischen zwei »kleinen Königen« auch dann kommen, wenn es außerhalb der Beziehung einen »großen König« gibt, gegen den man sich verbünden kann.

Löwe mit Jungfrau
Herr und Diener; Ausdruck und »Ver-halten«[52]

Hier endlich kommt der »König« auf seine Kosten. Er findet einen, dem es liegt, ihm zu dienen (Jungfrau), und der ihm den lästigen Alltagskleinkram abzunehmen in der Lage ist. So kann sich der Löwe auf die »großen Dinge« konzentrieren und wird in seiner Kreativität nicht durch Bürokratisches eingeengt. Die Jungfrau ihrerseits steht dem Löwen mit gemischten Gefühlen gegenüber. Einerseits bewundert sie ihn wegen seines – ihr gänzlich fehlenden – Mutes zum Risiko, seiner kräftigen Ausstrahlung und Selbstbewußtheit, andererseits wirkt er in seiner Tendenz zur Großspurigkeit auf ihr Bedürfnis nach Understatement geradezu provokativ. Er gibt ihr die gesuchte Sicherheit und Wärme, sie dankt es ihm mit peinlicher Fürsorge und warnender Kritik.

Aus der Sicht des Löwen ist Jungfrau der zweite Entwicklungsschritt, der dem Löwen existentielle Sicherheit (analog 2. Haus) anbietet; für Jungfrau scheint die Souveränität des Löwen der schier unnerreichbare zwölfte und letzte Entwicklungsschritt, den sie nur finden kann, wenn sie sich selbst vergißt (analog 12. Haus).

Löwe mit Waage
Ausdruck und Ästhetik; Kraft und Charme

Die Sextilbeziehung und die gute Vereinbarkeit der Elemente Feuer und Luft läßt erwarten, daß diese Beziehung keine problematischen Spannungen aufwirft. In der Tat entsteht in der Kombination dieser beiden Zeichen so etwas wie »Sonnenuntergangsstimmung«, wenn das Sonnenlicht (Löwe) sich mit der herbstlichen Kühle oder der Spätnachmittagssymbolik der Waage verbin-

det. Eine malerische (vorwiegend optisch gepolte), Künstler anziehende Vereinigung.
Löwen umgeben sich gerne mit Schönem, wofür die Waage ein Symbol ist, und die ästhetischen Bedürfnisse der Waage finden erst in der rechten »Beleuchtung« durch den Löwen den angemessenen Ausdruck.

Der »König Löwe« findet in dem »Diplomaten Waage« als seinem dritten Entwicklungsschritt die rechte Kommunikation mit der Umwelt (analog 3. Haus), und die Waage erfährt in der unipolaren Souveränität des Löwen als ihrem elften Entwicklungsschritt Befreiung von der sie ständig schmerzenden »Qual der Wahl«. Denn der Löwe strömt bei seinen Entscheidungen soviel Selbstbewußtheit aus, daß die Waage wenig Möglichkeiten sieht, Alternativen entgegenzuhalten, wie sie das sonst so gerne tut. Durch die relative Spannungslosigkeit hat die Beziehung insgesamt gesehen eher freundschaftlichen als leidenschaftlichen Charakter.

Löwe mit Skorpion

Direktheit und Indirektheit; Macht und Magie

Verschiedene Formen von Macht(ausübung) spielen in dieser Verbindung eine Hauptrolle. Der Löwe geht mit königlicher Selbstverständlichkeit davon aus, daß sein Wort auf direktestem Wege Gehör und Gehorsam findet, und der Skorpion versucht auf verdeckt strategische Weise, sich durchzusetzen, um dem ihn so häufig begleitenden Ohnmachtsgefühl zu entgehen. Es ist wie das Verhältnis von Souverän und Geheimdienst, was hier einen Nenner finden soll.

Offensichtliches (Löwe) in Verbindung mit Untergründigem (Skorpion), eine Relation, wie wir sie auch bei der Betrachtung der Zeichenzusammenhänge widergespiegelt finden: Skorpion als das vierte Zeichen, von Löwe aus gesehen, gibt dessen Bezug zum Unterbewußten (analog 4. Haus) wieder. Aus der Sicht des Skorpions dagegen ist Löwe das zehnte Zeichen, also jenes Zeichen, welches die größte Öffentlichkeitswirkung entfaltet.

Wie die Unverträglichkeit der Elemente Feuer und Wasser zeigt, ist dies keine spannungsfreie Beziehung. Der Skorpion möchte dorthin, wo der Löwe steht (10. Haus = Zielsetzung), und der Löwe sieht sich im Skorpion mit seiner Vergangenheit (4. Haus) konfrontiert.

In sexueller Hinsicht handelt es sich hier um eine sehr leidenschaftliche Verbindung, zumal beide Zeichen einen starken Bezug zur Sexualität haben. Aber auch dabei spielen Macht und Kampfaspekte die Hauptrolle.

Löwe mit Schütze
König und Priester; Großmäuler unter sich

Hier gesellt sich der Anspruch nach weltlicher Führung (Löwe) zu dem nach geistiger Führung (Schütze). Der eine verlangt Respekt für seine Machtposition, der andere für seine Ideen. Im unerlösten Sinne treffen sich Stolz und Arroganz, im erlösten Sinne Ausstrahlung und Weisheit. Gemeinsam ist beiden, daß sie nicht gewillt sind, »kleine Brötchen zu backen«. In beiden liegt der Drang nach Expansion und Geltung, danach, zu den »Großen der Welt« gerechnet zu werden.

Allerdings ist die Gefahr lange nicht so groß wie bei zwei Löwen, daß sich Löwe und Schütze in ihrem Streben nach Bedeutung gegenseitig in die Quere kommen. Denn ihre Ambitionen gehen in durchaus verschiedene Richtungen. Der Löwe möchte wegen seiner Kreativität und Organisationskraft, vor allem aber aufgrund seiner Person anerkannt werden, während der Schütze wegen seiner Geistigkeit, der Fähigkeit, übergeordnete Zusammenhänge erkennen zu können, und um seines weiten Horizonts willen nach Bestätigung sucht. Die Lernaufgabe für beide Zeichen liegt darin, vom »Scheinen« zum »Sein« zu kommen.

Im entspannten Trigonalaspekt stellt Schütze den fünften Entwicklungsschritt des Löwen dar, verkörpert für diesen also die beste Möglichkeit zur Selbstdarstellung, etwa wie für den König in der mittelalterlichen Krönungszeremonie der geistliche Segen. Löwe ist seinerseits der neunte Entwicklungsschritt aus der Sicht des Schützen und verkörpert gleichsam für diesen den Sinn des Daseins (analog 9. Haus).

Löwe mit Steinbock

Pracht und Kargheit; Kraft und Ausdauer

Eines der großzügigsten Zeichen (Löwe) kommt hier mit dem Prinzip der Kargheit und Reduktion auf das Wesentliche (Steinbock) zusammen. Das mag zum Beispiel bei so banalen Alltagsangelegenheiten wie Geldausgaben zu Reibungen und Schwierigkeiten führen. Denn der Löwe sieht nicht ein, warum er sich nichts gönnen soll und tendiert eher dazu, über seine Verhältnisse zu leben, während der Steinbock – sparsam bis geizig – Substanz bewahren möchte, sich wenig gönnt und oft auch noch glaubt, nicht nur für sich, sondern auch noch für die Welt Verantwortung übernehmen zu müssen.

So kann es dazu kommen, daß der Steinbock zum »Workaholic« wird, um die zukünftige Existenz zu sichern, während der Löwe die Mittel dazu benutzt, es sich im Augenblick – ohne perspektivische Zukunftssicht – gut gehen zu lassen.

Beiden Zeichen ist ein besonderer Bezug zu ihrem Ich attestierbar, der gewaltig zueinander kontrastiert. Der Löwe mit sprichwörtlich sonnigem Selbstwertgefühl tendiert a priori (d. h. ohne Bezugnahme auf Geleistetes oder Erarbeitetes) dazu, sich für den Nabel der Welt zu halten, während der Steinbock ein Leben lang krampfhaft bemüht ist, sich – noch mehr aber der Gesellschaft – zu beweisen, daß er »jemand« ist. Während der Löwe seine Autorität als »Gottes Kind« und von Gottes Gnaden gepachtet hat, versucht Steinbock durch Titel, Abzeichen und Diplome nachzuweisen, daß er »geprüfte Qualität« hat. Er blickt teils verächtlich, teils sehnsüchtig auf die ihm unverständliche (weil nicht belegte) und auch oft unerreichbare Selbstsicherheit des Löwen, während dieser sich wundert, daß der Steinbock auch nach drittem Doktortitel noch immer unsicher und autoritätshörig ist oder aber mit unflexibler Dogmatik seine Unsicherheit überspielt.

Beide Zeichen stehen in dem kritischen Quincunx-Aspekt zueinander. Löwe gerät in seinem sechsten Entwicklungsschritt an Steinbock und wird dort in seiner willkürlichen Art sich zu verhalten starken Anpassungszwängen ausgesetzt, während Steinbock im Kontakt mit Löwe den Stirb-und-Werde-Prozeß (analog 8. Haus) durchmachen muß.

Löwe mit Wassermann

Zentrum und Peripherie; der Narr am Königshof

Hier finden sich wieder Zeichen einer Oppositionsachse zusammen mit der schwierigen aber chancenreichen Aufgabe, Gegensätze zu einer Einheit zu verbinden. Löwe als in sich ruhendes, auf sich zentriertes Prinzip trifft auf Wassermann als Symbol für die Zentrumsflucht, Pol trifft auf Aufhebung und Nivellierung von Polen, Königtum auf Revolutionär. Der Wassermann sucht als eisklarer, kühler Typ die Wärme des Löwen, sehnt sich nach dessen Zentriertheit, Selbstbewußtheit und Macht; der Löwe braucht den freiheitlich denkenden Wassermann als Korrektiv für seine Selbstgefälligkeit.

Es ist das Spiel des Narren (Wassermann) am Königshof. Der Narr ist der einzige, der auf seine geistreiche Art dem König schonungslos und ohne Bückling vor der Person die Wahrheit sagen darf. Denn er wird ja von niemandem so recht ernst genommen und kann so die Machtposition des Löwen nach außen nicht wirklich gefährden. Dafür wird er vom König geschätzt und in dem für den Wassermann so wichtigen »Dunstkreis der Macht« belassen. Eine Paradoxie schlechthin: Gerade, weil er dem König auf karikaturistische Art am Thronsessel sägt, wird er gebraucht. Der Löwe lernt durch ihn den Umgang mit Freiheit, Gleichheit und Brüderlichkeit und schenkt ihm dafür ein Zentrum.

Wegen des außergewöhnlich individualistischen Charakters beider Tierkreiszeichen braucht die Beziehung auch eine sehr lange Leine und viel Spielraum, soll sie nicht schon bald zerbrechen.

Löwe mit Fische

Der Regenbogen; Show und Tarnung

Diese im Quincunx-Aspekt zueinander stehenden Zeichen verkörpern – jedes auf seine Art und Weise – die Einheit: Löwe in der Form des Zentrums, Fische nach dem Motto: »Ich bin in Allem, Alles ist in mir«, im Sinne von Grenzenlosigkeit. Und doch bestehen fast extreme Unterschiede. Ist Löwe das von Grund auf selbstbewußteste Prinzip des Tierkreises, so hat Fische die größten

Schwierigkeiten damit, überhaupt herauszufinden, wer er ist. Denn Fische ist chamäleonartig immer so, wie die gerade herrschende Umgebung und kann sich von dieser kaum abgrenzen oder unterscheiden. Zentrales Ich und Ichlosigkeit. Wo der Löwe in einem Raum wie selbstverständlich den einzigen Thronsessel für sich in Anspruch nehmen würde, wäre eine solche Haltung dem Fisch extrem peinlich und dies nicht nur für sich, sondern in Identifikation mit dem Löwen für diesen gleich mit. Er möchte nie so direkt im Vordergrund stehen, während der Löwe sich darin geradezu sonnt.

Gemeinsamkeiten finden sich in einer Vorliebe für das Leben als Schauspiel. Der Löwe sieht im Leben eine Bühne für die Selbstdarstellung, der Fisch eine Möglichkeit in unzählig viele Rollen zu schlüpfen (um schließlich vielleicht gar nicht mehr zu wissen, welches dabei die eigene ist).

Löwe trifft in seinem achten Entwicklungsschritt auf Fische und macht dort seine »Stirb-und-Werde-Krise« durch, oft genug dadurch, daß er mit seinem show-orientierten Auftreten beim Fisch in die Leere läuft und bei diesem mehr Feindlichkeit als Bewunderung auslöst. Fische dagegen erlebt im Löwen seinen sechsten Entwicklungsschritt und wird mit dem Prinzip unterordnender Anpassung (analog 6. Haus) konfrontiert. Beide Zeichen brauchen extrem viel Freiheitsspielraum und suchen die Beziehung bestimmt nicht, um in dichter Nähe symbiotisch miteinander zu leben. Eigentlich käme beiden das »gschlamperte Verhältnis«[53] als Zusammenlebensform am nächsten.

Jungfrau

Jungfrau mit Jungfrau

Besserwisser unter sich; das Elektronenmikroskop

Wenn zwei Pädagogen sich treffen, kann es nicht ausbleiben, daß sie sich gegenseitig lehrmeisternd beglücken. Nicht nur in Grammatik und Rechtschreibung, richtiger Aussprache und Gebrauch von Fremdwörtern, sondern auch in der Kunde historischer Daten kann man sich mit dem Partner messen und ihn hie und da eines Besseren belehren. Es ist auch zugunsten der Beteiligten zu hoffen, daß die differenzierten Ordnungssysteme, die jeder in die Beziehung mitbringt, sich auf einen Nenner bringen lassen. Es könnte sonst schwierig werden, die Verteilung der Geschirrstücke in der Spülmaschine einverständlich zu gestalten, wenn jeder davon überzeugt ist, daß sein System das zweckmäßigere oder ökonomischere sei.

Aber es lassen sich durchaus nicht nur kritische Anmerkungen zu dieser Paarung machen. So wirkt sich beispielsweise die fürsorgliche Ader im Jungfrauprinzip in der sorgsamen Betreuung des Partners aus und dem Versuch, durch Vorsicht, Rücksicht und rechtzeitige Warnrufe Schaden von ihm fernzuhalten. Auch sind sich beide sicherlich einig darin, daß es gilt, sparsam und ökonomisch mit Geldmitteln umzugehen, und sie können sich gemeinsam über den Erfolg freuen, durch taktisches Vorgehen in einem Geschäft einige Prozent herausgeholt zu haben. So können sie sich über die gemeinsamen Existenzängste durch opportunes Verhalten hinweglavieren. Einigkeit besteht auch in einem vornehm zurückhaltenden Auftreten, durch welches man auch zeigen kann, daß man gesellschaftliche Regeln genau studiert hat und sich ihnen – wie die jeweilige Situation es verlangt – anzupassen vermag. Wer dies nicht kann, wird sozialkritisch hinterfragt und argumentativ widerlegt.

Jungfrau mit Waage
Zweckmäßigkeit und Ästhetik; Pädagogik und Künstlertum

Zwei klassische Intellektuelle finden sich hier zusammen. Hier die Jungfrau, fasziniert vom Kausaldenken, von methodischen Schlußfolgerungen und sich verästelnden Ableitungen, dort die Waage, der geistige Ästhet, von der Polarität des Denkens, diplomatisch-sophistischen Schachzügen und der Tatsache in den Bann geschlagen, daß jedes Argument sein ausgleichendes Gegenargument finden kann. Den einen (Jungfrau) reizen Verwertungsgesichtspunkte am Leben besonders, oder auch die Frage, wie man mit geringstmöglichem Kräfteaufwand größtmöglichen Ertrag gewinnt, den anderen interessiert vor allem das Thema, durch Ausgleichsbewegungen harmonische Zustände zu erreichen.

Nicht immer lassen sich Funktion und künstlerischer Aspekt so gut in Einklang bringen, wie dies etwa in der Bauhaus-Philosophie als Entsprechung einer Jungfrau/Waage-Kombination geschah. Wenn sich die Schönheit eines Gegenstandes aus seiner Funktionalität ergibt, können Waage und Jungfrau gemeinsam glücklich sein. Wenn freilich die gesunde Birkenstock-Noppensandale mit einem Cerruti-Jackett auf einen Nenner zu bringen ist, prallen Ideologien aufeinander. Ist doch das eine nicht nur gesund (Lebensangst der Jungfrau), sondern auch noch preiswert, während das andere teuer und obendrein nicht pflegeleicht ist. Die Waage allerdings wird sich von merkantilen Überlegungen nicht überzeugen lassen wollen, da sie oft einen recht unökonomischen Umgang mit Geld (nach dem Alles-oder-Nichts-Prinzip) pflegt, und der Ästhetik den Vorrang vor der Vernunft einräumen.

Wie weit der Weg von der Künstlermentalität der Waage zu der Beamtenmentalität der Jungfrau ist, sieht man daran, daß Jungfrau der zwölfte und letzte Entwicklungsschritt für die Waage ist. Jungfrau dagegen kommt im zweiten Entwicklungsschritt mit dem Waageprinzip in Berührung und erfährt dort am deutlichsten den Umgang mit Besitz und Eigenwert (analog 2. Haus).

Jungfrau mit Skorpion
Die Gouvernante und der Rocker; Hygiene und Fäulnis

Das Bedürfnis nach Nuance, nach Differenzierung in Grautönen (Jungfrau) trifft hier auf das Prinzip der Extreme, der Freude des Skorpions am Alles oder Nichts. Auf der einen Seite die jungfräuliche, blaubestrumpfte, ängstlich-verhaltene Gouvernante (die höhere, belesene Tochter aus gutem Hause), auf der anderen die nietenlederne Hardrockröhre, die gerne mal »die Sau rausläßt«. Nagelscherengepflegte Buchsbaumhecken in Versailles und südamerikanischer, piranha-verseuchter Mangrovensumpf als Liaison.

Trotz des Sextilaspekts, der spannungsfreies Vereinbaren vermuten lassen könnte, zeigt die Symbolik uns etwas anderes. In einem Punkt zwar sind hier Ähnlichkeiten vorgegeben. Nämlich in einem, in beiden Zeichen zu findenden, perfektionistischen Lebensansatz. Derjenige der Jungfrau zeigt sich in einer »Uhrmachermentalität«, die ihre Perfektion in Präzision und Akribie auslebt. Der Skorpion dagegen ist durchdrungen von einem idealistisch-perfektionistischen Ansatz. Er hat eine fixe Idee, eine Modellvorstellung vom Leben, die er über das Leben, wie es tatsächlich ist, stellt und versucht, das Leben in diese Modellvorstellung hineinzuzwingen. So entsteht entweder der fakirhafte Asket, dessen größter Sieg der Sieg über die Niederungen seiner Selbst (seiner »Mangrovensümpfe«) ist[54], oder der Skorpion, der von der Aussichtslosigkeit, sein süchtig verfolgtes Ideal zu erreichen, überwältigt, »dann schon gleich die Sau aus dem Sack läßt«.

Die Mäßigung und das moderate Benehmen der zartgliedrigen, nüchtern-vernünftigen Jungfrau und der leidenschaftliche, herausfordernde Exzeß oder die manische Kontrolle des Skorpions geben zumindest ein skurriles Paar ab.

Für die Jungfrau ist Skorpion der dritte Entwicklungsschritt, derjenige der für Kommunikation, Vermittlung und Handel steht. Skorpion trifft in seinem elften Entwicklungsschritt auf Jungfrau. Für ihn liegt in der jungfräulichen Fähigkeit zur Mäßigung und Differenzierung eine Befreiungsmöglichkeit (analog 11. Haus).

Jungfrau mit Schütze
Kleinkariert und Großkariert; Wissenschaft und Religion

Viel deutlicher könnten weltanschauliche Grundhaltungen kaum differieren, wie die von Jungfrau und Schütze. Hier ängstlich-besorgte, bewahrend-erhaltende Tendenzen, dort unbedenklich-vertrauensvolles, dynamisches Fortschreiten nach vorne. Wo der eine steil den Zeigefinger hebt und vor dem unnötigen Verbrauch von Ressourcen warnt, schickt der andere lachend 25 Liter/100 km durch den Vergaser seines »Amischlittens«, um im 300 m entfernten Supermarkt einzukaufen. Er ist der Auffassung, daß das gesamte Erdöl erst einmal genüßlich verbraucht werden sollte, damit andere Energieformen eine echte Chance bekommen, während die Jungfrau Rationierungsscheine austeilt. Wo die Jungfrau – recycelnd – das eine Salatblatt, was von der Einladung übrigblieb, in die

Grüntonne wirft, läßt der Schütze die für das Buffet vorgesehenen und verbliebenen Salatköpfe großzügig entfernen und antwortet auf Vorhaltungen, daß ein Kastanienbaum auch nicht nur drei Kastanien für die nächste Generation abwerfe, sondern ein paar Tausend. Das sei Natur und für ihn beispielhaft. Für ihn zählt globaler Sinn und nicht die Zahlenkolonien ängstlicher wissenschaftlicher Berechnungen.

Und doch scheint insgeheim – öffentlich würde er das nie zugeben, es würde seinem mäzenatenhaften Auftreten nicht zu Gesicht stehen – die Genauigkeit der Jungfrau für ihn beispielhaft und ein zu erreichendes Ziel, denn Jungfrau entspricht seinem zehnten Entwicklungsschritt. Jungfrau erreicht Schütze in ihrem vierten Entwicklungsschritt, was darauf schließen läßt, daß sie in ihm Heimat und Geborgenheit sucht (analog 4. Haus).

Die Elementeverteilung kann ein Hinweis darauf sein, daß Schütze sich von dem sandigen (labile Erde) Charakter der Jungfrau in seiner feurigen Entfaltungstendenz gebremst sieht (manchmal vielleicht sogar erstickt), und der Jungfrau unter der Hitzeeinwirkung des Schützen auch noch der Rest an Feuchtigkeit (Emotionalität) verloren geht.

Jungfrau mit Steinbock
Wer Ordnung hält, hat mehr vom Leben; Skepsis und Widerstand

In dieser Trigonalen Verbindung finden sich die beiden klassischen Ordnungszeichen des Tierkreises zusammen. Steinbock als die »große Ordnung«, die die wesentlichen Prinzipien zusammenfaßt, wie etwa im Grundgesetz oder den zehn Geboten, und Jungfrau, die die differenzierende Ordnung als ihre Aufgabe betrachtet und nach situationsadäquaten Einzelfall-Lösungen sucht, wie sie durch Verwaltungsvorschriften und lithurgische Anweisungen repräsentiert werden. So kann im Zusammenleben Sauberkeit und Ordnung Einzug halten. Es besteht auch kaum die Gefahr, daß sich die beiden Ordnungs- oder Organisationssysteme ins Gehege kommen, da die Jungfrau in der Regel einer übergeordneten Struktur, wie sie der Steinbock vorgibt, bedarf und sich ihr gerne anpaßt.

Gutes Einvernehmen wird sich zwischen den Partnern auch im Hinblick auf Fragen der Ökonomie und Sparsamkeit ergeben, sowie dem Bedürfnis, speichernd und substanzbildend zu wirken. Denn diese beiden Zeichen haben im Tierkreis auch den stärksten Bezug zur Angst und dem daraus erwachsenden Wunsch, vorbeugend Gefahren auszuschließen. Sie sind beide »geschichtliche« Zeichen, die, auf die Erfahrungen der Vergangenheit zurückblickend, die Zukunft sichern wollen.

Der gemeinsame erdelementare Bezug zeigt sich in einem rationalen, materiell-positivistischen Weltbild, in dem nur das akzeptiert werden kann, was sich in der gegenständlichen Welt greifen läßt und so verobjektiviert werden kann. Daraus ergibt sich eine pragmatische, manchmal auch etwas mechanistische Lebensweise, die wenig Raum für Traum, Romantik und Gefühle läßt.

Jungfrau gelangt in ihrem fünften Entwicklungsschritt zu Steinbock und findet in der Begegnung mit ihm zu ihrer Ausstrahlung und Kreativität (analog 5. Haus). Steinbock seinerseits erlebt im Jungfrau-Prinzip seinen neunten Entwicklungsschritt in seinem kausal-rationalen Weltbild.

Jungfrau mit Wassermann
Anpassung und Exzentrizität; Restauration und Erneuerung

Während die Jungfrau immer bemüht ist, ihr Umfeld sorgsam zu beobachten, die dort gültigen Regeln herauszufinden und sich dann vernünftigerweise diesen Regeln anzupassen, um möglichst wenig Reibung zu erzeugen oder aufzufallen, stellt das Wassermannprinzip jede Ordnung und Regel wegen ihres freiheitseinschränkenden Charakters in Frage und sucht diese durch die Ausnahme von der Regel zu durchbrechen. Hat das Jungfrau-Prinzip (karikaturistisch überzogen formuliert) pedantischen Arbeitsstubencharakter, so fährt Wassermann wie ein Irrwisch, ein bunter Hund oder eine Windböe in diese Amtsstube und wirbelt sorgsam abgelegte Formulare wie Konfetti in die Luft. Hat die Jungfrau die gemeinsame Reise mit alles versichernder Vorsorge geplant und sitzt abreisefertig im Auto, so fällt dem Wassermann in letzter Sekunde ein, daß er doch lieber etwas ganz anderes machen wollte, oder eine andere Verabredung einhalten sollte. Berechnung und Zufall, Methodik und assoziatives Springen wollen hier miteinander vereinbart werden.

Die krisenhafte Quincunxbeziehung zeigt die Schwierigkeiten dabei auf. Jungfrau gelangt in ihrem sechsten Entwicklungsschritt bei Wassermann an und ist durch dessen Sprunghaftigkeit zum ständigen »Anpassungstraining« (analog 6. Haus) gezwungen. Wassermann wiederum erlebt in Jungfrau als seinem achten Entwicklungsschritt die Stirb-und-Werde-Thematik des 8. Hauses, indem er durch das jungfräuliche Bedürfnis nach Berechenbarkeit in seinem Freiheitswunsch bis an die Grenzen seiner Belastbarkeit eingeschränkt wird und zu der Metamorphose gezwungen wird, einen anderen Begriff von Freiheit zu entwickeln (z. B. Freiheit als Einsicht in Notwendigkeit).

Jungfrau mit Fische
Prosa und Lyrik; Vernunft und Intuition

In dieser Zeichenachse werden die Pole Ratio und Phantasie, Alltag und Wunder, Nüchternheit und Intuition miteinander verbunden. Während der eine (Jungfrau) durch Analyse, Schlußfolgerung, Argumentation und Diskussion der Welt zuleibe rückt und sie so vernünftig erklärbar machen möchte, liefert sich der andere den Stimmungen und Kräften zwischen den Zeilen aus, verläßt sich freiwillig oder unfreiwillig auf seine Intuition und auf die unsichtbaren und unnennbaren Kräfte der Schöpfung und entzieht sich der Argumentation durch (manchmal beredtes, manchmal hilfloses) Schweigen.

Die Jungfrau hofft darauf, partnerschaftliche Spannungen durch Situationsanalyse und rational einleuchtende Gründe für die Verstimmung in einem vernünftigen Gespräch klären zu können, und der Fisch läßt dies märtyrerhaft über sich ergehen, da er das Gefühl hat, daß jedes einzelne Argument den Punkt nicht trifft, sondern lediglich zerredet, was nur durch stilles Einverständnis geklärt werden könnte. Den einen treffen Argumente wie Peitschenhiebe, den anderen (Jungfrau) das »fischelnde« Schweigen, was logischungreifbare Stimmung verbreitet.

Dennoch brauchen sich beide als Ergänzung, wie der gemeinsame Achsenbezug zeigt. Die Jungfrau sucht unbewußt nach dem Phantastischen, was zwischen den Zeilen des rational Erfaßbaren liegt, um nicht an der eigenen Trockenheit und Nüchternheit zu ersticken und in den eigenen Fallstricken pseudologischer Argumentationen hängen zu bleiben, und der Fisch braucht, um nicht in der konturlosen Welt seiner Phantasie verloren zu gehen, den nüchternen Realitätsbezug der Jungfrau, die ihn »erdet« und »alltagstauglich« macht.

Waage

Waage mit Waage

Wer ist der (die) Schönste im ganzen Land?

Bei dieser Paarung wird es amüsant sein, Entscheidungssituationen zu beobachten. Denn in der Regel entwickeln Waagen ein ausgeklügeltes System, in Beziehungen dem Partner Entscheidungen zu überlassen, da sie sich selbst so schwer damit tun.[55] Sind aber beide Partner waagebetont, so wird jeder dem anderen die Entscheidung überlassen wollen, um in der bestehenden tatenlosen Harmonie verbleiben zu können und nicht durch die Betonung *einer* Alternative aus dem für Waagen so wichtigen Gleichgewicht zu kommen. Stehen keine Entscheidungen an, so werden sich die beiden Waagen in lauwarm-ausgeglichenem Zustand den schönen Dingen widmen, oder in der harmlosen Welt von Plan- und Gedankenspielen ihre Zeit verbringen. Beide werden bemüht sein, sich die Finger am Leben nicht schmutzig zu machen und eventuell auftauchende aggressive Stimmungen in der Schärfe ihres Geistes auszuleben.

Das Bedürfnis nach Harmonie und Form und die daraus folgende Ambition, das Leben zu verschönern, macht oft auch vor der eigenen Person nicht halt und könnte so zu einem Eitelkeitswettbewerb führen. Auch wenn geistige Aggression im Raum stehen mag, wird doch ein diplomatisch-höfliches Umgangsklima vorherrschen, welches bemüht ist, den anderen mit Glacéhandschuhen zu behandeln, um nicht die für die Waage unerträgliche Kriegsstimmung heraufzubeschwören. So ist die Beziehung manchmal »zu schön, um wahr zu sein«.

Waage mit Skorpion
Morbide Ästhetik; Kompromiß und Exzeß

Lauwarm und Heiß/Kalt, Diplomatie und Provokation suchen hier nach Vereinbarkeit. Versucht die Waage sich mit dem Leben zu arrangieren, Frieden durch Höflichkeit im Umgang miteinander zu erhalten und bisweilen durch Schmeichelei Situationen zu entschärfen, so reizt den Skorpion als altes Marszeichen der verdeckte Kampf.

Während die Waage Schwachpunkte bei sich und anderen kosmetisch zu übertünchen sucht, um nur nicht mit »Häßlichem« konfrontiert zu werden, deckt der Skorpion genußvoll die leprösen Geschwüre des Unterbewußten auf und legt die Hand in Wunden, auch und gerade wenn es ihn selbst oder den anderen schmerzt. Wo die Waage zuviel schont und es oft nicht wahr haben will, daß etwas im Argen liegt, was nicht mehr höflich übersehen werden möchte, sondern aktiv behandelt, hat man beim Skorpion oft das Gefühl, daß er sich in harmonischen Situationen nicht wohlfühlt, sondern gerade dann etwas provozieren muß, was quält und ihm so die Möglichkeit gibt, damit zu ringen. In Schwierigkeiten gebracht, versucht die Waage Spannungen auszugleichen, um wieder eine Harmonie der Kräfte herzustellen, während der Skorpion die Spannung weitertreibt, bis sie in der Katastrophe[56] in eine neue Lebensqualität umkippt. Er will über das Extrem zur Wandlung gelangen, während die Waage die alte Harmonie wiederherstellen möchte. Oft genug beweist Skorpion in seinen äußeren Umgangsformen auch den »Mut zur Häßlichkeit«, möchte er doch weg von der Oberflächlichkeit vordergründiger Schönheit[57], was im Zusammenleben für einen Waagepartner schwierig sein kann.

Für die Waage stellt Skorpion den zweiten Entwicklungsschritt dar, so daß sie mit ihm vor allem Besitz- und Selbstwertthematiken bearbeiten wird. Skorpion gelangt erst in einem, den Zyklus abschließenden, zwölften Entwicklungsschritt zur Waage, mag also deren Energien als schwer (be)greifbar (analog 12. Haus) erleben.

Waage mit Schütze

Die heile Welt; Diplomatie und Toleranz

Hier treffen die zwei Zeichen zusammen, die die Welt im schönsten Licht erleben wollen. Die Waage mit ihrem Bedürfnis nach Schönheit und Frieden, und der Schütze mit seiner »No-problem-Mentalität«, die selbst dann noch an ein »Happy-end« glaubt, wenn alle Zeichen auf Untergang stehen. Beide hassen es, sich mit Abgründen und Schwierigkeiten auseinanderzusetzen und setzen lieber auf »das Positive« im Leben.

Wenn diese beiden Lebensphilosophien sich vereinigen – und das können sie durch den entspannten Sextilaspekt zwischen ihnen recht gut –, kann es leicht zu einer heilen »Puppenstubenwelt« kommen. Der Schütze düst frischwärts mit der Coke im Buggy über die Sanddünen und ist einfach happy dabei, und die Waage findet das alles harmonisch und schön. Depressionen werden einfach nicht zugelassen, könnten sie doch ihre heile Welt stören. Natürlich sind die beiden nicht so dumm, daß sie nicht spüren würden, daß nicht alles so glatt abläuft, wie ihre Lebensphilosophie das gerne hätte, aber was sollte es schon bringen, dies nach außen zu zeigen. Für den Schützen steht die Whiskyflasche bereit, um Probleme lachend wegzuspülen, und die Waage kompensiert sie künstlerisch. Man muß die Dinge eben positiv sehen, ist die gemeinsame Einstellung.

Die Waage trifft in ihrem dritten Entwicklungsschritt, in dem sie Kommunikation, Vermittlung und Handel lernt und sich über das Leben informieren möchte (analog 3. Haus) auf die Schützequalität, während dieser in seinem elften Entwicklungsschritt die Waagesymbolik erfährt und sie dementsprechend als sehr freiheitlich empfindet.

Waage mit Steinbock

Die Eisblume; Kunst auf dem Reißbrett

Wenn sich der herbstlich-kühle Charme der Waage mit der Klarheit und Kälte des Winterzeichens Steinbock paart, vereinigen sich Symmetrie und Abstraktion. Beide Zeichen haben einen starken

Bezug zu dem Thema Gerechtigkeit, wobei Waage den Aspekt des Ausgleichs und der Befriedung im Auge hat und Steinbock den der Erfüllung formaler Gerechtigkeit, die dem Gesetz »genüge tut«. Wo Waage diplomatisch zu vermitteln sucht, wendet Steinbock das »geschriebene Recht« an und stellt die Gesamtordnung über die Einzelfallgerechtigkeit. Diese Unterschiede sind es auch, in denen sich die Quadratur zwischen den beiden Zeichen ausdrückt. Der Waage ist die Einstellung des Steinbocks zu rigoros und unflexibel, der Steinbock andererseits erlebt die Waage als rückgratlos und unklar in ihren Entscheidungen. Die Waage würde eine Situation nie »um des Prinzips willen« entscheiden wie der Steinbock, sondern die Lösung suchen, die die friedlichste Perspektive möglich macht. Sucht sie den Ausgleich der Kräfte, so soll sich nach Meinung des Steinbocks das durchsetzen, was nach gründlicher Überprüfung die Buchstaben des Gesetzes eher erfüllt.

In unerlöster Form stehen sich hier die aalglatte Kompromißlösung der Waage und die kompromißlose Rechthaberei und Prinzipienreiterei des Steinbocks gegenüber.

In erlöster Form vereinigen sich beide Symboliken zu dem Ausdruck der Klarheit in der Sache, verbunden mit der Freundlichkeit in der Form.

Die Waage erreicht Steinbock in ihrem vierten Entwicklungsschritt, was bedeutet, daß sie in ihm vor allem familiäre Sicherheit und Geborgenheit sucht (analog 4. Haus). Steinbock erlebt Waage als seinen zehnten Entwicklungsschritt, hat die Ausgewogenheit demnach zu seiner Zielsetzung erkoren[58] und verbindet mit der Waagesymbolik Öffentlichkeitswirkung und gesellschaftliche Position (analog 10. Haus).

Waage mit Wassermann

Vernissage mit Feuerwerk; Beziehung zu dritt

Zwei Luftikusse, die sich ganz der Welt der Relativität verschworen haben, treffen hier aufeinander: Waage mit der Aufgabe des Ausgleichs von Polaritäten und Wassermann mit dem Anliegen, Polaritäten aufzuheben. Wie die Trigonverbindung und das gemeinsame Element zeigen, lassen sich diese Ambitionen gut miteinander vereinbaren.

Beide Zeichen leben vorwiegend in der Welt der Idee (man spricht illustrativ von »Luftschlösser bauen«, wenn man die Qualität von »Luftikussen« beschreiben möchte) und können sich daran erfreuen, sich wie im Federballspiel Gedanken zuzuwerfen.

Freilich bleiben ein Großteil der Abenteuer dabei im Kopf. In die Praxis umzusetzen hieße ja, sich für eine der Möglichkeiten zu entschließen und sich damit festzulegen. Und gerade darin sind sich Wassermann und Waage besonders einig, daß Festlegung und Standpunkt eine Freiheitseinschränkung bedeuten würden und damit unattraktiv sind. Gerade auch auf dem Beziehungssektor wollen sich beide nicht festlegen. Die Waage tendiert dazu, sich möglichst viele Partner durch unverbindliche Freundlichkeit warmzuhalten, d. h. zum Beispiel neben dem Wassermannpartner mindestens eine dritte Person als Alternative in petto zu haben, während Wassermann gar nicht erst Beziehungen zuläßt, die eine feste Zukunftsperspektive erkennen lassen. Insofern ist er mit der Waage gut bedient, da er bei ihr immer nur eine von zwei Möglichkeiten darstellt und so nicht fest »verplant« ist. Das bisher Gesagte zeigt schon, daß die Beziehung zwischen diesen beiden Zeichen eine sehr freiheitlich-gelockerte ist, oft sogar eine, die über homophile Tendenzen sicherstellen möchte, daß es nicht durch die Kraft der Gegensatzanziehung zu einer Verstrickung und Freiheitseinschränkung kommt.

Waage gelangt in ihrem fünften Entwicklungsschritt bei Wassermann an, sieht in ihm also einen Partner, bei dem sie sich besonders gut ausdrücken kann oder vielleicht auch im sexuellen Bereich (analog 5. Haus) optimale Entfaltung finden kann. Wassermann erlebt dagegen die Waage als repräsentativ für seinen neunten Entwicklungsschritt, als Partner, der sich besonders gut dafür eignet, weltanschauliche Themenkreise zu diskutieren.

Waage mit Fische

Harmonie und Spiritualität; lauwarmes Chaos

In dieser durch den Quincunx-Aspekt gekennzeichneten Verbindung ist die Gefahr unter allen möglichen Kombinationen am größten, daß Indirektheit oder gar Unehrlichkeit Probleme verursachen. Die Waage sucht durch Höflichkeit und Freundlichkeit in den Umgangsformen die ihr so wichtige Harmonie und friedliche Stimmung aufrecht zu erhalten, während der Fisch in dem Bestreben, niemanden zu verletzen, schweigt und sich leidensbereit in seinen Schmollwinkel zurückzieht. Wie auf diese Weise die Wahrheit an die Oberfläche gelangen soll, wird das Geheimnis der beiden bleiben. Vermutungen und Auslegungen sind so Tür und Tor geöffnet, ohne je die Sicherheit zu haben, ob diese auch der Wahrheit entsprechen. Nur die Bewußtheit von dieser Veranlagung kann dabei helfen, nicht in eine süßlich-kitschige Scheinharmonie zu rutschen, die durch Schicksalskorrekturen ent-täuscht werden muß.

In erlöster Form verbindet sich die zerbrechliche Lyrik des Fischetypus mit dem Gefühl für Ästhetik der Waage zu einem »Schwanensee-Bühnenbild«, in dem beide ihren Platz finden, ohne daß das Scheinwelt sein muß. Es ist der Versuch, die Intellektualität der Waage mit dem elfenhaften Gefühlstypus Fisch zu einer Einheit zu verschmelzen.

Waage trifft in ihrem sechsten Entwicklungsschritt auf Fische und lernt dort, sich situationsadäquat anzupassen (analog 6. Haus). Fische empfindet die Konfrontation mit Waage als Stirb-und-Werde-Prozeß (achter Entwicklungsschritt), der über die Grenzen der Belastbarkeit in eine neue Dimension des Seins führen möchte.

Skorpion

Skorpion mit Skorpion

Was sich liebt, das quält sich;
das ist mein *Nagelkissen!*

Wer sich über Geschehen im Tierreich ein Bild von der seelischen Qualität der Skorpion/Skorpion-Beziehung machen möchte, sollte sich über den Hochzeitstanz der Skorpione oder die Kopulationsriten in der Spinnenfamilie informieren. Das Klima gegenseitigen Sich-Belauerns, mißtrauisch-eifersüchtigen Überwachens bei gleichzeitiger Symbiose bis in den Tod charakterisiert diese Verbindung. Fast möchte man an das Klima zweier Geheimagenten denken, bei denen keiner von beiden weiß, ob der andere nicht zur anderen Seite gehört und nur die Gelegenheit abwartet, einem den Garaus zu machen.

Jeder von beiden sucht die fixe Idee, die ihm vom anderen (z. B. als Idealbild) vorschwebt, durch Über- und Eingriffe in dessen Leben zu verwirklichen. Dabei sind diese Eingriffe nicht direkt sichtbar, sondern erfolgen über eine suggestive psychotaktische Vorgehensweise, die bei Erfolglosigkeit immer einen Rückzug möglich macht, als wäre nichts gewesen. Oft wird nach außen das glatte Gegenteil von dem ausgedrückt, was an innerer Motivation vorhanden ist: »Geh Du nur!« kann »Bitte bleib!« meinen. Das skorpiontypische Programm, durch Ansteuern von die Belastungsgrenzen überschreitenden Situationen zum Zusammenbruch überalterter Kontrollsysteme zu gelangen und über einen Mauserungs- oder Entpuppungsprozeß eine neue Lebensdimension zu erreichen, wird hier gegenseitig erprobt. Wer bringt wen aus Liebe zum Zusammenbruch, kann demgemäß das Thema lauten.

Es mag paradox klingen, aber es liegt durchaus ein Aspekt der Liebe in diesem sadistisch erscheinenden Vorgehen. Denn, hat der andere kein ihn an freier Selbstentfaltung hinderndes Kontrollsystem, so gibt es nichts, was zum Zusammenbruch gebracht werden könnte. Anderenfalls aber kann über eine schmerzliche Erfahrung wie im Geburtsschmerz eine neue Seinsdimension eröffnet werden. »In Ruhe lassen« können zwei Skorpione sich meiner astrologischen Erfahrung nach jedenfalls nicht. Die Beziehung hat einen sehr absoluten Anspruch, der andere von ihr ausschließt. »Du bist mein Freund oder aber mein Feind«, lautet die Devise.

Zwischentöne gibt es nicht. So entstehen Verbindungen, die an Blutsbrüderschaft und an siamesische Zwillinge erinnern, wobei die dichte gegenseitige Abhängigkeit, die solche Symbiosen kennzeichnet, manchmal wegen der gegenseitigen Abhängigkeit sogar zu Haßgefühlen führen kann, die unterbewußt dabei helfen sollen, ein Stück mehr freiheitlichen Abstand gewinnen zu können.

Skorpion mit Schütze
Der Fakir und der Pastor; Verzicht und Fülle

Beide in dieser Kombination aufeinandertreffenden Zeichen kann man unter die Überschrift »Idealisten« einordnen. Beim Skorpion hat der Idealismus in seinem Absolutheitsanspruch oft eine fanatische oder manische Färbung, während der Idealismus des Schützen sich vor allem auf sendungsbewußt-missionarische Art und Weise äußert, ohne – wie beim Skorpion – suggestiv beeinflussen zu wollen. Skorpion sucht in eigener Person durch zähes Verfolgen seiner Maximen die Metamorphose zu erreichen, setzt sich kasteiend auf Nagelbretter, um sich und anderen zu demonstrieren, daß der Geist über die Materie herrscht, und wird von der Macht der Materie eingeholt und zur Ohnmacht geführt. Er ist der Fakir und Magier des Tierkreises. Schütze sucht dagegen den jovial-optimistischen Weg und würde sich erschaudernd von solchen, ihm selbstquälerisch erscheinenden Wegen, abwenden. Sein Lebensansatz ist hedonistisch und versucht über Freude und genußvolles Zelebrieren des Lebens seine idealistischen Zielsetzungen zu erfüllen. Er ist der Priester im prächtigen Talar auf der Kanzel, der mit weitausholender Gestik Zusammenhänge predigt und dabei einem Gläschen Meßwein nicht abgeneigt ist. Der Weg des einen (Skorpion) ist die Selbstüberwindung, der des anderen die Toleranz.

Skorpion erreicht Schütze in seinem zweiten Entwicklungsschritt und sucht in ihm Halt und Selbstwert, was verständlich ist, wenn man sieht, daß Skorpion das mißtrauischste Zeichen des Tierkreises ist, und Schütze als Zeichen der Urvertrauensthematik als Wurzel (2. Haus) nötig hat. Schütze trifft erst in seinem zwölften und letzten Entwicklungsschritt auf Skorpion. Dies ist also eine für ihn sehr schwer zu erreichende Qualität. Verzicht zu lernen, scheint für den Schützen kaum greifbar, wie das 12. Haus, und so bleibt dem Schützen die Lebenshaltung des Skorpions oft verborgen, so wichtig sie zu seiner Ganzheit wäre.

Skorpion mit Steinbock
Ideologie und Prinzip; Perfektionismus und Konsequenz

In diesen beiden Zeichen finden sich die konzeptfixiertesten Zeichen des Tierkreises zusammen. Skorpion ist durchdrungen von fixen Ideen, geht schwanger mit Leitbildern und Idealen, die oft über das Menschenmögliche hinauswollen, und Steinbock versucht das Leben auf Grundprinzipen zu reduzieren, die jedem Wandel der Zeit trotzen und »ewigen« Charakter haben.

Beide Zeichen tendieren auch dazu, die (aus ihrer Sicht oft niedrigen) persönlichen Bedürfnisse zugunsten höherer, übergeordneter Ziele zurückzustellen oder zu verdrängen. Skorpion sucht dabei untergründig mit sich ringend über sich hinauszuwachsen, was in der alten Astrologie mit dem Symbol des Adlers umschrieben wird, der die sich windende Schlange (der niederen Bedürfnisse) in den Klauen hält. Steinbock dagegen versteckt sein Ich hinter unpersönlichen Formulierungen wie »man« oder »es«, um sich so den Eindruck zu geben, als stünde er für die Norm. Die Prinzipien und Grundsätze des Erdzeichens Steinbock treten dabei naturgemäß klarer und kantiger in Erscheinung, während die Maximen des Skorpions nach dem Motto: »Stille Wasser gründen tief« (fixes Wasserzeichen!) oft unter der Oberfläche verborgen liegen. Ein sehr deutlicher Unterschied liegt auch darin, daß Steinbock immer versucht, sich an der geltenden, herrschenden Norm zu orientieren, und sie am liebsten als »Prominenter« zu repräsentieren, während Skorpion in seiner provokativen Protesthaltung herrschende Normen zu unterminieren sucht.

In der Sextilbeziehung verbinden sich somit zwei introvertiert-schwerlebige Zeichen, die sich dem Ernst und dem Leid der Welt zuwenden und ihm durch Disziplin (Steinbock) und Selbstüberwindung (Skorpion) zu Leibe rücken wollen. Insgesamt gesehen also eine tiefgründig-melancholische Beziehung.

Skorpion trifft in seinem dritten Entwicklungsschritt auf Steinbock und erlebt diesen somit als Mittler nach draußen. Steinbock erreicht Skorpion in seinem elften Entwicklungsschritt als Vertreter der machtvollen Befreiung von Zwängen.

Skorpion mit Wassermann
Hochspannung; Sog und Befreiung

Im Quadrat dieser beiden fixen Tierkreiszeichen zueinander knistert es geradezu vor Spannung: Skorpion, der bildlich gesehen »Wühlarbeit« in unterirdischen Gängen vollbringt, und Wassermann, der ohne die Freiheit des blauen Himmels über sich kaum existieren kann. Versucht man einen Wassermann in die Tunnellabyrinthe eines Skorpions zu führen, so schlagen aus ihm die Funken wie aus einem Zitteraal, und er wird sich mit einem vor Klaustrophobie flackernden Blick aus dem Dunkel befreien wollen. Setzt man andererseits einen Skorpion der gläsern-kalten, durchsichtigen Welt eines Wassermanns aus, so wird er versuchen, sich wie ein Sepia in Tintenwolken zu hüllen und sich in den Schutz des Undurchsichtigen zurückziehen wollen. Der eine (Skorpion) sucht mit suggestiv-magnetischem Sog an sich zu binden, der andere entzieht sich sprunghaft-elektrisch jeder Nähe. Bildet für Skorpion der symbiotisch-dichte Hautkontakt eine Geborgenheit, so empfindet Wassermann dies als sumpfig-verschlingende Freiheitsberaubung. Ein Spiel, wie die flirrende Libelle im Spinnennetz: Wird sie das Netz zerreißen und entkommen, oder wird sie von den Fäden eingesponnen und von der Spinne ausgesaugt?

Trotz dieser gravierenden Gegensätze haben Skorpion und Wassermann auch Gemeinsamkeiten, die vor allem in ihrer Abneigung gegen Gruppen, und ihrem gemeinsamen Bedürfnis, verändernd zu wirken, liegen. Skorpion möchte die Umstände durch Unterminieren zum Einsturz bringen und so tiefgründige Wandlung erreichen, während Wassermann – seiner Zeit voraus – schon heute das vorhersieht und ungeduldig verwirklicht sehen will, was erst übermorgen organisch entstehen kann.

Da Skorpion in seinem vierten Entwicklungsschritt bei Wassermann angelangt ist, sucht er – was bei der unsteten Natur des Wassermännischen recht paradox erscheint – bei diesem ein Zuhause (analog 4. Haus). Wassermann erlebt Skorpion seinerseits als zehnten Entwicklungsschritt und sieht in der großen Wandlung seine Perspektive. Für ihn ist Skorpion in seiner Zähigkeit im Verfolgen von Zielen etwas Erstrebenswertes, öffentlichen Erfolg Versprechendes (analog 10. Haus).

Skorpion mit Fische

Pan und die Elfe; stille Wasser gründen tief

An der Kombination dieser beiden Tierkreiszeichen kann man gut den Unterschied der Zustandsformen (kardinal, fix, labil) innerhalb eines Elementes studieren. Skorpion hat als fixes Wasserzeichen die Neigung zu haften, wirkt also in gewisser Weise wie flüssiger Klebstoff, während die fließende »Molekülstruktur« des labilen Wasserzeichens Fische kein Haften zuläßt, obwohl sie in ihrer Beweglichkeit doch alles durchdringt. Die Verwandtschaft beider Zeichen und zugleich ihre wesentlichen Unterschiede werden in der Mythologie plastisch durch die Geschichte von Pan und der(n) Elfe(n) illustriert. Hier der bocksfüßig-geile, verführerisch-flötende Pan, der die Wildnis durchstreifend nach der Elfe sucht, um sie zu vergewaltigen; dort die zerbrechlich-jenseitige Elfe, die das Nahen des Pan wie Pan-ik fühlt und sich doch – aufopfernd – in ihr Schicksal ergibt, als ahnte sie, daß sie durch die erzwungene Mutterschaft eine Erdung finden kann: der Skorpion als Pan willens- und triebbestimmt, die Fischeelfe schicksalsergeben ausgeliefert, er auf der Suche nach der ihm fehlenden Fähigkeit loszulassen und sich ergeben zu können, wie die feingliedrige Elfe – sie in der Hoffnung, durch die erzwungene Vereinigung an der (Willens-) Kraft des Pan teilhaben zu können.

Skorpion erreicht Fische mit seinem fünften Entwicklungsschritt, worin sich der Sexualbezug (allgemeiner: die Kraft, sich auszudrücken) der Beziehung zum Fischezeichen zeigt. Fische trifft im neunten Entwicklungsschritt auf Skorpion und findet in ihm einen Partner, mit dem sich vortrefflich weltanschauliche Themen austauschen lassen.

Schütze

Schütze mit Schütze

We are wonderful; Paris–London–New York

Keine andere Tierkreiszeichenkombination kann sich gegenseitig so gut darin bestärken, einmalig zu sein, wie diese positiv/positiv-Verbindung. Wie Flammen (labiles Feuer!), die sich zu einer großen Flamme vereinigen und sich entflammt-begeistert nach oben tragen lassen, steigen zwei Schützen heißluftballongleich Höherem entgegen. Daß sich manchmal nur warme Luft dahinter verbirgt, stört wenig. Der gemeinsame Auftrieb bleibt davon unberührt. Im Gegensatz zur Löwe/Löwe-Kombination, in der es nur einen Sonnenkönig geben kann, läßt die sprichwörtliche Toleranz des Schützen den Artgenossen generös neben sich gedeihen. Ist der doch wenigstens humorvoller, als der Rest des Tierkreises. Und die Geheimwaffe in Bedrängnis geratener Schützen, Arroganz, kann so einmütig gegen kleinkariertere Tierkreispartner gerichtet werden. Endlich hat man einen Partner gefunden, der das eigene Bedürfnis nach großen Dimensionen teilt, der ebenso vom Fernweh gepackt wird, wenn der Duft der großen weiten Welt lockt, und Kontinentalsprünge wenn nicht tatsächlich, so wenigstens über Bildbände aus der mächtigen Bibliothek erleben will.

Gemeinsam ist auch das Interesse für philosophische und im weitesten Sinne religiöse Themenkreise und eine missionarische Ader, die im Spektrum vom Werbefachmann bis zum Priester reichen kann. Wie bei allen anderen Tierkreiszeichen liegt die Qualität nicht in der Art des Zeichens begründet, sondern vor allem in dem Entwicklungsniveau, auf dem die Symbolik des Zeichens »interpretiert« wird. Ob die Schütze/Schütze-Kombination auf einer Ebene überdimensionierter Disneyland-Welt gelebt wird, breitlachend Readers-Digest-Wissen zum besten gibt und sich dabei für den Größten hält, oder ob sie gefundene Re-ligio und Urvertrauen mit überzeugender Bescheidenheit anderen weitergibt, beides wird vom Spektrum der Schützesymbolik angeboten und je nach Entwicklungslevel des Betreffenden auf die eine oder andere Weise gelebt.

Schütze mit Steinbock
Expansion und Beschränkung; Begeisterung und Bewährung

Wie bei allen anderen Tierkreisnachbarn auch, schlägt die Qualität zweier aufeinanderfolgender Zeichen deutlich um, folgt doch immer ein Zeichen anderer Grundpolarität (männlich/weiblich), so auch bei Schütze und Steinbock. Möchte der Schütze in Begeisterung unbeschränkt expandieren und dem Leben mit einem großen Ja begegnen, so setzt der Steinbock um der Klarheit und Ordnung willen Grenzen, zeigt durch skeptisches oder angstvolles Nein seinen Standpunkt und möchte den Dingen durch – wenn es sein muß – harte Erfahrung auf den Grund gehen. Nur was sich durch Dauer bewährt hat, Rückgrat und Verläßlichkeit bewiesen hat, kann vor dem strengen Auge des Steinbocks bestehen. Er hält die Toleranz des Schützen oft genug für Schwäche und testet dessen Heißluftbegeisterung auf ihren real-greifbaren Wahrheitsgehalt. Der Schütze seinerseits hält den Steinbock eher für einen humorlosen Miesepeter, der das Positive am Leben nicht zu sehen vermag und deshalb prinzipiell widerständlerisch eingestellt ist.

So mag es sein, daß der eine (Steinbock) dem anderen Problemblindheit und oberflächliches Pauschalieren bei der Betrachtung von Sachverhalten vorwirft, während der Schütze an der melancholischen Art des Steinbocks und dessen Humor- und Genußlosigkeit leidet. Krankt der Schütze in jeder Hinsicht am ehesten an Übertreibung, am »Zuviel des Guten«, so ist es für den Steinbock das »Zuwenig«, das Ärmlich-Geizige, was ihn leiden läßt. Also eigentlich eine gute Chance in dieser Beziehung vom anderen zu lernen, um so der Mitte näherzukommen. Wenn der Schütze »Nein-Sagen« lernt, und der Steinbock ohne Widerstand ein offenes Ja zuwege bringt, hat die Beziehung eine wesentliche Aufgabe erfüllt. Fülle und Kargheit, Freude und Beschränkung auf das Wesentliche können dann zusammenwachsen.

Schütze gelangt in seinem zweiten Entwicklungsschritt bei Steinbock an, und findet demnach in ihm Halt und Wurzel, bzw. lernt an ihm den Umgang mit Vermögen und Selbstwert (analog 2. Haus). Steinbock erreicht Schütze erst in seinem zwölften und letzten Entwicklungsschritt, was zeigt, wie schwer für ihn das Thema Bejahung und Expansion zu erlernen ist.

Schütze mit Wassermann

Der Priester und der Narr; Dynamik und Eigenwille

Die Sextilbeziehung zwischen diesen beiden Zeichen läßt uns vermuten, daß beide Archetypen miteinander harmonieren. In der Tat liefern die Geistesblitze des Erfinderzeichens Wassermann dem Schützen Stoff für seine Expansionspläne, wie Luft eine Flamme nährt. Beide haben die Fähigkeit geistig große Zusammenhänge sehen zu können, sind fähig, sich gemeinsam über die Niederungen mangelnder geistiger Flexibilität zu erheben und zu amüsieren. Beide sind Symbole für zügige Fortbewegung, der Wassermann in die Höhe, der Schütze in die Weite.[59]

Daraus ergibt sich auch ein beiden Zeichen gemeinsamer dialektischer Denkansatz, der aus der Spannung von These und Antithese die befreiende Synthese als übergreifendes Drittes entwickelt. Eine weitere Verwandtschaft liegt in dem Bedürfnis, das Leben nicht zu ernst, sondern eher humorvoll anzugehen. Dabei paßt zum Schützen vor allem der Begriff des Humors, während Wassermann den Aspekt des Witzes und den einer Spannung lösenden Pointe vertritt. Diese geistreich humorvolle Kombination mag manchmal darüber hinwegtäuschen, daß sich dahinter auch schwermütige Dimensionen verbergen können. Nur liegt es sowohl Schütze als auch Wassermann mehr, die eigenen Probleme kompensatorisch auf den Arm zu nehmen und darüber zu lachen und zu witzeln, als sich auf sie einzulassen, oder gar anderen zu zeigen.[60]

Schütze erreicht Wassermann in seinem dritten Entwicklungsschritt und findet in ihm, analog der Bedeutung des 3. Hauses, den optimalen Gesprächspartner für seinen Ideenaustausch. Wassermann trifft in seinem elften Entwicklungsschritt auf Schütze und erlebt in dessen Toleranzspielraum die für ihn so wichtige Freiheit (analog 11. Haus).

Schwierigkeiten können sich bei dieser Zeichenverbindung noch am ehesten durch die gegenseitige Potenzierung der Fortbewegungsenergien ergeben, die in einer hektisch-unruhigen Lebensweise sichtbar werden. Auch können die geistigen Höhenflüge den Boden der Realität verlassen und in kühnen Luftschlössern verpuffen.

Schütze mit Fische
Werbung und Phantasie; Religio und (Ent-)Täuschung

In dieser Verbindung treffen zwei Zeichen zusammen, die trotz ihres Quadrataspektes und der schwer zu vereinbarenden Elemente Feuer und Wasser wesentliche Gemeinsamkeiten aufweisen. Dies läßt schon die Tatsache vermuten, daß sie beide in der alten Astrologie denselben Herrscher, nämlich Jupiter hatten. So liegt denn auch die angesprochene Gemeinsamkeit vor allem in dem religiösen Themenkreis. Dabei verkörpert Schütze mehr den sendungsbewußten und pathetisch werbenden Priester auf der Kanzel, während Fische den in die Einsamkeit des Klosters sich zurückziehenden Mönch (Nonne) meint, der in stumm dienender Gemeinschaft mit Gleichgesinnten Erlösung sucht.

In diesen Bildern klingt auch die Gegensatzspannung an, die zwischen Schütze und Fisch entstehen kann. Ist der eine feurig nach außen gerichtet, so zieht sich der andere introvertiert in die Stille zurück. Dem Fisch erscheint der Schütze in seinem religiösen Bezug manchmal zu laut, zu werbend, während der Schütze die Haltung des Fisches als märtyrerhaft-selbstmitleidig empfindet.

Und doch findet der Schütze im Fisch als dem Zeichen, was er in seinem vierten Entwicklungsschritt erreicht, sein Zuhause.[61] Der Fisch sieht im Schützen als dem Zeichen seines zehnten Entwicklungsschrittes ein Sprachrohr in die Öffentlichkeit und eine Möglichkeit, seine Ideen und Gefühle allgemein verbindlich werden zu lassen (analog 10. Haus). Gemeinsam ist diesen beiden labilen Zeichen auch die Schwierigkeit, sich abgrenzen zu können, beim Schützen durch seine oft zu weitgehende Toleranz, beim Fisch durch sein Mitgefühl und die Angst zu verletzen. Die Weite (Schütze) und die Uferlosigkeit (Fisch) ergeben gemeinsam etwas Ozeanisch-Chaotisches, Grenzenloses, in dem sich beide konturlos verlieren können.

Steinbock

Steinbock mit Steinbock

Gelobt sei, was hart macht; hier geht es ums Prinzip

Wer einmal im Tierpark Bergschafe oder Steinböcke bei Revierkämpfen beobachtet hat, der kann sich ein Bild davon machen, wie eine Steinbockpartnerschaft abläuft. Hier treffen Prinzipien so hart wie das Gehörn der Böcke aufeinander, um zu klären, wie es mit der Hierarchie innerhalb der Beziehung steht. Bei Steinböcken gibt es kein Nebeneinander. Alles strebt ehrgeizig nach oben und so muß schon der Ordnung halber geklärt werden, wer oben und wer unten ist. Sind Rangordnung und Zuständigkeiten festgelegt, so werden rituelle Formen vereinbart, die auch nach außen hin deutlich machen, wer wem die Ehrenbezeugung durch Hofknicks oder ehrerbietige Anrede zu erweisen hat. Sich zu »duzen« würde sich gemein machen heißen und die für eine funktionierende Ordnung so unverzichtbare Hierarchie verwässern. Was Recht ist, muß auch Recht bleiben, und moderne »Gleichmacherei« muß ja ins Chaos führen und stellt obendrein die erarbeitete und verdiente eigene Position in Frage. Ist die Hackordnung festgelegt, dann kehrt Ruhe ein, denn an ihr wird sich nur durch den Tod eines Beteiligten etwas ändern.

Innerhalb dieses Systems walten Werte, wie Achtung, Treue, Pünktlichkeit, Verantwortungsgefühl und Strebsamkeit. Über so unnütze Dinge wie Urlaub wird kein Wort verloren. Schließlich ist dass Leben dazu da, die gestellten Aufgaben strebsam arbeitend zu bewältigen. Der Lust, Laune oder der Muße zu frönen, vielleicht sogar spielend zu genießen, ist etwas für oberflächliche Menschen und würde einen Steinbock depressiv machen. Als wertvoller Mensch leidet man eben mehr und trotzt doch diszipliniert den Stürmen der Welt. Immer gibt es etwas zu lernen, und so kann man sich gegenseitig profilieren, vielleicht sogar mit Titeln, Orden und Diplomen; zumindest aber mit Lebenserfahrung.

Die Steinbock/Steinbock Partnerschaft ist hart, treu und klar. Und wenn sie nicht gestorben sind, dann leben sie noch heute. Nach all den gemeinsam durchstandenen Unbilden hat man sich die diamantene Hochzeit verdient.

Steinbock mit Wassermann
Prinzip und Ausnahme; Zwang und Freiheit

Während der Steinbock in dieser Partnerschaft das Prinzip der Kontinuität, der Konsequenz und Ausdauer verkörpert, ist es die Aufgabe des Wassermanns auf der Bühne Welt, Kontinuierliches zu durchbrechen, auf die Ausnahmen von den Regeln hinzuweisen und das Ab-Normale zu präsentieren. Er steht für die Freiheit von Zwängen und macht dem konservativen Steinbock das Leben schwer. Der eine möchte Klarheit und Konsequenz, um für die Zukunft Programme zu entwickeln, die mit der Präzision eines Uhrwerks ablaufen können; der andere möchte Zukunft nicht als etwas Berechnetes erfahren, was ihm nur noch die Möglichkeit gäbe, wie auf einer Schiene abzufahren, was geplant war, sondern sucht das Wunder des immer neuen Augenblicks, das Abenteuer der Einzigartigkeit dieses jetzigen Moments, der in dieser Form nie wiederkehren wird. Die aus dem Sicherheitsbedürfnis des Steinbocks entstehenden Zukunftsprogramme bringen für ihn die Gefahr, daß er nichts wirklich Neues mehr kennenlernt, sondern sich immer nur in seinen toten, aber sicheren Konzepten bewegt. Bewährtes wird ad infinitum wiederholt, wie der Urlaubsort, der seit 35 Jahren derselbe ist. Man kennt Leute und Umstände, ist respektiert und bekommt vielleicht sogar die goldene Treuenadel.

Wassermann dagegen erträgt keine Regelmäßigkeiten und springt selbst dort in abenteuerliche Neubeginne, wo kontinuierliche Entwicklung für ihn sehr förderlich wäre. So kommt es in letzter Minute vor abgeschlossenen Prüfungen zu panischen Ausbrüchen etwa aus Angst, den dadurch erreichten Beruf nun ergreifen zu müssen und durch diese Perspektive eingeengt zu werden.

Steinbock erreicht Wassermann in seinem zweiten Entwicklungsschritt und sucht bei ihm – oft vergeblich – Halt und Verwurzelung (analog 2. Haus). Wassermann gelangt bei Steinbock erst im zwölften und damit letzten Entwicklungsschritt an, was zeigt, wie schwierig es für ihn ist, mit Gesetzmäßigkeiten umzugehen. Er hat hier die Aufgabe gestellt bekommen, zu erkennen, daß höchste Freiheit Einsicht in Notwendigkeit bedeutet.

Steinbock mit Fische

Realität und Traum; Konzentration und Meditation

Obwohl durch den entspannenden Sextilaspekt miteinander verbunden, treffen in dieser Kombination doch sehr gegensätzliche Zeichen aufeinander: der harte Realist und der dem Jenseitigen verpflichtete Träumer. Während der eine (Steinbock) als Erdzeichen aus der objektiv-greifbaren Welt verläßliche Gesetzmäßigkeiten herauszukristallisieren sucht, fließt das Wasserzeichen Fische mit dem Weltenstrom ewiger Veränderung in chamäleonartiger seelischer Anpassung mit. Der Steinbock möchte Wahrheiten finden, die unveränderbar-klassisch in einer Welt launischer Veränderungen Bestand haben und ihm die Möglichkeit geben, sie als rechten Standpunkt und Meinung zu vertreten. Die Wahrheit dagegen, die Fische suchen ist von der Art, die eine Zen-Anekdote widerspiegelt. Dort fragt ein Zen-Mönch seinen Meister: »Meister, was ist die Wahrheit?« und dieser antwortet: »Suche nicht nach der Wahrheit, habe nur keine Meinung, und Du bist wahr!«[62] Steinbock bewegt sich, ähnlich seinem Erdzeichenkollegen Jungfrau, in der Welt des Meßbaren und Wägbaren und untersucht dort Kausalzusammenhänge, Ur-Sachen und Wirkungen. Fische dagegen hat sein Zuhause in der Welt, die zwischen den Zeilen in der Dimension des Unsichtbaren, aber dennoch für ihn Spürbaren liegt. Steinbock sucht und gibt Halt in der praktisch-gegenständlichen Welt, Fische sucht und vermittelt wortlos Halt in der Welt des Jenseitigen. Als Ergebnis steinböckischer Forschung und Erfahrung entstehen die verläßlichen Gesetze Newton'scher Mechanik, aus Fischesicht bleibt nur ein einziges Gesetz, nämlich das, was Heraklit mit dem Satz umschrieb: »panta rhei«, »alles ist im Fluß« ewiger Veränderung.

So hat wie in allen Tierkreiszeichen-Kombinationen jeder recht … jeweils aus seiner Sicht. Denn erst die Summe aller von den 12 Tierkreiszeichen repräsentierten Blickwinkel auf die eine unaussprechliche Mitte kann als Wahrheit angesehen werden, nicht aber ein Bestandteil davon. Steinbock freilich tut sich von allen Tierkreiszeichen am schwersten damit, die von ihm erkannten Gesetzmäßigkeiten als subjektive Teilwahrheiten anzuerkennen. Dem standpunktlos-anpassungswilligen Fisch dagegen fällt dies am leichtesten. Und so prägt der Steinbock in der Beziehung zum Fischetypus diesen durch seine Dogmen, wie ein Ufer, welches dem Wasser Grenzen setzt. Langfristig aber kann doch steter Tropfen selbst den härtesten Stein(-bock) höhlen.

Steinbock erreicht das Fischezeichen mit seinem dritten Entwicklungsschritt und sucht im Fisch einen Kommunikationspartner (analog 3. Haus). Dies kann selbst bei stummen Fischen deshalb noch gelingen, weil Steinbock als stilles und melancholisches Zeichen nicht die vielen Worte sucht, sondern sich selbst gern – fast karg – auf das Wesentliche beschränken möchte; die alles offenlassende Fischeeinstellung noch kann ihn am ehesten zur Relativierung eigener Standpunkte bewegen. Für Fische wird der elfte Entwicklungsschritt zur Begegnung mit Steinbock. Er erlebt durch die klaren Konturen des Steinbock Befreiung (11. Haus!) von der eigenen Konturlosigkeit und Verschwommenheit.

Wassermann

Wassermann mit Wassermann

Genie und Wahnsinn; Brüder im Geiste

Die Beziehung zweier Wassermänner zueinander wird in aller Regel eher brüderlichen Charakter haben. Der Genuß liegt – bei gleichem Entwicklungsniveau – in der Freude, ein sonst kaum erlebtes Gefühl des Verstandenseins zu finden. Die surreale geistige Freiheit, die Originalität und Exzentrizität des Wassermanns, vermittelt ihm so häufig das Gefühl geistiger Einsamkeit und des Unverstandenseins, was in dieser Beziehung nicht der Fall ist. Endlich erhebt sich auch der Partner in die Dimension hoch über die Wolken des Alltagsbewußtseins, und Austausch wird möglich. Zwei vogelfreie Narren, deren Weg sich kurzfristig überschneidet und es während dieser Zeit möglich macht, sich nicht als Außenseiter zu empfinden, da der Partner aus demselben Holz geschnitzt ist.

Die in beiden vorhandene Unruhe und Sprunghaftigkeit sorgt aber dafür, daß diese Beziehung in aller Regel ein kurzes Intermezzo bleibt, wie zwei Möwen, die sich in der einsamen Weite des

Himmels eine Zeitlang begleiten, um sich dann daran zu machen, an verschiedenen Orten zu landen.

Das abgehobene, surreale Element im Wassermann läßt ihn nämlich immer sehnsüchtig nach einem »Landeplatz« Ausschau halten und dafür kommt nur ein weniger unsteter, stabilerer Partner in Betracht, wie z. B. der Stier in der häufig vorzufindenden Haß-Liebe-Kombination Wassermann/Stier.

Wassermann mit Fische Intuition und Ahnungsvermögen; der Geist über den Wassern

Dies ist sprichwörtlich eine Traum-Tänzer-Verbindung. Hier trifft die unbeschränkte Weite geistigen Einfallsreichstums auf die grenzenlose Seele. Hat da der Alltag überhaupt noch Raum und Berechtigung? Materielle Belange treten hier so weit zurück, daß dadurch eine gemeinsame Existenzgrundlage gefährdet ist.

Luftschlösser und Phantasien bieten hier soviel mehr Lebensgefühl, als das nüchtern reale Dasein, daß der außenstehende Beobachter an Realitätsflucht denken mag. Es ist auch hier natürlich davon abhängig, auf welcher Entwicklungsstufe die Prinzipien gelebt werden.

Ob sich Lebensfremdheit und Utopie als unerlöste Wassermannentsprechungen mit ebensolchen Entsprechungen des Fischetypus, nämlich Lebenslüge und Täuschung, verbinden, oder ob sich auf erlöster Ebene geistige Kreativität mit hochsensiblem Einfühlungsvermögen vereinigen, ist nicht Sache der Symbolik, sondern ausschließlich eine Frage, auf welchem Niveau sie gelebt wird. Das fruchtbare Urchaos des Fisches kann sich in der Verbindung mit dem wassermännischen Ideenreichtum zu vielgestaltigen, feingliedrig-zerbrechlichen Formen fügen, denen allen etwas Nebulös-Durchsichtiges anhaften mag, als Zeichen dafür, daß sich in der Verbindung der Elemente Luft und Wasser nichts wirklich Greifbares ergeben kann. Aber es geht hier eben auch weniger um faßbare Ergebnisse, als um die vor-reale Welt beseelter Ideen.

Die Fluchttendenz des Wassermanns und das fischetypische Sich-Entziehen scheinen eine feste Beziehung kaum zuzulassen.

Und doch wirkt es für beide Partner erleichternd, daß vom anderen kein freiheitsbeschränkender Zugriff befürchtet werden muß. Wäre nicht bei beiden Zeichen die Sehnsucht nach der ihnen selbst fehlenden »Erdung« so groß, daß sie sich oft stabilere (Kontrast)-Partner auswählen, sie würden so schlecht gar nicht zusammen passen.

Wassermann trifft in seinem zweiten Entwicklungsschritt auf Fische und sucht dort Halt, als wollte sich Luft zu Wasser verdichten. Für Fische findet die Begegnung mit Wassermann erst im letzten zwölften Entwicklungsschritt statt. Darin kommt zum Ausdruck, wie schwer es für den Fischetypus ist, Eigenart, Originalität und Freiheit (als Wassermannqualitäten) zu entwickeln.

Fische

Fische mit Fische

Bin ich Du, oder bist Du ich?

Wenn zwei Fische aufeinandertreffen kann es für beide schwer werden, sich und die eigenen Wünsche zu definieren. In Beziehung mit anderen Partnern sendet der Fisch seine hochsensiblen Antennen aus, dringt gleichsam wässrig-osmotisch in die Persönlichkeit des anderen ein und erfühlt ihn. So kann er sich im Partner spüren, mit ihm mitfühlen und mitleiden und sich über ihn definieren. Zwar tendiert er dazu, sich selbst so zu fühlen, wie die Stimmung des anderen es vorgibt – vergleichbar einer Wassermelone, welche neben der Zwiebel liegt und die nach einer Weile nach Zwiebel zu riechen beginnt. Was aber, wenn zwei Wassermelonen nebeneinander liegen? Die Charakterlosigkeit[63] des Partners gibt so keine Möglichkeit über ihn eigenen Charakter zu entwickeln, so daß beide in gewisser Weise farblos bleiben. Es wird zwar gelingen, sich gegenseitig auslotend zu durchdringen, auch die geheimsten Winkel des Partners zu erahnen, und doch wird alles ein wenig undurchsichtig in der Dimension von Vermutungen verbleiben, da keiner Farbe bekennt oder Standpunkt zeigt. Dieses Versteckspiel ist nicht geeignet dem labilen Charakter eines Fisches Halt oder Sicherheit zu geben, sondern bleibt in der Konturlosigkeit und Uferlosigkeit hängen.

Insofern wird daraus wohl kaum eine festere oder längere Beziehung werden können. Es wird eher bei einem »geschlamperten Verhältnis« bleiben, in dem man sich wortlos fühlen kann und dies genießt, weil es in dieser Form mit kaum einem anderen Tierkreiszeichen möglich ist. Für die beständigeren Beziehungsformen dagegen werden beide Fische nach Partnern Ausschau halten müssen, die durch ihre ausgeprägtere Charakterstruktur Impulse, Anregungen und Halt versprechen, durch ihre Eigenart Identifikationsmöglichkeiten anbieten und dem Fisch die Chance geben, sich in ihnen wiederzufinden, wie ein Schauspieler in seiner Rolle. Er kann so seinem Motto getreu leben: »Ich bin in allem, alles ist in mir«.

4. Häuser und Partnerschaft

Im *Arbeitsbuch zur Astrologie*[64] habe ich dargelegt, daß eines der wesentlichen Kriterien, um die an sich analoge Qualität der Häuser von den Zeichen unterscheiden zu können, die Tatsache ist, daß die Tierkreiszeichen vor allem beschreiben *wie, auf welche Art und Weise,* sich ein Geschehen abspielt, während die Häuser in erster Linie ein Hinweis darauf sind *wo, z. B. in welchen Lebensbereichen,* das Geschehen abläuft.

Bezogen auf den Themenkreis Partnerschaft könnte man die 12 Häuser in Kürze wie folgt definieren:

Das erste Haus

Ich: *in meiner körperlichen Erscheinungsform*

Egozentrik[65] Vorwiegend Beschäftigung mit der Eigenperson und der eigenen Körperlichkeit. Je nach Entwicklungsniveau des Horoskopeigners reicht das Spektrum von rücksichtsloser Selbstverwirklichung der unmittelbaren Eigeninteressen ohne Einbeziehung der Belange des Partners bis hin zum ritterlichen und zivilcouragierten Einsatz der eigenen Kräfte für das gemeinsame Wohl. Bei extrem starken Betonungen des ersten Hauses finden sich auch autistische Ansätze, d. h. eine so in sich abgeschlossene Beschäftigung des Horoskopeigners mit sich selbst, daß er (sie) kaum durch Umwelteinflüsse aus dieser Eigenisolation ablenkbar ist.

Das zweite Haus

Mein: *Mein Besitz, mein Revier, mein Selbstwert*

Träge Erwartungshaltung, daß der andere auf einen zugehen möge. Schwierigkeit, von sich aus Kontakt mit der Umwelt aufzunehmen. Immer noch starke Bezogenheit auf sich selbst, bzw. die unmittelbare körpernahe Umgebung. Versuch, den Partner ins eigene Revier zu locken, um ihn dort festzuhalten. Der Partner als »Eigentum«, als Sicherheit versprechender Faktor nach dem Motto: »Zusammen sind wir stark«. Partnerschaft unter dem Aspekt wirtschaftlicher Absicherung. Der Partner soll im eigenen Revier

»konserviert« werden, um so, wie der haltbare Pumpernickel, »für schwere Zeiten«, existenzsichernd zu wirken.

Das dritte Haus

Meine Kommunikation mit Dir, *Austausch, erste Kontaktaufnahme*

Meine Mitteilung an Dich. Freundschaft im Sinne von Kameradschaft. Kumpelhafte, weniger von Anziehung als von Neugier und lockerem Gedankenaustausch bestimmte Begegnungsformen. Das 3. Haus umschreibt ein mehr oder weniger geschlechtsneutrales Beziehungsklima, wie es in der Regel zwischen Geschwistern gegeben ist. Hier herrscht der Hermaphrodit Merkur, dessen Charakter das 3. Haus im Sinne neugieriger, nutz- und zweckbestimmter Kontaktaufnahme färbt. Es umschreibt auch die partnerschaftliche Atmosphäre, die man im allgemeinen Sprachgebrauch meint, wenn man davon spricht, daß jemand gute (geschäftliche) Beziehungen (sog. »Kontakte«) hat.

Das vierte Haus

Wir: *Gemeinsamkeit, Familie, Zuhause, Nestwärme*

Undifferenzierte Symbiose (Embryo und Mutter). Das 4. Haus zeigt die Beziehung – in gewisser Weise ähnlich dem 2. Haus – als Einheit, die kaum eine Differenzierung in Ich und Du zuläßt. So wie Mutter und Embryo oder auch noch das Kleinkind gleichsam noch ein »Zellverband« sind und nur schwer unabhängig voneinander existieren können, so herrscht im 4. Haus ein Klima der »Sippenhaft«, des Clan-Denkens, das sich von dem des 2. Hauses vor allem darin unterscheidet, daß im 2. Haus die existentiell-wirtschaftliche Verbundenheit im Vordergrund steht, während im 4. Haus die seelische Zugehörigkeit dominiert.

Das fünfte Haus

Ich und Du *(Du dienst mir), soziale Selbstbehauptung*

Bedürfnis, sich mit dem anderen zu messen und dabei durchzusetzen, spielerischer Machtkampf, Sexualität als Ausdrucksform des Ich im Spiel mit dem Partner. Selbstausdruck, bei dem der Partner als »Bühne« dient. Intime Formen der Begegnung, »Bauchkontakt«. Im Gegensatz zum 4. Haus ist hier ein starker Wille zur Unabhängigkeit vorhanden, basiert der Kontakt ganz auf Freiwilligkeit.[67] Hier wird nicht dauerhafte Symbiose gesucht, sondern »Katz- und Maus-Spiel«.

Hier trifft der »Playboy« das »Playgirl« zur gemeinsamen »Show«. Sich Ausleben und von der Lust leiten lassen ist hier die Grundmotivation, die auch Züge von narzißtischer Selbstdarstellung tragen kann.

Das sechste Haus

Du und ich, *(ich diene Dir), soziale Anpassung*

Dienender Umgang mit dem anderen und vernunftbetontes Eingehen auf dessen Bedürfnisse. Zweckmäßige Ansteuerung zwischen Eigenbedürfnis und Fremdbedürfnis. Zuständigkeitsverteilung; die eigene Funktion im »Ameisenstaat«. Die Qualität des 6. Hauses läßt sich gut begreifen, wenn man sich vor Augen führt, daß es als labiles Haus Vermittlungsfunktion zwischen der größten Ich-Entfaltung (5. Haus) und der kardinalen Begegnung mit dem Du (7. Haus) innehat. Hier findet die Aussteuerung zwischen eigenem Geltungsbedürfnis (5. Haus) und diplomatischem Eingehen auf den Anderen (7. Haus) statt, im Sinne vernünftiger Anpassung an die Gebote der vorgefundenen Situation. Dieses 2. von Merkur beherrschte Haus hat wie das 3. Haus mit dem Thema Nutzen und Zweck zu tun. Eine Beziehung, die hier ihren Schwerpunkt hat, wird den Charakter einer Vernunftehe haben, einer »Arbeitsbeziehung« bei der die Alltagsbewältigung im Vordergrund steht. Sie wird mehr praktisch als romantisch sein.

Das siebte Haus

Du: *in Deiner körperlichen Erscheinungsform*

Das 7. Haus ist das Partnerschaftshaus schlechthin. Analog zum Tierkreiszeichen Waage verkörpert es die Ergänzung durch den anderen. Hier begegnet man dem Komplementären, demjenigen, das zur Ausgeglichenheit fehlt. Es ist das Haus der Gegensatzanziehung, des erotischen Magnetismus. An seiner Zeichen- und Planetenfärbung im individuellen Horoskop können wir ablesen, durch welche Prinzipien wir uns besonders angezogen fühlen. Als luftelementares Haus zeigt es freilich keinen verbindlichen Charakter. Knisterender Flirt – möglichst ohne Konsequenzen – ist seine Grundstimmung. Die Herrschaft der Venus weist darauf hin, daß es hier um Verführung, um Charme und Werben geht.[68] In der klassischen Astrologie galt das 7. Haus als Haus der »legalen« Beziehung, der Ehe, während das 5. Haus als illegitime Beziehung betrachtet wurde. Diese Tradition kann heute sicher nicht unkorrigiert übernommen werden. In ihr kommen viktorianische Moralvorstellungen zum Ausdruck, die alles, was sich unterhalb der Gürtellinie abspielt, tabuisierte und abwertete. Die Ebene spielerischen sexuellen Austausches (5. Haus) steht aber wertfrei und gleichgültig neben der geistigen Ergänzung des 7. Hauses. Im 7. Haus ist die Aufgabe gestellt, entsprechend der Waagesymbolik, einen ausgewogenen Interessenausgleich zwischen den Bedürfnissen beider Partner herzustellen. Dies macht auf beiden Seiten Kompromisse nötig, birgt aber gleichzeitig die Chance, aus der eigenen Einseitigkeit herauszufinden. Der für die Partnerschaft nötige Kompromiß führt so zu der Harmonisierung beider an der Beziehung beteiligten Personen. Denn das Eingehen auf die Wünsche des anderen ist ja – nach der oben in der Einleitung erwähnten These, daß man sich besonders gerne mit einem Partner liiert, der Schattenanteile der eigenen Persönlichkeit verkörpert – nichts anderes als das Eingehen auf die unbewußten Persönlichkeitsanteile. Eine Ausgeglichenheit der Bedürfnisse beider Partner spiegelt also eine Ausgeglichenheit zwischen Kräften des Ober- und Unterbewußten wieder.

Das achte Haus

Dein: *Dein Besitz, Dein Revier, Dein Selbstwert*

Als zweites Haus des 7. Hauses[70] können wir im 8. Haus nicht nur den Besitz des anderen ablesen, sondern auch die Verdichtung der Partnerschaft. Hier wird erkennbar, wie sich der Horoskopeigner gegenüber Verfestigungstendenzen in einer Beziehung verhält, wie er darauf reagiert, wenn der andere Besitzansprüche artikuliert. Darüber hinaus hat das 8. Haus – wie das 5. – einen starken Bezug zur Sexualität, allerdings weniger im Sinne spielerischen Selbstausdrucks, als vielmehr im Hinblick auf die Orgasmusfähigkeit, die

Fähigkeit »den kleinen Tod zu sterben«. Hier liegt auch der – oft unbewußte – Wunsch, den Partner durch Sexualität an sich zu binden und von sich abhängig zu machen.

Das neunte Haus

Deine Kommunikation mit mir; *Deine Mitteilung an mich*

Die Begegnung mit dem Sendungsbewußtsein des anderen. Im 9. Haus können wir ablesen, wie wir uns dem Mitteilungs- und Kommunikationsbedürfnis unseres Partners gegenüber verhalten, oder auch ganz einfach, wie Information von außen bei uns ankommt. Es zeigt uns unsere Aufgeschlossenheit in Bezug auf unsere Umwelt und die Fähigkeit, den Gesichtskreis zu erweitern.

Das zehnte Haus

Ihr, Sie: *Gesellschaft und Öffentlichkeit*

Formalisierte, ritualisierte Gestaltung des gesellschaftlichen Umgangs miteinander. Soziale Hierarchie. Partnerschaft läuft hier auf unpersönliche, distanziertere Art und Weise ab. Ein das entsprechende Klima illustrierendes Bild wäre etwa: formalisierte Kommunikation in Schale (!) geworfener, gesellschaftlicher Repräsentanten, die mit dem Cocktailglas in der Hand über das sprechen, was *man* in Zukunft tun sollte. Hier zählen nicht persönliche Ansichten und Wünsche, sondern überpersönliche Ordnungsgesichtspunkte, Karrieredenken und das Bedürfnis, Vorbildfunktionen zu erfüllen, drängen persönliche Motive in den Hintergrund. In dem Streben sich gesellschaftlich zu profilieren, wird der Versuch unternommen, sich an den Kriterien der herrschenden Meinung zu messen. Titel, Orden, Markenzeichen und andere abstrakte Symbole für einen ehrgeizigen Werdegang bekommen hier besondere Bedeutung.

Das elfte Haus

Freundschaft, *die auf der gleichen geistigen Wellenlänge beruht; »Wahlverwandtschaften«*[71]

Wie alle luftelementaren Häuser (3; 7; 11.) hat das 11. Haus überdurchschnittliche Bedeutung für das Thema Partnerschaft. Denn Luft ist das Element, welches alle Dinge miteinander verbindet. Es ist zwischen allem Gegenständlichen und schafft so universellen Kontakt.

Die drei Lufthäuser und die ihnen entsprechenden Tierkreiszeichen Zwillinge, Waage und Wassermann verkörpern das für die Partnerschaft so bedeutsame Prinzip der Polarität auf dreierlei Weise: Das 3. Haus (analog Zwillinge) in Form des Austausches von Polaritäten, das 7. Haus (Waage) in Form des Ausgleichs von Polaritäten und das 11. Haus (Wassermann) in Form der Aufhebung von Polaritäten. Wenn wir uns dies vor Augen führen, so können wir die Qualität der entsprechenden Häuser klarer definieren. Im 3. Haus geht es um kommunikativen Austausch, wie z. B. in der Kontaktaufnahme durch ein Gespräch. Das 7. Haus umschreibt die Anziehung von Gegensätzen mit dem Bedürfnis, daraus ausgleichende Harmonie entstehen zu lassen, und das 11. Haus schafft Freundschaften durch das Aufheben trennender Gegensätze. Dies geschieht im 11. Haus in aller Regel durch das Auffinden eines gemeinsamen – die Gegensatzspannung überhöhenden – dritten (Flucht)-Punktes. Ein praktisches Beispiel dazu: Du bist eine Frau, ich bin ein Mann, wir sind beide Menschen! Beziehung im Sinne des 11. Hauses sucht also nach gemeinsamen Nennern, einer gemeinsamen Wellenlänge72, die die Partnerschaft möglich macht bzw. stützt.

Das zwölfte Haus

Einsamkeit. *Gefühl des Unverstandenseins von der Welt; Sehnsucht nach nonverbaler Kommunikation, nach »communio«*

Versuch, das allgemein Menschliche im anderen zu finden. Auf erlöster Entwicklungsstufe: Agape[73], Rückzug von Formen »weltlicher Begegnung«, Intention, in klösterlicher Abgeschiedenheit, in Ashrams, in meditativem Zusammensein mit anderen, Verständnis zu finden. Chance aus dem anfänglichen Gefühl der Ausgesetztheit und Einsamkeit zu einem Gefühl der Geborgenheit in der Schöpfung und zum All-Eins-Sein hinzufinden.

Wie wir gesehen haben, sind letztlich alle Häuser für die Betrachtung des Themas Partnerschaft von Bedeutung (siehe unten angeführte Grafik). Besonders hervorzuheben sind dabei allerdings folgende Häuser (in der Reihenfolge ihrer Wichtigkeit):

7. Haus: Die Partnerschaft an sich; Anziehung und Ergänzung.

3. Haus: Erste Kontaktaufnahme, Kameradschaft, Informationsaustausch, Geschäftsbeziehung.

5. Haus: Intimkontakt, Sexualität.

11. Haus: Wahlverwandtschaften, geistiger Gleichklang, Freundschaft.

8. Haus: Bindungsfähigkeit.

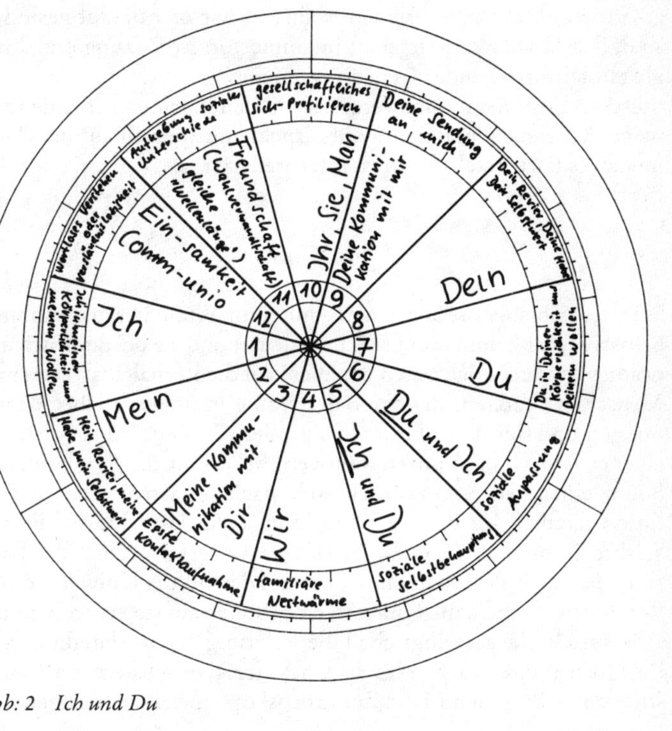

Abb: 2 Ich und Du

5. Planeten und Partnerschaft

Die Bedeutung der Planetenstellung in der Partnerschaftsastrologie

Wie wir am Beispiel der Häuser sehen konnten, verlangen die Grundbausteine der Horoskopdeutung, also Tierkreiszeichen, Häuser und Planeten[74], je nach Themenkreis eine spezielle Interpretation. Das heißt, daß das Symbolspektrum eines astrologischen Archetyps, zu jedem Bereich der Wirklichkeit eine spezifische Deutung zuläßt.

So würde Waage (analog 7. Haus, analog Venus) bei einer astrologischen Betrachtung des *Bereiches Medizin* unter anderem die Nieren und ihre den Säure/Base-Ausgleich[75] im Organismus regelnde Funktion umschreiben, während wir *hier* darauf gestoßen sind, daß Waage Partnerschaft im Sinne von Ergänzung und Ausgleich sich anziehender Gegensätze meint.

Daher müssen wir nun, wenn wir uns den Planetenprinzipien zuwenden, versuchen, deren Symbolspektrum speziell auf den Themenkreis Partnerschaft hin zu interpretieren.

☉ *Sonne*

Wir haben bisher die Sonne als Symbol für Vitalität, Ausstrahlung, Selbstverwirklichung und Macht gedeutet und sie bei der Interpretation von Persönlichkeiten vor allem auf die Verhaltensweise eines Menschen bezogen. Bei der Betrachtung mitmenschlicher Beziehungen und der dabei besonders großen Tendenz zur Projektion eigener Anlagen auf unsere Umwelt, bekommt die Symbolik der Sonne einen neuen Akzent. Sie steht nach der astrologischen Tradition nämlich für die Personen in unserem Umfeld, die die abstrakte Symbolik der Sonne besonders zu verkörpern in der Lage sind, das heißt Personen, die es uns auf der Bühne Umwelt besonders leicht machen, die Qualitäten der Sonne auf sie zu projizieren.

So spricht die astrologische Überlieferung davon, daß die Sonne im Horoskop eines Kindes seinen Vater symbolisiert, im Horoskop einer Frau den Mann, im Horoskop eines Berufstätigen den

Chef und so fort. Die Sonne stellt demnach als Repräsentant von Kraft und der Ausübung von Macht den jeweiligen »Machthaber« aus der Sicht des Horoskopeigners dar.

Wir können an diesem Beispiel sehr schön erkennen, wie gefährlich eine schematische Anwendung dieser Traditionsregeln der Astrologie ist, da für ein Kind zwar *in der Regel* der Vater der Repräsentant sozialer Macht und vitaler Selbstverwirklichung sein wird, aber durchaus auch familiäre Situationen vorstellbar sind[76], in denen die Mutter »die Hosen anhat«, und die Führung der Familie übernimmt. In diesem Falle müßte die Sonne im Horoskop des Kindes mit der Mutter gleichgesetzt werden, da die Mutter für das Kind den Archetypus des Solaren mehr zu verkörpern in der Lage ist als der Vater.

Entsprechendes gilt für die Regel, daß die Sonne im Horoskop der Frau den Mann (bzw. Vater) symbolisiert. Dies wird nur dann zutreffen, wenn der Mann eine geeignete Projektionsfläche für die Prinzipien Autorität, Energie und Führungsanspruch (Sonne) abgibt. In einer Beziehung in der das etwa, wegen der nachgiebigen oder unentschlossenen Persönlichkeit des Mannes, nicht möglich ist, wird sich die Frau eine andere Person als Projektionsfläche für das Solare suchen müssen.

Die Astrologie bildet also immer Archetypen ab, und es wird nötig sein, im Einzelfall zu untersuchen, ob wir uns an überlieferte Regeln (die astrologischen Klischees) halten können, oder ob die konkrete Situation eine modifizierte Auslegung nötig macht.

Des weiteren verlangt eine psychologisch gründliche Horoskopinterpretation von uns immer, beide Bedeutungsebenen eines Planetenprinzips zu verstehen: einmal die Ebene der Projektion, zum andern aber auch die Ebene der Identifikation.

So können wir die Sonne im Horoskop *in der Projektion* als Symbol für die Autorität in der Umwelt ansehen, *in der Identifikation* dagegen als Symbol für unsere eigene innere Autorität und Souveränität. Eine (z. B. durch ein Marsquadrat) »verletzte« Sonne kann also auf der »Bühne Umwelt« projektiv als Problem im Umgang mit Autoritäten gedeutet werden, die man – im Falle des oben genannten Marsquadrates – in reflexartiger Konditionierung bekämpft. Dieses im Umgang mit der *Außenwelt* erlebte Phänomen ist aber nichts anderes als ein Zeichen dafür, daß der betreffende Horoskopeigner ein Problem mit seiner inneren Autorität hat, die er ständig bekämpft. Nur eine Rücknahme seiner Projektion und eine Wahrnehmung des Problemes als eines *eigenen* kann hier Entwicklung bringen. Solange der Betreffende nicht sieht, daß das im Umgang mit der Umwelt erlebte Problem mit der *eigenen Charakterstruktur* zu tun hat, ist kaum mit einer wirklichen Lösung zu rechnen.

Hier hat nun die Astrologie ganz entscheidende Hilfestellungen anzubieten. Denn der beratende Astrologe kann dem Hilfesuchenden anhand der objektiven Horoskopgrafik zeigen, daß das im Außen erlebte Problem in Wirklichkeit in der eigenen Persönlichkeit angelegt ist. Es wird so ganz deutlich, daß die Umwelt in der Tat nur eine Spiegelungsfunktion hat, die dem Horoskopeigner sein Inneres abbildet. Anhand der Grafik ist, wie in der Objektivität eines Röntgenbildes, die Thematik ablesbar. So kann der Klient, wenn er sich die Mühe macht, Astrologie selbst zu erlernen, auch noch feststellen, daß die Interpretation des Astrologen nicht dessen subjektive und persönlich gefärbte Meinung zu seinem Problem darstellt, sondern sich in der Horoskopkonstellation objektiv abbildet.

Dies ist letztlich ja auch der Grund, der die Astrologie in die Lage versetzt, prognostisch arbeiten zu können. Nämlich nach dem Motto: Du kannst nichts anderes erfahren, als dich selbst. Alle in dir wohnenden Persönlichkeitskomponenten (unter anderem repräsentiert durch die Planeten und ihre Aspektbezüge zueinander) treten quasi als Schauspieler auf der Bühne Umwelt in Erscheinung und bilden das innere Szenario ab.

So zeigt uns die Sonne (und ihre Aspekte) im Horoskop unsere innere Veranlagung, mit Autorität, Macht, Vitalität, Souvernität und spielerischem Selbstausdruck umzugehen, aber auch den Umgang mit Autoritäten im Außen.

Diese Erkenntnisse können entscheidend zur Entspannung zwischenmenschlicher Probleme beitragen, da ersichtlich wird, daß der Partner auf der Bühne Umwelt nicht mutwillig Probleme macht[77], sondern nur »Werkzeug« ist, welches innere Problematiken abbildet.

Daß diese Theorie wert ist, überprüft zu werden, zeigt auch die Lebenserfahrung, nach der sich bestimmte Konflikte mit verschiedenen Partnern immer wiederholen. Gerade im Themenkreis Beziehung kann beobachtet werden, daß man sich auf der Bühne

Beispielhoroskope

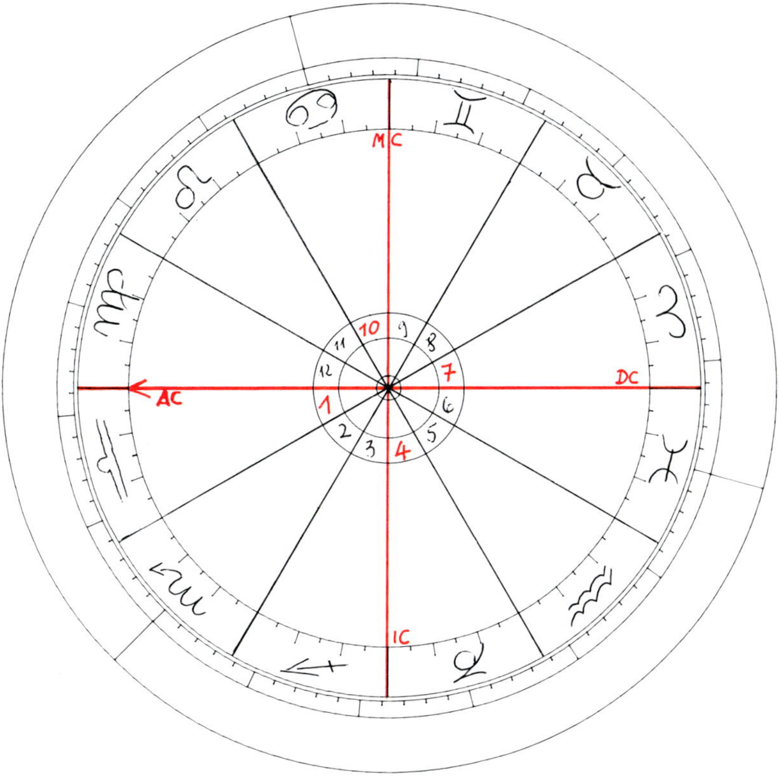
MC
AC
DC
IC
10
9
8
7
6
5
4
3
2
1
12
11

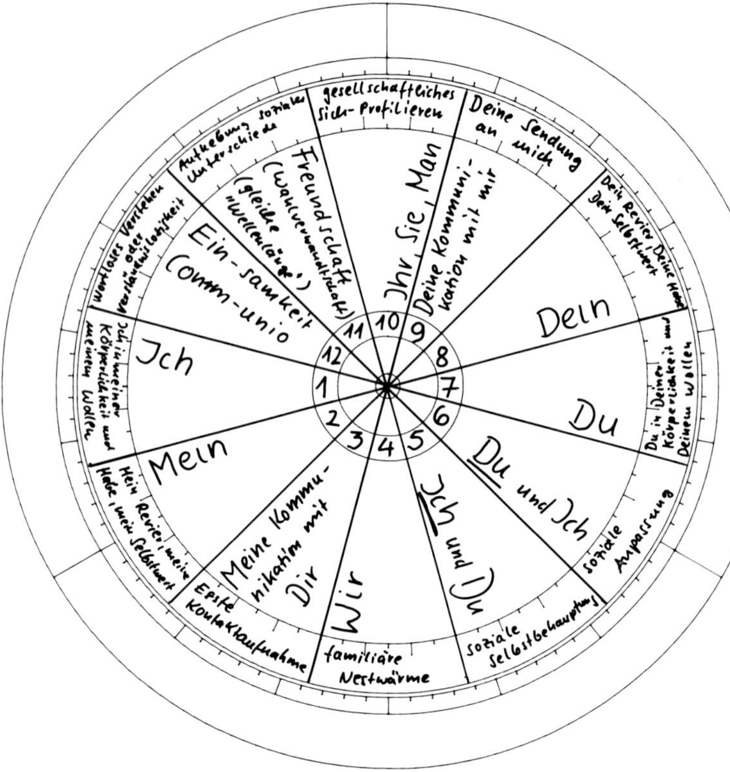

gesellschaftliches Sich-Profilieren
Deine Sendung an mich
Dein Revier, Deine Habe, Dein Selbstwert
Du in Deiner Körperlichkeit und Deinem Wollen
soziale Anpassung
soziale Selbstbehauptung
familiäre Nestwärme
Erste Kontaktaufnahme
Mein Revier, mein Habe, mein Selbstwert
Ich in meiner Körperlichkeit und meinem Wollen
wertloses Verleben oder Verständnislosigkeit
Aufhebung sozialer Unterschiede
Ihr, Sie, Man
Deine Kommunikation mit mir
Dein
Du
Du und Ich
Ich und Du
Wir
Meine Kommunikation mit Dir
Mein
Ich
Ein-samkeit (Comm-unio)
Freundschaft (Wahlverwandtschaft) (gleiche Wellenlänge)
1
2
3
4
5
6
7
8
9
10
11
12

♂ Herr X		Mi. 18.7.1928		UZ: 18: 00
Stuttgart	L: 9E10'	B: 48N46'	Plac.	WZ: 17: 00

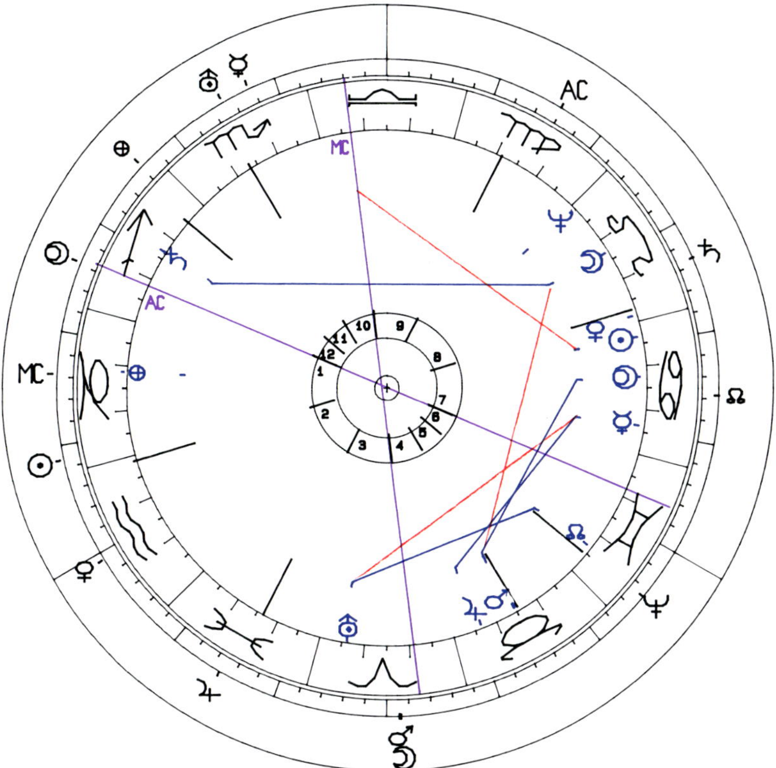

☉ Sonne	♋ 25° 48'	
☽ Mond	♌ 15° 48'	
☿ Merkur	♋ 6° 4'	
♀ Venus	♌ 0° 32'	
♂ Mars	♉ 15° 45'	
♃ Jupiter	♉ 7° 36'	
♄ Saturn	♐ 13° 10'R	
♅ Uranus	♈ 7° 23'R	
♆ Neptun	♌ 27° 42'	
♇ Pluto	♋ 16° 56'	
☊ Mondknoten	♊ 7° 4'R	
AC ♐ 21° 52'	2 ♒ 2° 5'	3 ♓ 17° 32'
MC ♎ 22° 5'	11 ♏ 16° 13'	12 ♐ 4° 56'

	☉	☽	☿	♀	♂	♃	♄	♅	♆	♇
☽										
☿										
♀	☌ 5									
♂		□ 0								
♃			✶ -2							
♄	⚼ 2	△ -3		⚼ -2						
♅			□ -1							
♆										
♇					✶ 1					
☊								✶ -0		
AC						⚼ 1				
MC	□ -4									

Fe	36	☽♀♄♅♆AC
Lu	7	☊MC
Wa	19	☉☿♇
Er	10	♂♃

♀ Frau x			Mo. 18. 5. 1942	UZ:	8: 00
Köln	L: 6E57'	B: 50N56'	Plac.	WZ:	6: 00

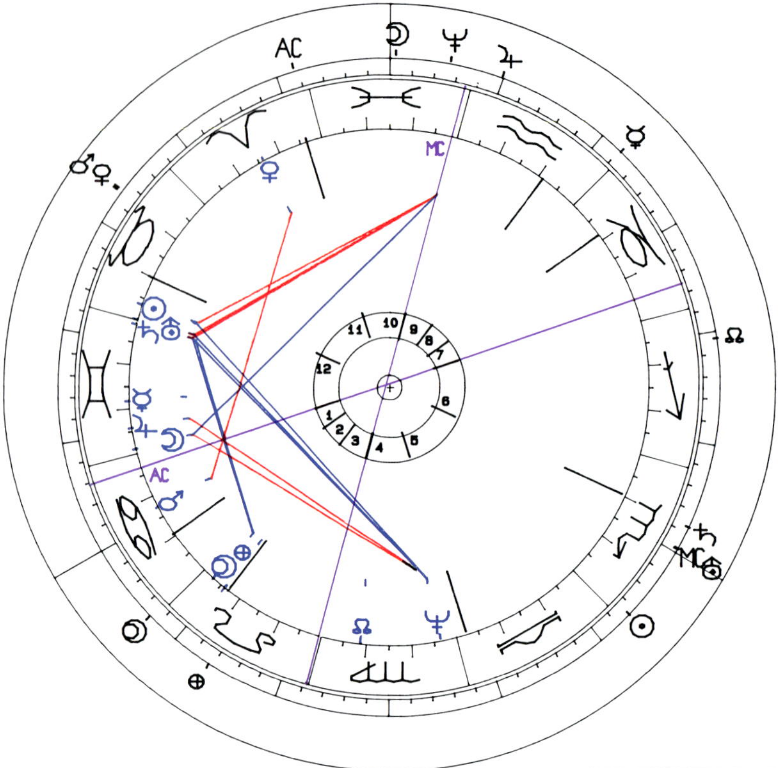

☉ Sonne	♉	26° 41'
☽ Mond	♊	29° 36'
☿ Merkur	♊	18° 44'
♀ Venus	♈	13° 22'
♂ Mars	♋	13° 28'
♃ Jupiter	♊	24° 52'
♄ Saturn	♊	1° 14'
♅ Uranus	♊	0° 12'
♆ Neptun	♍	27° 13'R
♇ Pluto	♌	3° 42'
☊ Mondknoten	♍	9° 35'R

AC ♋ 4° 4'	2 ♋ 20° 22'	3 ♌ 7° 51'
MC ♓ 0° 10'	11 ♈ 2° 59'	12 ♉ 20° 14'

	☉	☽	☿	♀	♂	♃	♄	♅	♆	♇
☽										
☿										
♀	∠ -2									
♂	∠ 2			□ 0						
♃		☌ 5								
♄	☌ 5									
♅	☌ 4			∠ 2	∠ -2		☌ 1			
♆	△ 1	□ -2				□ 2	△ -4	△ -3		
♇			∠ -0				✱ 2	✱ 3		
☊										
AC										
MC	□ -3	△ -1					□ 1	□ 0		

Fe	9	♀♇
Lu	27	☽☿♃♄♅
Wa	22	♂ AC MC
Er	14	☉♆☊

♀ Geliebte X		Di.29.4.1941		UZ: 7: 45
DÜsseldorf	L: 6E47'	B: 51N14'	Plac.	WZ: 5: 45

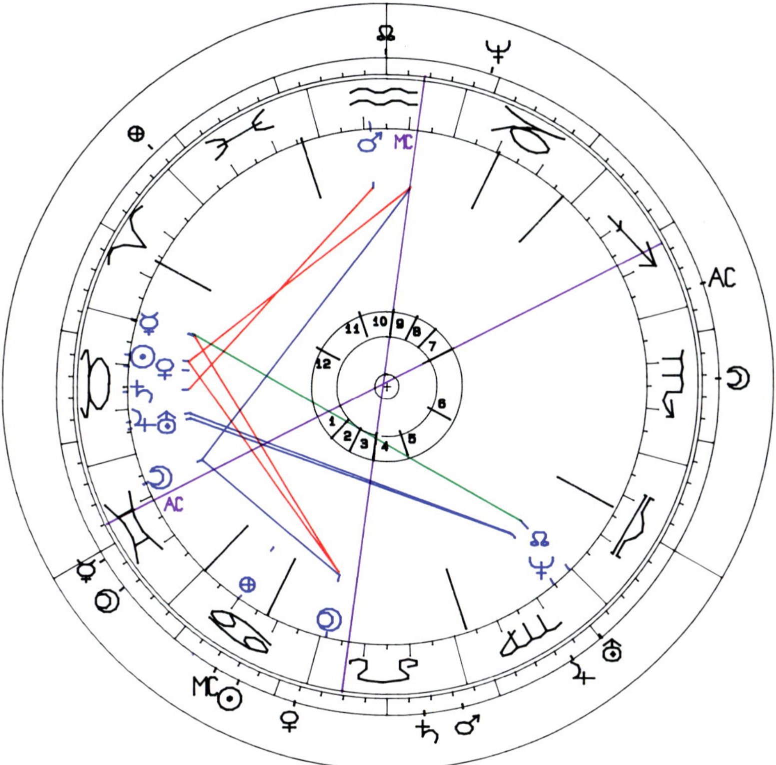

☉ Sonne	♉	8° 32'
☽ Mond	♊	7° 44'
☿ Merkur	♉	0° 35'
♀ Venus	♉	11° 8'
♂ Mars	♒	18° 27'
♃ Jupiter	♉	23° 36'
♄ Saturn	♉	16° 47'
♅ Uranus	♉	25° 9'
♆ Neptun	♍	25° 16'R
♇ Pluto	♌	2° 5'
☊ Mondknoten	♍	29° 55'R

AC ♊ 11° 55'	2 ♋ 1° 29'	3 ♋ 18° 28'
MC ♒ 7° 25'	11 ♓ 3° 36'	12 ♈ 16° 35'

	☉	☽	☿	♀	♂	♃	♄	♅	♆	♇	☊
☽											
☿											
♀	☌ 3										
♂											
♃											
♄					□ -2						
♅						☌ 2					
♆	⚼ 2			⚼ -1		△ 2		△ 0			
♇	□ -6	✶ -6	□ 1								
☊			⚻ -1								
AC											
MC	□ 1	△ 0									

Fe	4 ♇
Lu	30 ☽♂ACMC
Wa	0
Er	38 ☉☿♀♃♄♅♆☊

♀ Frau S.		Do. 1.6.1933		UZ: 23: 00
X	L: 12E 1'	B: 49N33'	Plac.	WZ: 22: 00

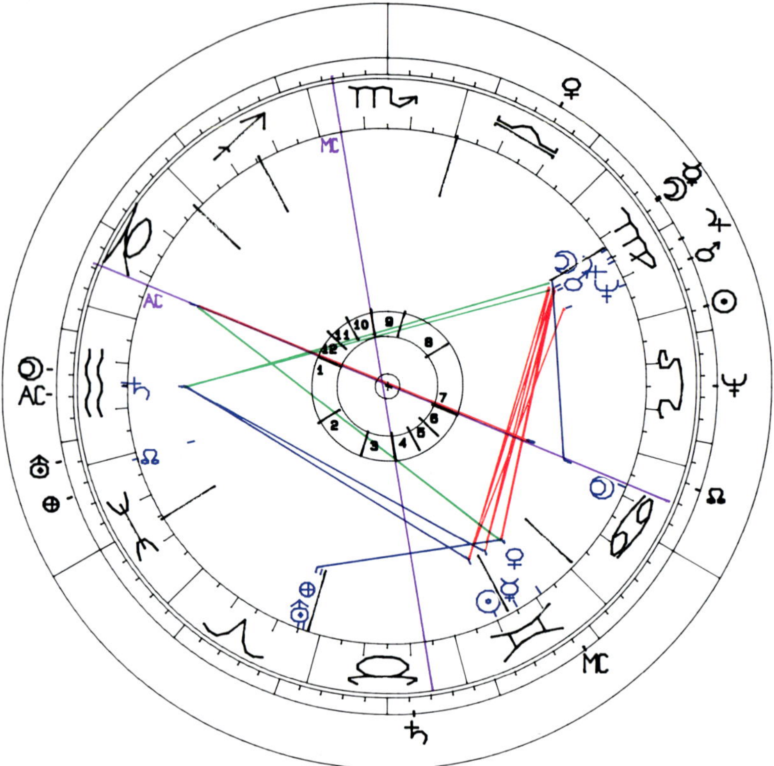

☉ Sonne	♊	10° 56'
☽ Mond	♍	15° 59'
☿ Merkur	♊	16° 3'
♀ Venus	♊	21° 54'
♂ Mars	♍	13° 6'
♃ Jupiter	♍	14° 3'
♄ Saturn	♒	16° 21' R
♅ Uranus	♈	25° 57'
♆ Neptun	♍	7° 27'
♇ Pluto	♋	21° 54'
☊ Mondknoten	♓	2° 52' R

AC ♉ 22° 32'	2 ♓ 16° 47'	3 ♈ 28° 18'
MC ♏ 24° 19'	11 ♐ 13° 40'	12 ♉ 1° 26'

	☉	☽	☿	♀	♂	♃	♄	♅	♆	♇
☽	□ 5									
☿	☌ 5	□ -0								
♀		□ -6								
♂	□ 2	☌ 3	□ -3							
♃	□ 3	☌ 2	□ -2		☌ 1					
♄	△ -5	⚻ 0	△ -0			⚻ 2				
♅	∠ -0			✶ -4	⚼ 2					
♆	□ -3									
♇		✶ -6							∠ 1	
☊										
AC				⚻ -1					⚼ 0	☍ -1
MC										

Fe	4 ♅
Lu	25 ☉☿♀♄
Wa	11 ♇☊MC
Er	32 ☽♂♃♆AC

♂ Herr S.		Sa. 28.2.1931		UZ: 22: 30
X	L: 12E 1'	B: 49N33'	Plac.	WZ: 21: 30

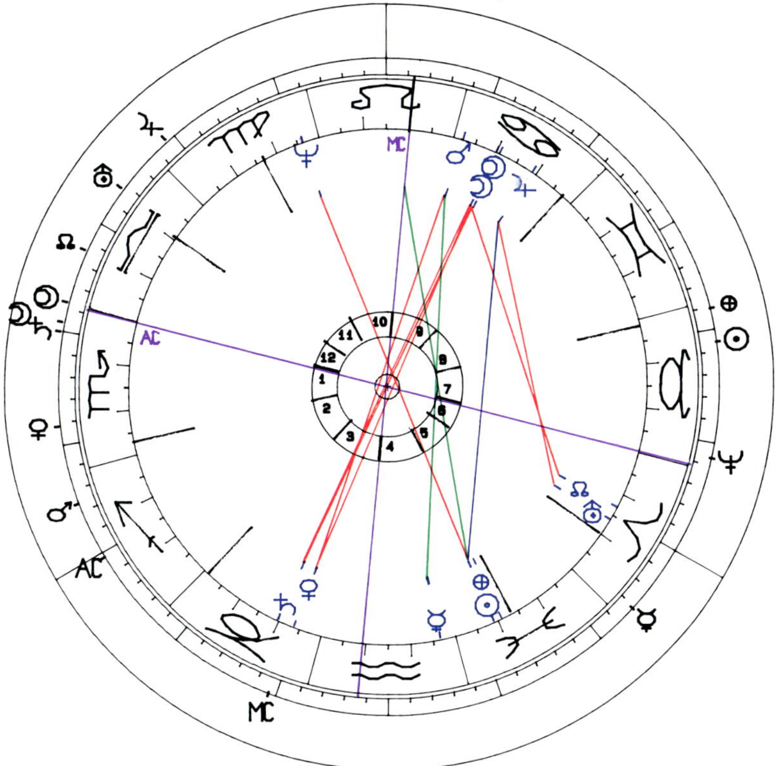

☉ Sonne	♓	9°21'
☽ Mond	♋	19°46'
☿ Merkur	♒	26°54'
♀ Venus	♑	24°21'
♂ Mars	♋	27°48'R
♃ Jupiter	♋	10°31'R
♄ Saturn	♑	20°12'
♅ Uranus	♈	13°22'
♆ Neptun	♍	4°16'R
♇ Pluto	♋	18°54'R
☊ Mondknoten	♈	16°30'R

AC ♏ 0°24'	2 ♏ 27°57'	3 ♑ 1°54'
MC ♌ 9°48'	11 ♍ 13°31'	12 ♎ 9°58'

	☉	☽	☿	♀	♂	♃	♄	♅	♆	♇
☽										
☿										
♀	∠ 0	☍ -5								
♂	⚼ 3		⚻ 1	☍ -3						
♃	△ 1		⚼ -1							
♄		☍ -0		☌ 4						
♅			∠ 1			□ -3				
♆	☍ -5	∠ -1					⚼ 1			
♇		☌ 1					☍ -1		∠ 0	
☊		□ 3								
AC										
MC	⚻ 0									

Fe	11 ♅☊MC
Lu	5 ☿
Wa	42 ☉☽♂♃♇AC
Er	14 ♀♄♆

♂ Homophiler		Fr.5.7.1957		UZ: 23: 12
München	L: 11E35'	B: 48N 8'	Plac.	WZ: 22: 12

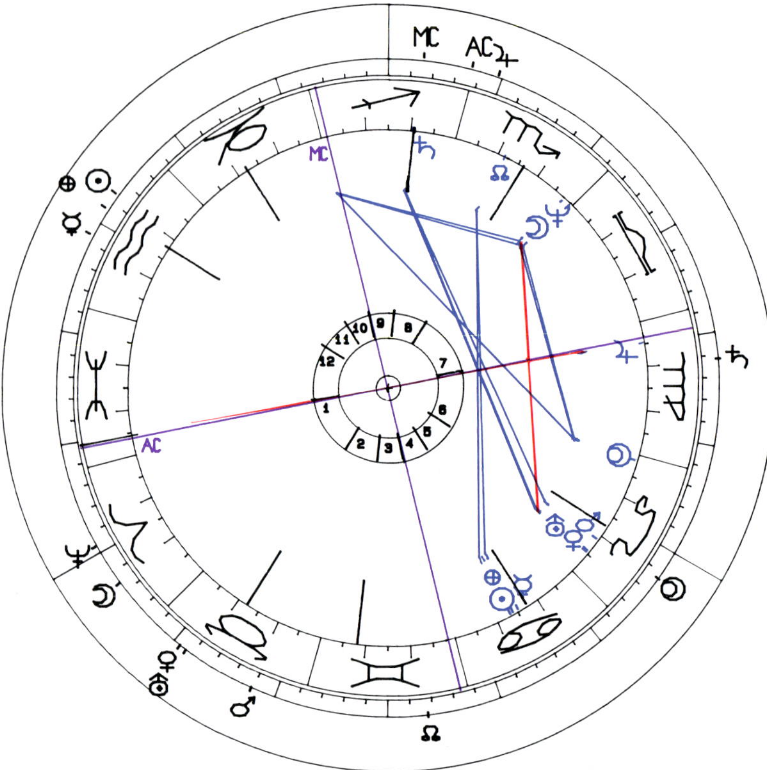

☉ Sonne	♋ 13° 36'	
☽ Mond	♏ 1° 43'	
☿ Merkur	♋ 15° 40'	
♀ Venus	♌ 5° 29'	
♂ Mars	♌ 9° 3'	
♃ Jupiter	♍ 25° 2'	
♄ Saturn	♐ 8° 43' R	
♅ Uranus	♌ 5° 48'	
♆ Neptun	♎ 29° 50' R	
♇ Pluto	♌ 28° 41'	
☊ Mondknoten	♏ 16° 52' R	
AC ♓ 26° 14'	2 ♉ 12° 51'	3 ♊ 8° 45'
MC ♐ 28° 22'	11 ♑ 17° 40'	12 ♒ 12° 22'

	☉	☽	☿	♀	♂	♃	♄	♅	♆	♇
☽										
☿	☌ 2									
♀		□ -4								
♂				☌ 4						
♃					∠ 1					
♄				△ 3	△ -0					
♅		□ -4		☌ 0	☌ 3		△ 3			
♆		☌ 2								
♇	∠ 0	✱ 3	∠ -2						✱ 1	
☊	△ 3		△ 1							
AC						☍ -1				
MC		✱ -3							✱ -1	△ -0

Fe	30 ♀♂♄♅♇MC
Lu	4 ♆
Wa	33 ☉☽☿☊AC
Er	5 ♃

♂ Johann Wolfgang von Goethe		Do. 28. 8. 1749		UZ: 12:00
Frankfurt am Main	L: 8E40'	B: 50N07'	Plac.	WZ: 11:25

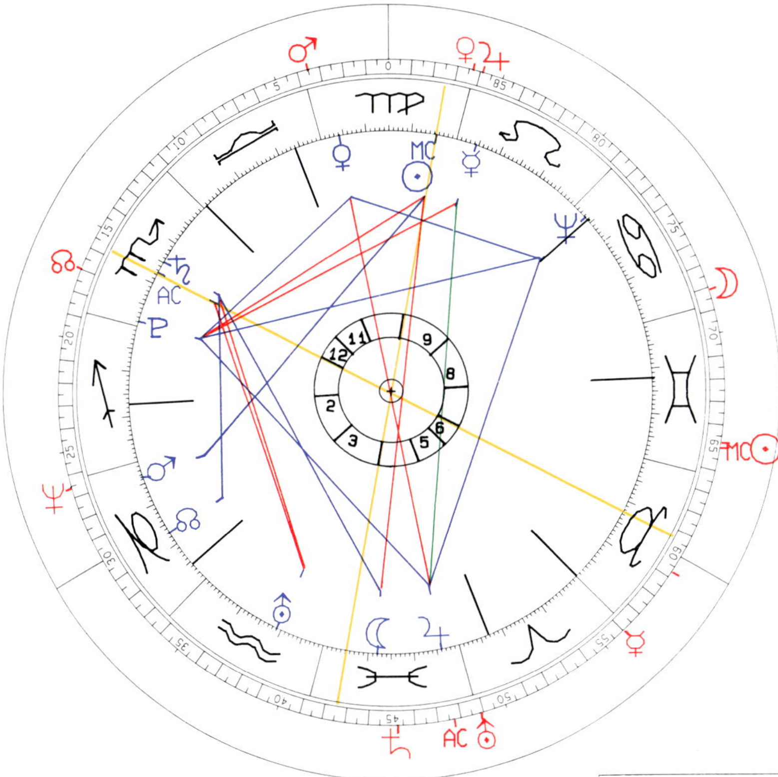

☉ Sonne	♍	5°10'12"
☽ Mond	♓	11°52'16"
☿ Merkur	♌	25°56'20"
♀ Venus	♍	26°24'44"
♂ Mars	♑	3°33' 7"
♃ Jupiter	♓	25°58' 8"r
♄ Saturn	♏	15°12'15"
♅ Uranus	♒	18°48'19"r
♆ Neptun	♋	26°35'59"
♇ Pluto	♏	29°10'59"
☊ Mondknoten	♑	16°56'49"r

AC: ♏ 17°38'16"	2: ♐ 17°38'	3: ♑ 25°40'
MC: ♍ 4°56'46"	11: ♎ 6°18'	12: ♎ 29°36'

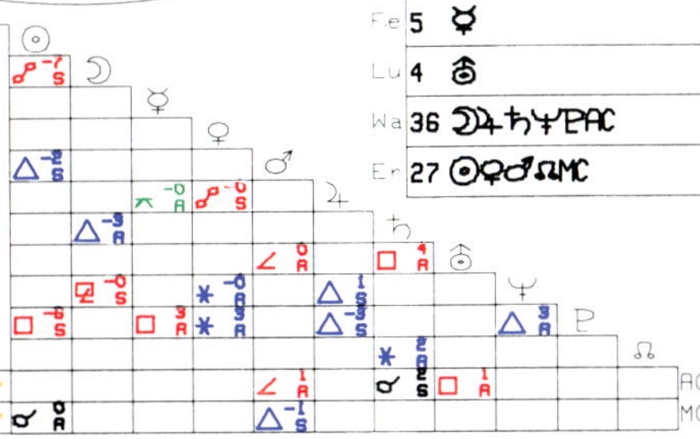

Fe	5	☿
Lu	4	♅
Wa	36	☽♃♄♆♇AC
Er	27	☉♀♂☊MC

ASPEKTVERGLEICH		GOETHE		v. STEIN
(SYNASTRY)				

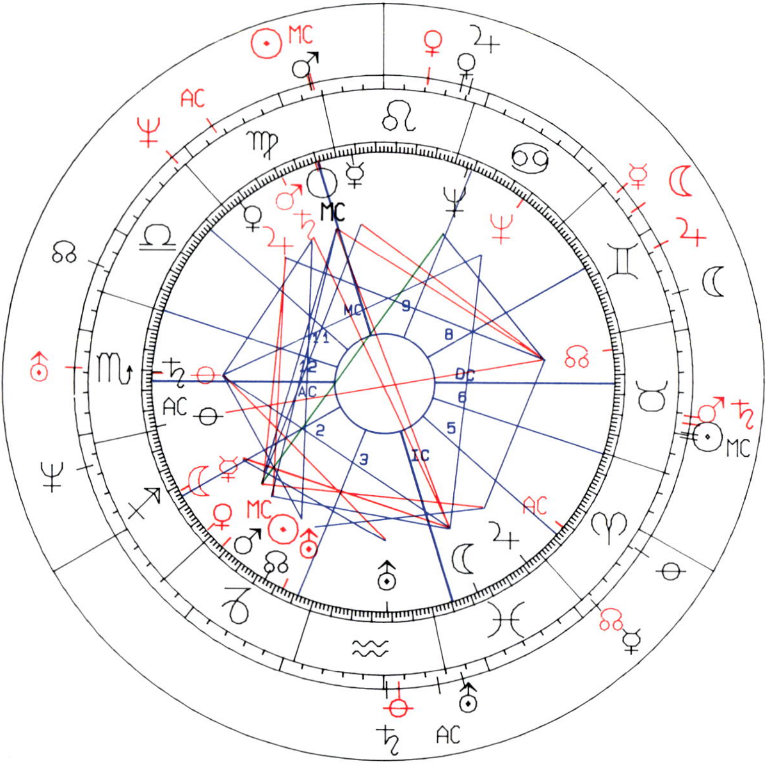

Synastry

		☉	☾	☿	♀	♂	♃	♄	♅	♆	⊕	☊	AC	MC	
☉	♑ 3 37	△				☌			∠				∠	△	♍ 5 11
☾	♐ 16 14								✱						♓ 11 52
☿	♐ 17 23								✱						♌ 25 57
♀	♐ 28 3			△	□		□								♍ 26 26
♂	♍ 5 56	☌				△								☌	♑ 3 33
♃	♍ 14 12		☍					✱							♓ 26r 1
♄	♍ 5r36	☌				△								☌	♏ 15 13
♅	♑ 21 54	⚼													♒ 18r48
♆	♋ 10r53		△	∠											♋ 26 36
⊕	♏ 15 44							☌				✱	☌		♏ 29 11
☊	♉ 26r 2			□	△		✱			✱					♑ 16r57
AC	♈ 8 32														♏ 17 38
MC	♑ 3 28	△				☌			∠					△	♍ 4 57

Radix:
Goethe Johann Wolfgang v.
28/8/1749, 12h0m
Frankfurt am Main, D
Radix:
v.Stein Charlotte (Goethe)
25/12/1742, 12h0m
Frankfurt am Main, D
Haeusersystem Placidus

2.♐ 17 38	3.♑ 25 40
11.♎ 6 18	12.♎ 29 36
2.♉ 21 39	3.♊ 15 2
11.♑ 22 33	12.♒ 18 38

ASPEKTVERGLEICH (SYNASTRY) | GOETHE | SCHÖNEMANN

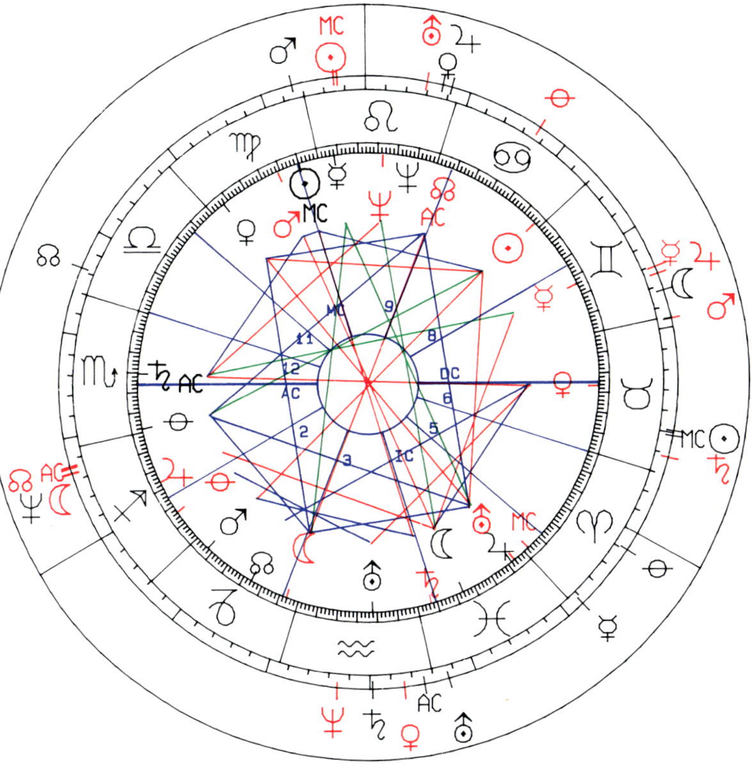

Synastry

		☉	☾	☿	♀	♂	♃	♄	♅	♆	⊕	☊	AC	MC	
☉	♋ 1 33	✱				☍		⚼					⚼	✱	♍ 5 11
☾	♑ 26 41		∠	⚻	△		✱			☍	✱				♓ 11 52
☿	♊ 13 2		□												♌ 25 57
♀	♉ 16 41							☍	□			△	☍		♍ 26 26
♂	♍ 10 32		☍							∠					♑ 3 33
♃	♐ 12r41		□							⚼					♓ 26r 1
♄	♓ 3r57	☍				✱								☍	♏ 15 13
♅	♓ 27 9				☍		☌			△					♒ 18r48
♆	♌ 13 32							□							♋ 26 36
⊕	♐ 21r30														♏ 29 11
☊	♋ 26r23		⚼		✱		△			☌					♑ 16r57
AC	♋ 26 27		⚼		✱		△			☌	△				♏ 17 38
MC	♈ 1 25					□		⚼			△		⚼		♍ 4 57

Radix:
Goethe Johann Wolfgang v.
28/8/1749, 12h0m
Frankfurt am Main, D
Radix:
Schoenemann Lili (Goethe)
23/6/1758, 6h0m
Frankfurt am Main, D
Haeusersystem Placidus

2.♐ 17 38	3.♑ 25 40
11.♎ 6 18	12.♎ 29 36
2.♌ 13 4	3.♍ 3 32
11.♉ 9 51	12.♊ 22 36

ASPEKTVERGLEICH		GOETHE		VULPIUS
(SYNASTRY)				

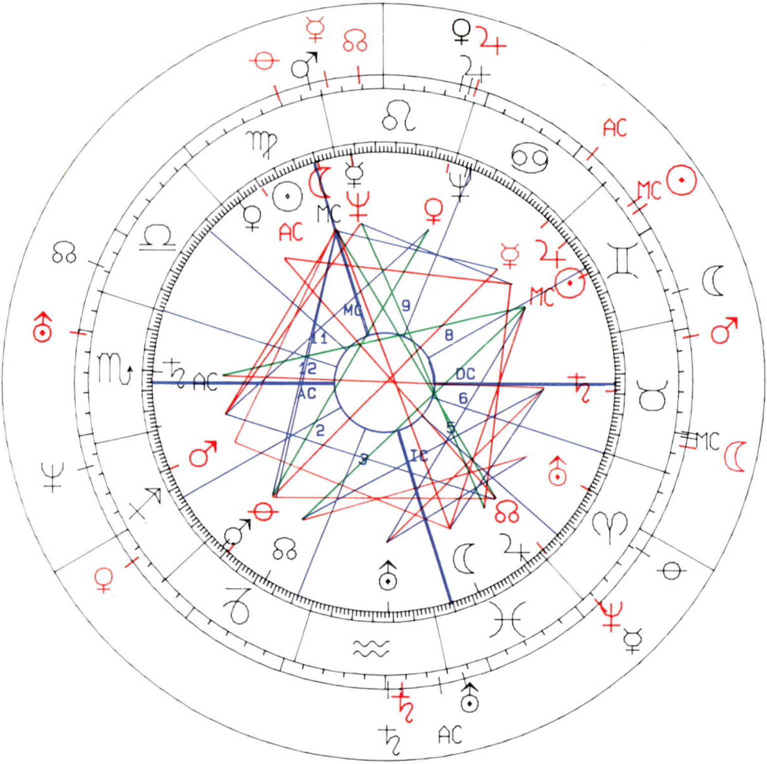

Synastry

		☉	☾	☿	♀	♂	♃	♄	♅	♆	⊕	☊	AC	MC	
☉	♊ 16 6		□					⚻	△			⚻	⚻		♍ 5 11
☾	♍ 4 32	☌				△								☌	♓ 11 52
☿	♋ 2r44	✱				☍			⚼				⚼	✱	♌ 25 57
♀	♌ 1 26										△				♍ 26 26
♂	♐ 9r43		□												♑ 3 33
♃	♊ 25 43			✱	□		□								♓ 26r 1
♄	♉ 15 47							☍				△	☍		♏ 15 13
♅	♈ 20 11	⚼							✱					⚼	♒ 18r48
♆	♌ 26 3			☌			⚻								♋ 26 36
⊕	♑ 5r 4	△				☌								△	♏ 29 11
☊	♈ 1r12					□		⚼			△		⚼		♑ 16r57
AC	♍ 19 29								⚻			△	✱		♏ 17 38
MC	♊ 16 30								△			⚻			♍ 4 57

Radix:
Goethe Johann Wolfgang v.
28/8/1749, 12h0m
Frankfurt am Main, D
Radix:
Vulpius Christiane (Goethe
6/6/1764, 12h0m
Frankfurt am Main, D
Haeusersystem Placidus

2.♐ 17 38	3.♑ 25 40
11.♎ 6 18	12.♎ 29 36
2.♎ 12 24	3.♏ 11 25
11.♋ 22 54	12.♌ 24 9

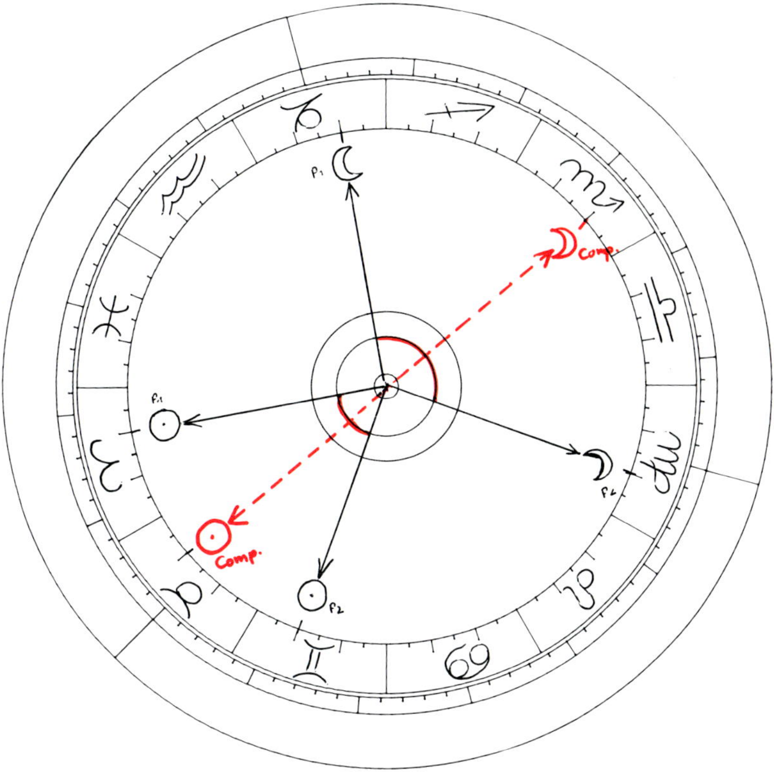
P1
P1
P2
P2
Comp.
Comp.

♂ Herr S.		Sa.28.2.1931	UZ: 22:30
x	L: 12E 1'	B: 49N33' Plac.	WZ: 21:30

COMPOSITE mit: ♀Frau S.
Do.1.6.1933 23:00
x

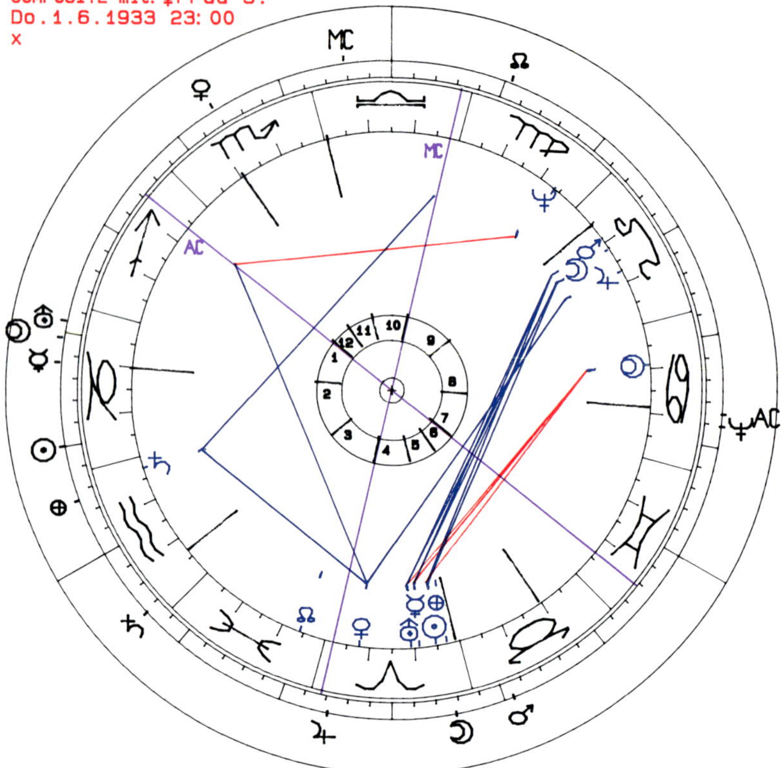

COMPOSITE-Bezugsort: X

☉ Sonne	♈	25° 9'
☽ Mond	♌	17° 53'
☿ Merkur	♈	21° 29'
♀ Venus	♈	8° 8'
♂ Mars	♌	20° 27'
♃ Jupiter	♌	12° 17'
♄ Saturn	♒	3° 16'
♅ Uranus	♈	19° 40'
♆ Neptun	♍	5° 52'
♇ Pluto	♋	20° 24'
☊ Mondknoten	♓	24° 41'

AC ♐ 6° 25'	2 ♑ 11° 2'	3 ♒ 24° 8'
MC ♎ 2° 4'	11 ♎ 29° 27'	12 ♏ 19° 43'

	☉	☽	☿	♀	♂	♃	♄	♅	♆	♇
☽	△ -7									
☿	☌ 4	△ -4								
♀										
♂	△ -5	☌ 3	△ -1							
♃		☌ 6		△ 4						
♄				✱ 5						
♅	☌ 5	△ -2	☌ 2		△ 1					
♆			⚼ -1					⚼ 1		
♇	□ -5		□ -1					□ 1	∠ 0	
☊										
AC			⚼ 0	△ 2					□ 1	
MC		∠ -1					△ 1			

Fe	52 ☉☽☿♀♂♃♅AC
Lu	12 ♄MC
Wa	4 ♇☊
Er	4 ♆

Umwelt immer wieder Menschen als Partner auswählt, die einem ein ganz spezifisches Problem *(nämlich das eigene!)* vorsetzen. Spätestens dann, wenn derselbe Problemkreis nun schon mit dem vierten Partner auftaucht, sollte man sich überlegen, daß das wohl nichts mit der Bösartigkeit der Umwelt bzw. der konkreten Partner zu tun hat, sondern einzusehen beginnen, daß der andere hier nur Hilfsmittel zur Selbsterkenntnis ist.

Wenn dies geschieht, endet der unsinnige Versuch von Schuldzuweisungen an die Umwelt, und ein eigener Entwicklungsprozess kann beginnen.

☽ *Mond*

So, wie die Sonne mehr das Thema aktiver Selbstverwirklichung verkörpert, stellt der Mond im Horoskop die Erwartungshaltung an das Leben dar. Wollte man ihn mit Klischeebildern illustrieren, so könnte man daran denken, daß der Mond die großen Augen eines Kindes beschreibt, die möchten, daß man sich um es kümmert, mit ihm spielt, sich Zuwendung ausstrahlend mit ihm auseinandersetzt. Er gibt auch die hoffnungsfrohe Erwartungshaltung der Hausfrau wieder vom heimkehrenden Mann »ausgeführt« oder »verwöhnt« zu werden. Mond umschreibt archetypisch das Bedürfnis: Bitte mach' etwas mit mir. Er ist das Symbol für den Sympathiewunsch und den Wunsch nach Zuwendung. Wenn die Sonne zeigt, wie man sich tatsächlich aktiv verwirklicht, so verkörpert der Mond mehr den inneren Wunsch, wie das Leben erlebt werden möchte.

An der Mondposition im Horoskop kann man aber nicht nur diese seelische Veranlagung ablesen, sondern – für Partnerschaften oft von großer Bedeutung – die Einstellung des Horoskopeigners zu »Nestbau« und Familie. Die Beziehung zu Mutterschaft, auch das Verhältnis zur konkreten Mutter, zu Kindern und dem gesamten häuslichen Wirkungskreis wird vorrangig durch den Mond bestimmt. Darüber hinaus symbolisiert der Mond die »anima«, die weiblich-nächtliche Stille der Persönlichkeit, die zwar nach außen hin nicht so augenfällig in Erscheinung tritt (wie etwa das Sonnenzeichen), aber dennoch den lebenswichtigen »Background« der Persönlichkeit bezeichnet. Er beschreibt die Art und Weise, wie sich der Horoskopeigner seine Häuslichkeit vorstellt, wo und wie er sich sein Zuhause wünscht.

Wenn wir das über Projektion und Identifikation bei der Sonne Gesagte auch hier anwenden, so bildet der Mond auf der Bühne Umwelt das Urweibliche ab. Weiblichkeit mit dem besonderen Akzent auf dem mütterlichen Pflegen und Umsorgen und dem Bedürfnis, am Leben des anderen zu partizipieren. Bezugspersonen, die diese Eigenschaften stark verkörpern, eignen sich also als Projektionsflächen für die eigene »Mondveranlagung« besonders gut. So kann man recht gut am Verhältnis zur Mutter oder mütterlichen Bezugspersonen das Verhältnis zur eigenen Weiblichkeit ablesen, oder vice versa an der Mondstellung im eigenen Horoskop (also der eigenen Persönlichkeitsstruktur!) den konkreten Muttertypus draußen oder zumindest die Art, wie er durch den Filter der eigenen Einstellung erlebt wird ablesen.[78]

Nicht zuletzt kann der Mond auch beschrieben werden als das »Lebensklima«, welches der Horoskopeigner empfindet und welches sein (solares) Verhalten entscheidend mitbestimmt.

Hierzu nachfolgend einige Beispiele der Mondstellungen in den Zeichen:

Mond in Widder steht beispielhaft für das Klima des Lebenskampfes, für das Gefühl, sich leistend beweisen zu müssen. Mit dieser Position erlebt man im engeren Sinne das familiäre Umfeld, genereller betrachtet auch die gesamte Umwelt, als »Reizklima«. Konfrontation mit Rivalität, Kampf ums Überleben, Faustrecht sind Stichworte, mit denen sich der emotionale Background des Widdermondes beschreiben läßt. Die seelische Dimension, die die Mondposition beschreibt, wird zwar unmittelbar nach außen nicht sichtbar, färbt aber doch die Verhaltensweise (Sonne) mit. So kann etwa bei dem aggressiven Lebensklima des Widdermondes eine Krebssonne verschüchtert wirken, eine Löwesonne dagegen in Brüll- oder Drohgebärden verfallen. Das Verhalten bezieht sich also in seiner für das Sonnenzeichen typischen Art auf die vom Mond bestimmte Gemütslage.

Mond in Stier erfährt das Leben aus der Facette der Wichtigkeit des Zusammenhalts von Gruppen. Hier ist das seelische Grundbedürfnis nach Schutz inmitten des eigenen Rudels vorrangig. Im Gegensatz zum Widdermond, dem das Gefühl eigen ist, auf sich allein gestellt zu sein, und sich gegen alle bewähren zu müssen, erlebt Mond im Stier den Zusammenhalt in der Gruppe nach dem Motto: »Gemeinsam sind wir stark« (alleine dagegen ausgesetzt und schwach) als Leitmotiv. Die seelische Symbiose ist als Wunsch so groß, daß der Fortgang eines Gruppenmitgliedes (besonders eines Blutsverwandten) sich anfühlt, als wäre eigene Substanz verloren gegangen.

Mond in Zwillinge gewinnt aus seiner Sichtweise des Lebens den Eindruck, daß Klugheit, Zweckmäßigkeit und Information besonders lebenswichtig sind. »Kenntnis schafft Macht« ist das bestimmende Lebensklima. Familiäre Beziehungen werden als locker, die Mutter als emsig bewegliche »Biene« erlebt, welche keine enge und ausschließliche Beziehung zuläßt, sondern nur als eine von vielen. Das Umfeld wird oft als intellektuell überlegen erlebt, so daß ein Leitmotiv lautet: »Wer im Leben Erfolg haben will, muß viel »auf Achse sein« und sich kundig machen.

Mond in Krebs erlebt die zwischenmenschliche Gefühlsbeziehung als Existenznotwendigkeit. Das Klima der Geborgenheit in familiärer Nähe zu anderen, die Sicherheit eines Zuhauses, sind hier die Garanten, überleben zu können. Es muß nicht die ungebrochene Kontinuität im Zusammenleben dasein, wie bei dem Stier-Mond, aber doch die Verläßlichkeit einer periodischen Wiederkehr des Partners. Der Blickwinkel, aus dem der Krebs-Mond die Existenz wahrnimmt, ist der Wunsch nach Partizipation am Leben des anderen, ein Bedürfnis, sich über den Partner (oder das Kind) zu verwirklichen. So wie das Eiweiß dem Dotter Nahrung anbietet, so verzehrt sich das Lunare, archetypisch Mütterliche in der Ernährung und Förderung des Mitmenschen, an dessen Erfolg es dann als Lohn für das eigene Opfer teilhaben möchte.

Mond in Löwe sieht sich selbst gerne als Nabel der Welt, bezieht die Geschehnisse der Umwelt wie selbstverständlich auf sich und schöpft aus diesem Geltungsanspruch Kraft. Ein Lebensklima von stattlichem Selbstwertgefühl, welches bei Schicksalsschlägen die Ursache selten in eigenem Verhalten suchen würde, sondern eher das Gefühl entwickeln würde, bei Gott in Ungnade gefallen zu sein. Wer anders hätte sonst die Macht, den zu tangieren, der »von Gottes Gnaden« ist.

Mond in Jungfrau stammt aus einer Wissenschaftler- oder Beamtenfamilie und ist deshalb geprägt von der Einstellung, daß vorsichtiger Skeptizismus die besten Überlebenschancen bietet. Absicherungsmentalität, Vernunftanpassung und planvolles Vorgehen bieten zwar ein recht nüchternes, aber dadurch garantiert harmloseres Lebensklima. Wahrnehmung wird selektiert nach den Kriterien der Verwendbarkeit, Hygiene und Sicherheit.

Mond in Waage sieht in der Ergänzung und im Ausgleich von Gegensätzen das Wesentliche. Er sehnt sich nach dem »immerwährenden Frieden«, nach Dauer-Erotik, die nicht durch Alltag oder Fortpflanzung tangiert wird. Lieber blaublütig-dekadenter Ästhetizismus und lauwarm-diplomatischer Umgang, als derbe Auseinandersetzung oder gar Streit. Zerbrechende Partnerschaften hinterlassen ein tiefes Sinnlosigkeitsgefühl; das Klima des Werbens und Umworben-Werdens dagegen schafft Hoffnung und Geborgenheit. Daher oft die Weigerung, sich das Scheitern einer Beziehung einzugestehen, und ein manischer Versuch, Harmonien zu erhalten, und sei es durch Beschönigung unhaltbarer Situationen nach dem Motto: »Man muß immer auch das Positive sehen.«

Mond in Skorpion verkörpert oft die Geburtserinnerung des Aus-dem-Mutterleib-Ausgetrieben-Werdens und beinhaltet so im späteren Leben das Gefühl, im Stich gelassen oder fallengelassen zu werden. Daraus resultiert häufig ein symbiotischer Klammerreflex, ein eifersüchtiges Festhalten am anderen, was gerade das heraufbeschwört, was befürchtet wird, nämlich, daß der Partner sich von diesem absoluten Zugriff freimachen möchte. So wird durch diese Mondposition das Gefühl schmerzlichen Abschieds repräsentiert, aber auch die Paradoxie der Lust am Schmerz. Das Gefühlsklima wechselt zwischen himmelhoch-jauchzend und zu Tode betrübt.

Mond in Schütze sehnt sich nach dem Lebensklima des »Duftes der großen weiten Welt«, möchte dazugehören zu der Welt der Leichtlebigkeit und der »Positivdenker«. Barock-pathetisch schwellen die Gefühle, sind »breit« im Ausdruck und schießen gerne etwas übers Ziel hinaus. Auf unerlöster Ebene: kitschige Religiosität und »Kaffeekränzchenesoterik«; erlöst: religiöse Toleranz und entflammtes Vertrauen in die Schöpfung.

Mond in Steinbock sieht das Leben durch die Brille von Angst, Arbeit und Verantwortung. Das früh (eventuell durch den vorzeitigen Tod eines Elternteils) in die Pflicht genommene Kind, dem unter dem Eindruck des Ernstes des Lebens spielerische Kindlichkeit abhanden gekommen ist und das sich fortan durch strenge Pflichterfüllung Liebe verdienen möchte. Ein karges, nach außen hart wirkendes Gefühlsleben, in dem weicher Kern geschützt wird. Eine Seele im Korsett der Verpflichtungen, wie durch Kältespray anästhetisiert, nur langsam sich unter Schmerzen erwärmend, um dann ein Leben lang Treue zu halten.

Mond in Wassermann ist die Seele im gläsernen- oder »Elfenbeinturm«, die sich durch Flucht ins Surreale der Berührung entzieht. Eine Seele im Faschingskostüm, die – obwohl verkleidet – sich dem kundigen Auge gerade durch die Art ihrer Verkleidung verrät. Seelenbilder wie der Embryo in der metallisch schimmernden Raumkapsel in Stanley Kubricks Werk *2001,* oder das ungeborgene Kleinkind im Zigeunerwagen der Eltern auf der Flucht vor staatlichen Häschern. Gläsern, ein wenig spröde, auf der Flucht vor der Verbindlichkeit von Gefühlen das ist Mond im Wassermann; sprunghaft und unbeständig, nervös-irritiert und zerbrechlich. Leben wird als ebenso unberechenbar empfunden wie die eigenen Stimmungen; ein verlassenes Vogelnest fordert dazu auf, die Angst zu überwinden und zum ersten Flug abzuspringen.

Mond in Fische ist die Mimose unter den Gefühlslagen. Chaotische, nicht definierbare Gefühle, die wassermelonenartig den Geruch der Umwelt annehmen. Von Atmosphäre geprägt, ohne abgrenzbares Eigenes: »Ich bin in allem, alles ist in mir«. Ein schillerndes Chamäleon der Stimmungen, welches sich selbst in der Welt verliert, wie ein Tropfen im Ozean. Was ist Traum, was ist Wirklichkeit, was Phantasie, was Illusion? Fragen, die sich mit dieser Mondposition kaum lösen lassen. Eine Elfe in der rauhen Wirklichkeit, eine Nymphe, die die Brandung des Lebens an Land geworfen hat. Nach nonverbaler Kommunikation, nach schweigender Kommunion sich sehnend, oder in Unverstandenheit verwundet – einsam leidend.

☿ *Merkur*

Merkur zeigt uns im Horoskop die intellektuelle Veranlagung, aber auch die Art und Weise wie der Betreffende kommunziert.

Wir können an ihm ablesen, wo (Haus) und wie (Tierkreiszeichen) der Horoskopeigner den Austausch mit anderen Menschen sucht, ob er in seiner Kommunikationsfähigkeit gestört oder talentiert ist (Aspekte). Neben dem von ihm beherrschten 3. Haus können wir besonders an der Merkurposition im Horoskop ablesen, wie der Betreffende die ersten Schritte zur Kontaktaufnahme gestalten wird, ob er ein eher unterhaltsamer oder zurückhaltend schweigsamer Mensch sein wird. Merkur symbolisiert in der Beziehung das, was beim Auto die Kupplung tut. Er schafft Verbindung zwischen den Kräften der Partner, zeigt somit auch, wie jemand »einkuppelt«. Es gibt Menschen, die beim Autofahren die Kupplung sehr ruckartig kommen lassen und auch andere, die sie – aus Angst vor einer festen Verbindung – zu lange schleifen lassen. Beides wirkt auch bei »Verkuppelungsbemühungen« in einer Beziehung recht verschleißträchtig.

Die ganze Bandbreite des Einkuppelns ist an der Merkurposition ablesbar. Sie reicht vom »Kavaliersstart« mit rauchender Kupplung und Reifen (*Merkur in Widder* sucht sein Heil im martialischen Überrennen des Partners) bis hin zur sehnsüchtigen Hoffnung, daß die andere Kupplungsscheibe von selbst Kontakt aufnimmt und »glitschigem« Ausweichen bei direktem Kontaktieren *(Merkur in Fische).* Wenn wir bei *Merkur in Stier* an bodenständig-kernigen Zugriff oder orale Vereinnahmung denken, bei *Merkur in Zwillinge* an den oberflächlich-interessanten Neuigkeitenplausch oder Geschäfts-talk als Verkupplungsbeginn, bei *Merkur in Krebs* an Magnetismus ausstrahlendes Zurückweichen mit scheuem »Lady-Di-Blick«[79] oder bei *Merkur in Löwe* an »Repräsentationsbalzen«, so müssen wir uns, wie bei allen anderen Merkurpositionen, natürlich darüber im klaren sein, daß ein Horoskopbaustein alleine noch keine abschließende Beurteilung zuläßt, sondern viele andere Komponenten für ein ganzheitliches Bild vonnöten sind. So können wir die hier angedeuteten Charakteristika nur als Einzelfarben, die der Farbmischung beigegeben werden, verstehen.

Dabei kann Merkur im Jungfrauzeichen ein Hinweis auf »sachlich-wissenschaftliche« Annäherung sein oder ein besorgt-dienendes »Einkuppeln«, während *Merkur in Waage* ein Indiz für charmant-verführerisches »Schleifen-Lassen« der Kupplung wäre, die sich alle Optionen warmhalten möchte. *In Skorpion* spielt Anzügliches (oder auch Auszügliches) und Magisch-Suggestives bei klebriger Kupplung eine besondere Rolle, während *Merkur in Schütze* die Automatikkupplung bevorzugt, bei der sich Kontakte im gesellschaftlichen Geschehen der dynamic-and-young Yet-Setters wie von selbst ergeben. *In Steinbock* könnte die vornehm-kühle Distanz eine Annäherung der Kupplungsscheiben ganz verhindern, wenn man sie nicht aus Prinzip hie und da kommen lassen müßte, was dann freilich oft etwas hart einrastet. Einmal eingerastet wird die Kupplung dann nur noch ungern freigegeben. Dann droht die Gefahr, daß die Beziehung bis zum bitteren Ende im ersten Gang gefahren werden muß. *Merkur in Wassermann* kuppelt plötzlich und unberechenbar ein und aus und vermittelt der Kontaktaufnahme etwas Sprunghaftes. Nur jemand, der wie eine gute Schweizer Ralley-Uhr »shockproofed« ist, übersteht solche Kontaktaufnahmen. Daher zieht es der *Fischemerkur*, wie erwähnt, vor, von sich annähernden Kupplungsscheiben nur noch zu träumen oder sich gefährlich nähernden auszuweichen.

♀ *Venus*

Die Venus ist ein Symbol für die Gegensatzanziehung und den erotischen Magnetismus. Sie zeigt durch ihre Stellung im Tierkreiszeichen an, welcher Partnertypus besonders magnetisch wirkt.[80] Dabei spielen – venustypisch – die sinnliche Ausstrahlung und oft äußerliche, ästhetische Gesichtspunkte eine vorrangige Rolle. Venus zeigt aber nicht nur an, was am anderen anziehend ist, sondern ebenso, wodurch man auf den anderen verführerisch und anziehend wirken möchte. Dazu auch hier nur einige kurze Hinweise, die Ihre Eigeninterpretation anregen mögen.[81]

So mag bei einer *Venus in Widder* die energisch-aktive, tatkräftige Art des Partners ebenso anziehend wirken, wie ein sportlich durchtrainierter, muskulöser Körperbau oder ein ehrlicher und direkter Blick.[82] Das venusische Ergänzungsbedürfnis ist damit gleichzeitig auch ein Hinweis darauf, daß man selbst so sein möchte.[83]

Eine *Venus in Stier* weist auf eine Zuneigung zu sinnlich-vitalen, urig-naiven, handfesten Partnern hin, deren Körperbau fest-modelliert und ein wenig »barock« sein mag und mit warm-sanftem »Kuhblick« über dem Schmollmund Treue garantiert. Die ruhige, gemütliche Lebensart eines anderen, und seine bodenständigen traditionellen Ansichten können hier seine Anziehung ausmachen.

Die *Venus in Zwillinge* deutet darauf hin, daß man sich zu Menschen, die eine heiter-bewegliche Ausstrahlung haben und von schlanken, fast knabenhaftem Wuchs sind, besonders angezogen fühlt. Hier mag die kameradschaftlich neutrale Art des anderen, sein geradezu geschwisterlicher Umgang in der Partnerschaft anziehend wirken oder auch seine geistige Beweglichkeit, Kontaktfreude und Vielseitigkeit der Interessen das ausschlaggebende Moment für die Anziehung sein.

Die *Venus in Krebs* ist ein Indiz für ein Zugehörigkeitsempfinden Menschen gegenüber, welche Geborgenheit und Fürsorge ausstrahlen, sich zurückhaltend und verschämt geben, und sich durch einen weiblich-weichen Körperbau auszeichnen. Die Attraktion ist hier durch die Empfänglichkeit und Anhänglichkeit des anderen, seine Fähigkeit sich emotional auf den Partner einzustellen und durch seine Gefühlstiefe gegeben.

In *Löwe weist die Venus* auf ein besonderes Interesse an selbstbewußten, sich durch Kreativität auszeichnenden, sportlich wirkenden Persönlichkeiten hin. Die souveräne Ausstrahlung des anderen, eine warme und herzliche Umgangsform und verspielte Unkompliziertheit sind hier die attraktiven Merkmale des Wunschpartners. Vielleicht ist es auch das selbstverständliche, fast kindlich anmutende Repräsentationsverhalten des löwehaften »Sonnenkindes«, was anziehend macht.

Die Jungfrauvenus zeigt eine Vorliebe für einen feingliedrigen Intellektuellenhabitus an, der seine Ängstlichkeit hinter wissenschaftlicher Vorsicht verbirgt. In der Körperlichkeit zeigt sich hier die Feingliedrigkeit, das Differenzierungsvermögen dieses Zeichens, an den Gelenken und Extremitäten, und die Ängstlichkeit in den scheuen Rehaugen oder dem prüfenden Blick des Skeptikers. Anziehend mag bei dieser Venusposition am anderen auch dessen vornehme Zurückhaltung, seine Belesenheit und sachliche Skepsis sein, sein feines Benehmen oder sein spröde-intellektueller Charme.

Wenn die *Venus in Waage* steht, wirken Menschen auf uns anziehend, die es verstehen, sich mit herbstlich-kühlem Charme verführerisch zu geben, und durch ausgewogene Geistigkeit und kulturelle Interessen zu bestechen. Es könnte auch die Gabe sein, sich selbst und die Umgebung (z. B. Wohnung) durch besonderes Stilempfinden zu verschönern, oder die diplomatische Eleganz in den Umgangsformen, die hier besonders anziehend wirkt. Auch die tänzerische Art, sich zu bewegen, oder ein Hauch blaublütiger Dekadenz kann hier betören.

In Skorpion deutet die Venus auf eine Hingezogenheit zu Menschen, deren Merkmal ihre ausschließliche und absolute Ausstrahlung ist, die keine Kompromisse zuläßt. Oft ist eine untergründig fühlbare sexuelle Komponente das Magnetische am anderen. Verdeckte Leidenschaft, die Hörigkeit erahnen läßt, und magische oder hexenhafte Ausstrahlung wirken hier ebenso attraktiv wie mönchische (nonnenhafte) Selbstbeherrschung und Askese.

Eine *Schützevenus* sucht den »Mann (oder die Frau) von Welt«, den weitgereisten und weitsichtigen Partner mit einer »No-Problem-Mentalität«. Die Großzügigkeit und der Humor des anderen wirken hier besonders attraktiv, vielleicht auch sein globaler Überblick oder seine religiösen Interessen. Der körperliche wie geistige »Zehnkämpfertypus«, oder der Typus des lebensbejahenden Gurus, der aus seinem spirituellen Supermarkt für jede Lebenslage Hinweise hat, ist hier der Traumpartner. Geistige wie körperliche Dynamik, und die Fähigkeit, Arbeit an andere delegieren zu können, machen hier attraktiv.

Die *Venus in Steinbock* wird erst langsam und mit wenigen Menschen warm. Hier wird nach harten Kriterien ausgewählt und so bleibt oft nur der ernsthafte, Treue und Kontinuität versprechende Partner in der engeren Wahl. Der andere wird nach gesellschaftlichen und formellen Gesichtspunkten erwählt; das »Format« des Menschen, seine Reife und Lebenserfahrung machen ihn attraktiv. Der Wunsch nach Sicherheit in der Beziehung sucht nach einem zuverlässigen Partner mit der Verlässigkeit eines Uhrwerks. Oft ziehen große, hagere, im Bindegewebe feste, und sehnige Partner mit schlanken Fesseln und im seelischen Bereich tiefgründig-ernst wirkende Partner an.

Die Position der *Venus in Wassermann* läßt den Schluß zu, daß sich der Betreffende zu Menschen hingezogen fühlt, die durch ihre Freigeistigkeit und Eigenwilligkeit bestechen. Die Suche nach dem bunten Hund, die Sehnsucht nach einer nonkonformen Persönlichkeit, wird hier deutlich. Menschen, von denen man spürt, daß die Beziehung mit ihnen ein Abenteuer sein wird, die sich jeder rationalen Kalkulation entziehen, wirken hier besonders attraktiv. Hier möchte man mit dem Partner experimentieren, aus vorgegebenen Rahmen herausspringen und neue Formen von Beziehungen entdecken, und sucht sich Partner, die dies durch ihre Lebensweise, kulturellen oder ethnischen Background oder auch nur durch ihre Ausstrahlung signalisieren.

Wenn die *Venus im Fischezeichen* steht, ist der romantische und durch Alltagsrealität nicht entheiligbare Partner das Ideal. Daher verliebt man sich am besten in Unerreichbare, die man als verklärtes Traumbild behalten kann, weil so die Realität nichts zu zerstören vermag. Oder man wählt zumindest solche Partner, die durch ihren Beruf oder ihre Lebensweise (am Anfang) gut idealisiert werden können, wie Aussteiger, Ärzte, Gurus, Psychotherapeuten, Seelsorger und ähnliche. Dort, wo das Menschliche im Partner durchscheint, seine Persönlichkeitsmaske sich verliert, ist für eine Fischevenus seine Attraktivität am größten. Es ist auch möglich, daß Vertreter sogenannter randständiger Personengruppen, wie etwa Trinker oder Süchtige, Prostituierte oder andere Außenseiter aus ihrer Hilfsbedürftigkeit oder ihrem illusionären Weltbild heraus besonders anziehend wirken.

Aus der oben angesprochenen Interpretationssystematik geht hervor, daß wir aus der *Zeichen*besetzung durch die Venus die *Art und Weise, das Wie* des Idealpartners ablesen können.

Die *Häuser* dagegen können als ein Indiz dafür angesehen werden, *wo*, d. h. *in welchem Lebensbereich* man besonders leicht jemanden kennenlernt, bzw. wo sich der Beziehungsschwerpunkt abspielt. So wird etwa eine Venus im 6. Haus als Hinweis darauf verstanden werden können, daß man seinen Partner am ehesten am Arbeitsplatz (= 6. Haus), auf der großen Reise (9. Haus) oder im »Ashram« (12. Haus) kennenlernen wird.

Darüber hinaus zeigt uns die Venus im Horoskop die Einstellung des Betreffenden zu dem Themenkreis Kunst, Ästhetik, Sinnlichkeit, Geschmack an.

♂ *Mars*

An der Stellung des Mars können wir nicht nur die Tatkraft, Entscheidungs- und Durchsetzungsfähigkeit, sowie den Mut eines Menschen ablesen, sondern – spezifisch auf Partnerschaft bezogen – auch dessen Triebverhalten. Obwohl der Mars ein (archetypisch) männliches Symbol ist, bezeichnet er durchaus auch im weiblichen Horoskop die »männliche« Triebkomponente. So, wie sich im weiblichen Organismus auch männliche Hormone befinden, so ist auch Mars als quasi »männliches Hormon« im Seelischen wirksam. Er bewirkt das »Eroberungsverhalten« bei der Partnersuche, birgt den Mut, um den Partner zu kämpfen, aber auch das Bedürfnis, ihn zu besiegen und zu unterwerfen. Es ist ein Symbol dafür, den potentiellen Partner als »Beute«, als »Objekt (der Begierde)« zu betrachten, also ein Faktor, der feministischer Denkweise ein arger Dorn im Auge sein müßte, obwohl er im weiblichen Horoskop ebenso vorhanden ist, wie im männlichen.[84]

Mars in Widder deutet so auf einen rasche Erregbarkeit und eine impulsive Triebkomponente, die möglichst schnell »zum Ziel kommen« möchte. Der Eroberungswille hat hier etwas ungeduldig Drängendes, egozentrisch Rücksichtsloses, der sich die Zeit nicht nehmen kann, auf den anderen einzugehen, sondern ihn als zu berennende Festung betrachtet, die im Sturm genommen werden möchte. Der Trieb ist hier leistungsbezogen und wird am erreichten Ergebnis gemessen.

Mars in Stier kann dagegen als egozentrisch-genußbezogen definiert werden. Der Eroberungswunsch wirkt hier eher hartnäckig und unbeirrbar und ist weniger auf den »Sieg« über den anderen, als darauf, ihn zu besitzen, gerichtet. Um im Bild zu bleiben, könnte man hier davon sprechen, daß die Burg nicht wie im Widder berannt, sondern eher belagert wird.[85] Diese Position ist auch alles andere als rasch entflammbar zu nennen. Gemäß der Elementarqualität des Stierzeichens (fixes Erdzeichen) entwickelt sich der Eroberungswunsch hier zunächst eher träge um – einmal entstanden – dafür dann umso nachhaltiger zu wirken.

Mars in Zwillinge zeigt im Trieb- und Eroberungsverhalten weniger Beständigkeit und auch nicht den starken Genußbezug, sondern wirkt eher locker-interessiert und gymnastisch-neutral. Die Zielrichtung ist hier auch nicht so in eine Richtung festgelegt, sonder vielseitig ansprechbar, ohne dabei die Intensität der vorangegangenen Zeichen zu entwickeln. Anstelle von Leidenschaftlichkeit tritt eher eine technische Gewandtheit, die allerdings den Partner schon mehr mit einbezieht. Eroberung soll über Wortgewandtheit und Heiterkeit als Mittel erreicht werden.

Wenn *Mars in Krebs* steht, fällt es eher schwer nach außen zu gehen, um den Partner zu erobern. Hier wird der andere eher über den verträumten Blick (auch die berühmte Variante des »Schlafzimmerblicks«) »angemacht« und weiblich-paradox über den Rückzug »erobert«, als aktiv und direkt.[86] Will man die Symbolik des Mars nicht nur auf das erotische Eroberungsverhalten anwenden, sondern etwa auch die Kampfbereitschaft innerhalb der Beziehung damit umschreiben, so würden bei der Position des Mars im Krebs etwa gerne Tränen als Kampfmittel eingesetzt, während Mars im Widder impulsive Handgreiflichkeiten, im Stier stures Festhalten an einmal eingenommenen Positionen und im Zwilling das verbale Florett nahelegt.

Steht *Mars in Löwe*, so baut der Eroberer (oder sein weibliches Pendant) auf die eigene Ausstrahlung und erwartet – wie selbstverständlich – die kniefällige Kapitulation des anderen. Triebhaftigkeit ist hier spielerischer Selbstausdruck mit – im Verhältnis zu anderen Marspositionen – geradezu exhibitionistischen Tendenzen. In der Karikatur könnte man von der Symbolik des »Potenzprotzes« sprechen, oder vom gockelhaftem Stolz bis hin zur schnurrenden Schmusekatze. Im Ehezwist gilt hier die Hoffnung, daß gesprochene »Machtworte« den Partner über-zeugen.

Mars in Jungfrau sucht – ähnlich wie Mars im Steinbock – nach gesellschaftlich gebilligten Formen in einer vorsichtigen und rücksichtsvollen Eroberungstaktik. Wissenschaftliche Ratgeber, aber auch schon verhaltenspsychologische Untersuchungen à la Desmond Morris *(Der nackte Affe)* machen hier Mut zur Annäherung. Das Triebverhalten kann bis zur Sterilität hin durch hygienische Bedürfnisse eingeschränkt werden. Wenn schon nicht der Mundschutz beim Kuß den Ekel vor Abertausenden von Bakterien im Schleim des anderen überwindet, so wenigstens das zitronenfrische Mundspray und seine Verwandten im Gentialbereich. Die Waffe in partnerschaftlichen Auseinandersetzungen ist hier das »Argument der Vernunft« bis hin zum Zynismus oder Sarkasmus.

Mars in Waage möchte das Bild des galanten Verführers erfüllen. Eroberung bleibt hier oft auf den Flirt beschränkt, sucht den Partner »warmzuhalten«, ohne sich festlegen zu wollen. Der Schwerpunkt liegt hier auf der Vielfalt der Verführungskunst, oft mit den Mitteln von Mode, Schmuck, kulturellen Ereignissen, und all dem, was Kunst und Ästhetik zu bieten hat. Duftstoffe, süße Worte, Komplimente und Schmeicheleien, aber auch intellektuelle Brillanz gehören zu dem Repertoire, was Waage dem Mars zur Durchsetzung zur Verfügung stellt. Man ist versucht, diese Konstellation als die eines »Charmeurs« zu bezeichnen. Die Waffe in Auseinandersetzungen könnte lauwarme Diplomatie sein, die sich an klaren Entscheidungen nicht die Finger schmutzig machen möchte.

Mars in Skorpion schwankt zwischen kompromißlos direkter Eroberung, die an Vergewaltigung grenzt, und taktisch-hintergründigem Vorgehen. Bei letzterer Variante kann der andere beispielsweise durch die Androhung der Selbstzerstörung zur Einwilligung hin erpreßt werden oder dadurch erobert werden, daß er bewußt eifersüchtig gemacht wird. Als Waffe bei innerpartnerschaftlichen Auseinandersetzungen greift er gerne zu eifersüchtigen Racheakten und zu der Unterdrückung des anderen durch die Erzeugung von Schuldgefühlen. Dies geschieht durch die selbstquälerische Identifikation mit der Rolle des armen Opfers.

Mars in Schütze zieht es vor, erobern zu lassen. Die Triebhaftigkeit ist hier durch Moral- und Wertvorstellungen gefärbt, ohne sich deshalb gerne zu beschränken. Mars auf dem Boden des Zeus (Jupiter)-zeichens nimmt teil an dessen mythologisch bekannter Zügellosigkeit, die man sich eigentlich nur als Mitglied der »upper ten« (oder eben als Olympier) leisten kann. Eroberungsmittel sind hier Reichtum, Macht, Humor und Weltgewandtheit. Im Streit in Bedrängnis gebracht, wehrt sich der Mars im Schützen durch Arroganz und Problemflucht.

In Steinbock stehend[87] steht die Konsequenz bei der Eroberung im Vordergrund. Das Vorgehen mag manchmal antiquiert und durch gesellschaftliche Konvention gebremst erscheinen, erstarrt auch oft in Verantwortungsgefühl und wirkt unspontan und wenig natürlich. Das Triebverhalten schwankt zwischen sexuellem Leistungszwang mit dem Ziel der Befriedigung des Partners, bis hin zu Triebhemmungen aus Angst vor den Konsequenzen.[88] Andererseits bringt diese Position eine Veranlagung zu sexueller Treue und Fixierung auf einen Partner. Bei Auseinandersetzungssituationen ist die Waffe die Argumentation mit dem Prinzip, Härte und Unnachgiebigkeit.

Mars in Wassermann findet sein Eroberungsrepertoire im Unkonventionellen und setzt Überraschung und Plötzlichkeit als Mittel ein. Der Drang zum Außergewöhnlichen prägt auch das Triebverhalten, was gerne sexuell experimentiert und sich – auf der Suche nach immer neuen Reizen – auch außerhalb des partnerschaftlichen Reviers betätigen möchte. Dies ist die klassische Seitensprungsymbolik[89], verbunden mit einer unterbewußten Kastrationsangst (Entmannungsmythologie des Uranus als Wassermannherrscher). Der Wunsch ist freie, durch Verantwortungsgesichtspunkte und gesellschaftliche Normen nicht mehr eingeschränkte Zeugungsmöglichkeit. Als Waffe bei Auseinandersetzungen stehen dieser Marsposition die Flucht aus der Verantwortung und überhebliches Nicht-ernst-Nehmen der Anliegen des anderen als Mittel zur Verfügung.

Mars in Fische träumt mehr von der Eroberung, als daß er sich selbst versuchte. Hier kann man mit einem juristischen Terminus technicus eher von einer Täterschaft durch Unterlassen sprechen, als von einer solchen durch positives Tun. Das Bedürfnis zu tun verbindet sich hier mit der unausgesprochenen Hoffnung, »es« möge von selbst geschehen. Als Eroberungsmittel stehen hier romantische Illusion und andere nichtstoffliche oder stoffliche Narkotika zur Verfügung. Eine andere Möglichkeit ist die grenzenlos ausufernde Triebbetätigung. Im Falle von Auseinandersetzungen reicht die Skala von glitschigem Sicht-Entziehen bis zu mitleidigem Schweigen oder betretenem Schmollen.

♃ *Jupiter*

Jupiter steht im Horoskop für Ethos und Toleranz, für das Bedürfnis nach sinnvoller Entwicklung und den Bezug des Menschen zur Religion. In der Partnerschaft ist er zudem besonders ein Symbol für das Vertrauenspotential des Betreffenden. Es kann hilfreich sein, im eigenen Horoskop zu sehen, wie es mit dem Ur-Vertrauen bestellt ist; auf welche Art (Zeichen) und wo (Haus) es gedeiht; und es kann ebenso aufklärend wirken, die ethische Einstellung des

Partners anhand seines Horoskops zu ermitteln. Obwohl Jupiter – wie auch alle danach zu besprechenden langsamer laufenden Planeten – keinen so persönlichen und speziell partnerschaftlichen Charakter hat, runden die dazu gefundenen Deutungen doch das Gesamtbild der Einstellung zur Beziehung ab.

So mag beispielsweise ein *Jupiter in Stier* in seinen bodenständigen Moralbegriffen und seiner Religiosität, die in bäuerlichen Barockkirchen gedeiht, andere Wertvorstellungen von Beziehung entwickeln, als ein *Jupiter in Jungfrau*, der sich in seinen Werturteilen mehr an sachlicher Nüchternheit und wissenschaftlicher Zweckmäßigkeit orientiert. Wie vertragen sich wohl die gotische Klarheit und Strenge in den ethischen Normen eines *Steinbock-Jupiter* mit der Freude daran, Wertungen beliebig zu relativieren, wie sie ein *Zwillinge-Jupiter* signalisiert? Kann sich die hitzige Religiosität eines *Jupiter in Widder*[90] mit dem mystischen Gewähren-Lassen eines *Fische-Jupiters* auf einen Nenner bringen lassen? Läßt sich religiöses Sendungsbewußtsein *(Jupiter in Schütze)* mit dem unbedingten Freiheitsbedürfnis in Fragen der Religion, wie wir sie bei *Jupiter in Wassermann* vorfinden, vereinbaren?

Ist es dasselbe, wenn man seine Wertungen mit der Muttermilch eingesogen hat (Jupiter im 4. Haus), oder sie als Normendestillat der herrschenden Meinungen in der Gesellschaft wahrnimmt (Jupiter im 10. Haus)? All diese Fragen mögen nur Nebenschattierungen einer Beziehung darstellen. Und doch kann es durch Mißverständnisse darüber zum Bruch kommen. Diese Gefahr wird umso geringer, je mehr wir unsere eigenen und die Veranlagungen des Partners mit Hilfe der astrologischen Analyse kennenlernen.

♄ *Saturn*

Saturn markiert im Horoskop den Punkt des größten Widerstandes oder – anders formuliert – den der stärksten Angst. Wo er steht, ist das Bemühen des Ego, sich zu sichern, besonders ausgeprägt. Denn Saturn als Prinzip der Grenze setzt das Ich gegen das Nicht-Ich ab[91] und definiert damit das Ego. Wodurch ein Mensch sein Ich definiert und zu schützen hofft, kann sehr wichtig sein, zu wissen. Paradoxerweise ist dies nach dem oben Gesagten eben der Bereich, vor dem er am meisten Angst hat.

Andererseits zieht Angst als eine Form von Widerstand[92] es nach sich, daß uns der Bereich, vor dem wir Angst haben, wie magnetisch anzieht. Angst ist also ein janusköpfiges Phänomen. Sie zwingt uns einerseits (durch das Gesetz: Widerstand macht magnetisch) uns mit dem, wovor wir Angst haben, besonders stark auseinanderzusetzen.[93] Andererseits gibt sie uns mit der ihr innewohnenden Scheu ein feines Dosierungsinstrument mit, welches verhindert, daß wir kopfüber in die angstauslösenden Bereiche stürzen und uns damit überfordern. Ein bitterer Rückschlag wäre die Folge.

Wenn wir also aus der Position in Haus und Zeichen wissen, wo und wie sich die Angst zeigt, so wissen wir damit auch, worin die Hauptaufgabe des Menschen besteht, nämlich diese Angst zu lösen. Mit ihr (er)löst sich auch das Ego des Menschen. Was wäre aber Selbsterkenntnis oder Erkenntnis unseres Partners, wenn wir nicht über unsere (seine) Ängste und unser (sein) Ego informiert wären. Ein Saturn im 2. Haus und in Jungfrau stehend kann uns erklären, wenn Entscheidungen von Existenzangst gefärbt sind; ein Saturn im 3. Haus im Horoskop des Partners macht uns durchsichtig, daß er – aus Angst – viel Zeit für den ersten Kontakt, für die Aufnahme einer Beziehung braucht. Ein Saturn im Löwen erklärt die Angst, etwas von sich zu geben, die Angst vor dem persönlichen Ausdruck und zwingt doch – nach dem Widerstandsgesetz – dazu.

Wer sich dort frei bewegen kann, wo Saturn steht, ist über die Grenzen seines Ego hinausgegangen.

⛢ *Uranus*

Die Transsaturn-Planeten Uranus, Neptun und Pluto spielen in den persönlichen Dimensionen von Beziehung keine große Rollen. Sie beschreiben vielmehr die grenzüberschreitenden, überpersönlichen, spirituellen Bereiche von Partnerschaften.

Bezogen auf Uranus heißt das, daß Uranus uns die Möglichkeit gibt, den Menschen »ohne Ansehen seiner Person«, frei von seiner gesellschaftlichen Position, von Stellung, Titel, Geschlecht zu betrachten. Je nach seiner Positionierung im Geburtsbild, verrät uns Uranus, wo und wie wir diese Fähigkeit entwickeln können, die so entscheidend für die wirkliche Liebe einem Menschen gegenüber ist. Uranus verleiht als Prinzip schöpferischer Geistigkeit die Fähigkeit, den göttlichen Funken im Partner zu sehen, ihn in seiner Einzigartigkeit als Ausdruck göttlichen Willens zu begreifen. Obwohl die platonische Liebe heute oft eine vulgäre Ausdeutung im Sinne einer gemessen an der sexuellen Liebe verkümmerten Form von Beziehung erfahren hat, möchte die uranisch-platonische Liebe – als eine die Sexualität transzendierende geistige Beziehung betrachten.

Uranus wurde neben Neptun in der klassischen Astrologie oft auch als die »höhere Oktave der Venus«, als »Venus urania« gesehen, entstand doch die Venus (Aphrodite) in der griechischen Mythologie aus dem Blutstropfen, der aus dem von Saturn abgeschlagenen Glied seines Vaters Uranos in das Meer fiel. Der (unfreiwillige) Verzicht auf die Fortpflanzung läßt also die Venus urania, die uranische Form der Liebe, entstehen.

Ein Uranus im Stier wird den Zugang zu dieser Form der Liebe beispielsweise am ehesten im Gruppenerleben bekommen, während ein Uranus im Steinbock in der Abgrenzung und aus der Distanz heraus den »Menschen im anderen« am leichtesten erkennen wird. Steht Uranus im 6. Haus so wird der Zugang zur »Menschlichkeit« über den Arbeitsalltag (6. Haus), steht er im 9. Haus, über die Philosophie ermöglicht. So weist das Horoskop als »Lebensfahrplan« jedem Individuum seinen Zugang zu bestimmten Lebensqualitäten zu.

♆ *Neptun*

Neptun reicht noch weiter als Uranus und so ist verständlich, daß auch er als höhere Oktave der Venus angesehen wurde.

Die Liebe, die Neptun meint, ist die Liebe allem Kreatürlichen gegenüber, die Alliebe oder spirituelle Liebe, die gar keine Unterscheidung mehr macht zwischen den »Objekten der Liebe«.[94] Er gibt die Fähigkeit als Subjekt im Objekt aufzugehen, eins mit dem anderen zu werden. Neptun versetzt so in die Lage, die »Dinge der Welt« – und hier vor allem den Partner von innen heraus zu verstehen. Ein Verständnis aus dem *Sein* heraus, nicht aus dem *Beobachten.* Das tiefe Empfinden des »Du und Ich sind eins« verdanken wir der »Neptunfunktion«. Zeigen Merkur und Saturn uns den anderen wirklich als *anderen* und verleihen die Möglichkeit, seine Besonderheit, sein Format, seine Geeignetheit oder Ungeeignetheit für bestimmte Aufgaben zu erkennen, so transzendiert Neptun alle diese persönlichen Elemente, sieht ihn als leidende Kreatur, und empfindet daraus Mitleid für ihn.

Läßt Uranus uns noch die Persona des anderen als »Faschingsmaske« in einer »Zirkuswelt« erleben, so sehen wir durch die Augen des fließenden Neptun-Prinzips die Vergänglichkeit aller Egos, ihr Kommen und Gehen, so wie es uns Hermann Hesse durch die Augen von Govinda, dem Fährmann, sehen läßt.[95] Uranus nimmt persönliche Form nicht mehr ernst. Er lacht wie der nervöse Narr des Tarot über den Formenzirkus. Neptun gibt den Blick auf das »panta rhei« des Heraklit, das sich ständig verändernde Fließen der Schöpfung frei, läßt uns das Leben als Maya, als Täuschung erkennen. So wird beim Anblick eines Menschen transparent, was er war, was er derzeit ist und was er sein wird. Nicht nur bezogen auf den Fluß der Inkarnationen, sondern auch – im kleineren Ausschnitt – bezogen auf dieses jetzige Leben.

Vor den Augen eines erlösten Neptun welkt der jugendlichstraffe Körper einer Aphrodite oder eines Apollo zu den runzeligen Falten und dem weißen Haar des Greisenalters bis hin zum vom Wind verblassenden Staub der verblichenen Knochen; und all das macht den Menschen doch – und gerade deshalb – in seiner augenblicklichen Form liebenswert.

In seiner unerlösten Form kehrt sich Neptun fast diametral um, und gaukelt dem Partner etwas vor, was er nicht ist. Er verschleiert dann Realität, anstatt sie zu enthüllen. Er animiert uns in seiner unerlösten Form zu Lebenslügen, anstatt uns das Leben in seiner Qualität des Vergänglichen zu zeigen.

Aus Neptuns Position im Horoskop können wir den für den Horoskopeigner gegebenen Weg zur Enthüllung und Ent-Täuschung der Welt entnehmen.

Pluto

Die Position des Pluto im Horoskop verrät uns, wo wir uns am ehesten in Abhängigkeiten verstricken, wo wir, in dem Bemühen über das Menschenmögliche hinauszuwachsen, unsere Grenzen erfahren und über die Katastrophe zur Wandlung gelangen. Pluto ist süchtige Suche, unstillbarer Hunger nach dem, was wir erst erfahren können, wenn wir ein ganz anderer geworden sind. Er zwingt uns in dem Lebensbereich (Haus), in dem er steht, und auf die Art und Weise des Zeichens, in dem er steht, zum Phönix aus der Asche zu werden. Altes, Gewohntes wird bis zur Neige, manchmal bis zum »Brechreiz« ausgekostet, bis uns oft erst in der Resignation der Abschied gelingt. »Stirb und Werde« ist die alte und noch immer aktuelle Umschreibung des Plutonischen, die nicht nur – wie oft in der Literatur vorzufinden – den destruktiven Aspekt, sondern eben auch die neue Dimensionen eröffnende Seite von Pluto zeigt.

Pluto ist die »Geburtswehe« in die neue Dimension, der »Quantensprung« in der Entwicklung. Die quälende Zähigkeit der Ablösung vom Alten, die seine Prozesse begleiten, läßt uns in der damit verbundenen Erschöpfung oft die andere Seite des Plutonischen vergessen, die Neugeburt. Als Prinzip der Extreme läßt uns Pluto das Gefühl des Gefangenseins mit der Intensität eines Insekts, das im Honig steckt, oder der Ohnmacht eines im Sumpf oder Treibsand Ertrinkenden erleben[96]; aber er bringt uns auch das unbeschreiblich glückselige Gefühl, nach den qualvollen Geburtswehen wie neugeboren in der Welt zu stehen. Pluto markiert durch seine Position im Horoskop den Ort, wo wir uns nach derartiger »Mauserung« sehnen und sie auch – oft unter großen Opfern – erleben können.

Wenn wir unseren Partner wie auch uns selbst wirklich genau kennen wollen, wird es sich nicht vermeiden lassen, dieses Prinzip genau zu untersuchen. Dabei kommt der Häuserebene bei den langsamlaufenden Transsaturn-Planeten die bei weitem individuell-wichtigere Bedeutung zu. Denn in den Zeichen bewegen sich diese Planeten so langsam, daß sie mehr als Generationskennzeichen betrachtet werden können, während sie in 24 Stunden durch alle Häuser ziehen.

Für die Generation mit Pluto im Krebs mag vor allem eine grundsätzliche Wandlung in der Familienstruktur, in Gefühlsangelegenheiten oder dem Frauenbild entscheidend sein, während Pluto im Löwen eine Generation dazu auffordert, eine Metamorphose im Umgang mit Autorität und Macht, einen Wandel im Männlichkeitsbild zu erleben. In der Jungfrau zwingt er die Naturwissenschaftler und das Sicherheitsdenken in die »Katastrophe«[97], in der Waage bringt er alte, gewohnte, obsolet gewordene Formen von Partnerschaft zum absterben und bildet so den Humus für neue Leitbilder von Beziehung. Und die Generation, die heute (1992) geboren wird, hat mit Pluto im Skorpion die schwierige Aufgabe, sich von allen Modellvorstellungen von Leben zu verabschieden (Tod der Ideale) und ein Leben zu versuchen, vor dem keine Vor-Stellung mehr steht. Ohne Ideale zu leben und nicht aus Sinnlosigkeitsempfinden in die (Rauschgift-)Sucht abzugleiten, ist wahrhaftig keine leichte Aufgabe. Möge dies mit Hilfe spiritueller Lehrer gelingen, ohne daß sie zu große Opfer an der Substanz[98] der Erde verlangt.

Die Häuserposition des Pluto zeigt dagegen weniger den Kollektivtrend, als das persönliche Opfer um der Entwicklung willen. So kann – um dies an wenigen Beispielen zu illustrieren – ein Pluto im 4. Haus die ohnmächtige Verstrickung in einer familiäre Situation darstellen, die wie ein »schwarzes Loch« persönliche Bedürfnisse zu verschlingen droht, während ein Pluto im 10. Haus um der Öffentlichkeitswirkung willen abhängig macht. Pluto im 7. Haus nimmt dem Horoskopeigner die Luft aus (oft unbewußten) Schuldgefühlen dem Partner gegenüber, und versucht durch übermenschliche Anstrengungen davon frei zu werden, ein Pluto im 9. Haus zeigt die Fixiertheit auf ein bestimmtes Weltbild und zwingt zum Protest gegen überkommene Religionsformen, um einen neuen Sinn im Leben zu finden.

Die folgende Tabelle beleuchtet die Bedeutung der Planeten in der Partnerschaft in kurzen Stichworten

Planetenprinzip	Bedeutung in der Partnerschaft
Sonne	Vater, innere und äußere Autorität, Lebenskraft, Ausdruck, Wille, Geist, Männlichkeit
Mond	Mutter, Familie, Kinder, Empfänglichkeit, Seele, Körper, Weiblichkeit
Merkur	Kontaktaufnahme (»Einkuppeln«)
Venus	Gegensatzanziehung, Erotik, Sinnlichkeit, Ergänzungswunsch
Mars	Triebleben, Antrieb, Eroberungswillen, Durchsetzungskraft

Jupiter	Entwicklungsbedürfnis, Toleranz, Vertrauen, Suche nach dem Optimum, Sinnfindung, Religion, Ethik, Moral, Wertung
Saturn	Ichgrenze, Angst, Profilierungsbedürfnis, Abgrenzung, Lebensgrundsätze und Maximen, Ehrgeiz
Uranus	»Menschlichkeit«, Freiheitswunsch, geistige Freundschaft, »platonische Liebe«.
Neptun	Mitleidvolle »übermenschliche« Liebe aller Kreatürlichkeit gegenüber. Unerlöst: illusionäre, wahnhafte Liebe.
Pluto	Opferbereitschaft, um zur Metamorphose zu gelangen, sich zu der neuen Qualität hin-quälen. Sehn-Sucht. Leidenschaft. Abhängigkeit aus Idealismus.

Mondastrologie und Partnerschaft

Unter der Mondastrologie im engeren Sinne versteht man die differenzierte Betrachtung der Mondphasen, wie sie sich aus dem Verhältnis der Sonne und des Mondes zueinander ergeben, wie Neumond, Vollmond, zunehmendes Viertel, abnehmendes Viertel als kardinale Stadien des Mondzyklus und alle dazwischen liegenden Abstufungen.[99]

Nach der großen Rolle, die die Sonne als archetypisch männliches und der Mond als archetypisch weibliches Prinzip für das Thema Beziehung spielen, dürfen wir vermuten, daß gerade auch die Mondphasenastrologie als die spezielle Betrachtung des Verhältnisses dieser beiden Prinzipien zueinander Wesentliches zum Thema Partnerschaft auszusagen hat. Sie zeigt uns, wie der Horoskopeigner auf seine ganz eigene Art und Weise das Verhältnis Mann/Frau (oder als Kind) Vater/Mutter zueinander definiert. Horoskope mit zunehmendem Mond, bei denen der Schub oder Impuls von der Sonne auf den Mond ausgeht, kennzeichnen also eine Einstellung der Einflußnahme, Unterstützung oder auch Durchsetzung des Männlichen dem Weiblichen gegenüber. Der »Mann« (Sonne) unterstützt die »Frau« (Mond) in ihrer sich von ihm lösenden Bewegungrichtung: Thema der partnerschaftlichen Emanzipation. In Horoskopen mit abnehmendem Mond sucht die

Frau ihrerseits den Kontakt mit dem Männlichen: Thema des Lebenswunsches in Gemeinschaft.

Der zunehmende Mond (Abstand zwischen Sonne und Mond von 0–180 Grad) ist auf die Entfaltung der Eigenindividualität gerichtet, strebt danach, seine Persönlichkeit zu entwickeln, während der abnehmende Mond (180–360 Grad Abstand zwischen Sonne und Mond) die Gemeinschaft als Entwicklungsziel hat. Die Zwischenstadien zwischen den kardinalen Ausgangspunkten (Neumond als Beginn persönlicher Entfaltung und Vollmond als Beginn kollektiver Entfaltung) dieser Zielrichtungen kennzeichnen dabei den jeweiligen Entwicklungsgrad. Ist jemand beispielsweise kurz nach Neumond geboren (z. B. 20 Grad Abstand zwischen Sonne und Mond, also eine »Widdermondphase«), so wird er sein Leben als Existenzkampf bei der Durchsetzung persönlicher Anliegen empfinden. Er (sie) beginnt damit, Eigenbedürfnisse zu entwickeln und gegenüber einer fast übermächtig erscheinenden Umwelt durchzusetzen. Die Welt will wie vom Keimling im Frühling als Lebensraum erobert werden. Je fortgeschrittener die zunehmende Mondphase, desto mehr nähert sich der Horoskopeigner dem Endpunkt der persönlichen Entwicklung (Vollmond), wo es kein Bedürfnis mehr gibt, sich persönlich noch weiter zu entfalten, sondern die Aufgabe gestellt ist, weniger aus dem Ich, als aus der Gemeinsamkeit heraus zu leben und verschiedene Entwicklungsstufen von Partnerschaft kennenzulernen, deren höchste in den letzten Graden vor Neumond liegt: Die »communio« der »Fische-Mondphase« oder, um einen Ausdruck von Dane Rudhyar zu verwenden, des »balsamic moon«.[100]

Aus dem bisher Gesagten wird deutlich, daß Menschen, die bei abnehmenden Mond geboren sind, in der Partnerschaft eine wesentliche (nämlich persönliche) Aufgabenstellung sehen, während Horoskope mit zunehmendem Mond die Eigenentfaltung vor die Beziehung stellen und damit weniger »partnerschaftlich» reagieren. Letztere bevorzugen eher ein Leben zweier sich emanzipierender Partner »nebeneinander«, während die abnehmenden Mondphasen das »Miteinander« stärker im Auge haben.

Teil II

Die Systematik der Deutung

1. Deutungsschema

Nachdem wir bisher schon eine Reihe von Einzelbausteinen wie Tierkreiszeichen, Häuser, Planeten und Spezialbereiche – wie die Mondastrologie – in ihrem Bezug zu dem Thema Partnerschaft untersucht haben, stellt sich nun die wichtige Frage, wie diese sinnvoll etwa in einer konkreten Beratungssituation angewendet werden. Als Leitfaden dafür möchte ich ein Deutungsschema vorstellen, das für den Fall gedacht ist, daß einer von zwei an einer Partnerschaft Beteiligten Fragen zu der Beziehung hat und Problemlösungsvorschläge vom Astrologen erwartet.

Im weiteren Verlauf werde ich das folgende Deutungsschema in seinen Einzelpunkten dann genauer besprechen. Zunächst aber das knappe Schema in der Reihenfolge, in der man bei der Analyse vorgehen sollte:

I. Horoskop des Fragestellers
(= Partner/P 1)[101]

1. Das Horoskop von P 1 (Grundsätzliches):

a) Die Elemente und das Thema Partnerschaft
b) Die Quadranten und Partnerschaft
c) Die Grunddeutung: AC/Sonne/Mond/MC
d) Die Mondphase und Partnerschaft
e) Die Planeten und das Thema Partnerschaft
f) Die Mondknotenachse

2. Das Horoskop von P 1
(Spezielle partnerschaftliche Veranlagung)

Die »Partnerschaftshäuser« von P 1
a) Das 7. Haus / Planeten in 7 / Herrscher von 7
b) Das 5. Haus / Planeten in 5 / Herrscher von 5
c) Das 3. Haus / Planeten in 3 / Herrscher von 3
d) Das 11. Haus / Planeten in 11 / Herrscher von 11
e) Das 8. Haus / Planeten in 8 / Herrscher von 8

II. Das Horoskop des anderen Partners (P 2)

1. Grunddeutung von P 2 (wie I, 1.)
2. Spezielle partnerschaftliche Veranlagung von P 2 (wie I, 2.)

III. Der Partnerschaftsvergleich (PV) im engeren Sinne

1. Der Aspektvergleich (Synastry) zwischen P 1 und P 2
2. Das Composithoroskop von P 1 und P 2
3. Das Combinhoroskop von P 1 und P 2
4. Horoskope auf den Beginn der Partnerschaft von P 1 u. P 2:
   a) Das Horoskop auf den 1. Blick
   b) Zusammenziehen (Beginn der Wohnungsgemeinschaft)
   c) Intimkontakt
   d) Heirat (standesamtlich/kirchlich)
   e) Das Horoskop auf den Zeitpunkt der Fragestellung zur Beziehung (Stundenastrologie)

Erst die Besprechung dieser drei Gliederungspunkte (I+II+III) ergibt ein abgerundetes Bild der Beziehung.[102]

Wollen wir nun zusammen die einzelnen Punkte des Deutungsschemas näher betrachten.

2. Grunddeutung und Beratung

Die Elemente und das Thema Partnerschaft

Das Horoskop von P 1 (Grundsätzliches)

Aus den Elementen im Horoskop eines Menschen können wir sein Temperament ablesen. Wie ich im *Arbeitsbuch zur Astrologie* gezeigt habe, entsprechen die archetypisch männlichen Elemente Feuer und Luft dabei in den Temperamentstypen des Cholerikers (Feuer) und Sanguinikers (Luft), die beide eine dynamische und extravertierte Persönlichkeit beschreiben, während die archetypisch weiblichen Elemente Wasser (= Phlegmatiker) und Erde (= Melancholiker) eine rezeptiv-reagierende und introvertierte Haltung umschreiben.

Wenn wir nun über ein Auszählverfahren die Verteilung in den Elementen ermittelt haben, so kann das daraus entstehende Temperamentsbild wichtige Hinweise auch für die partnerschaftliche Einstellung des Betreffenden geben. Dominiert im Horoskop des P1 beispielsweise das Feuerelement mit über 40 Punkten[103], so wird er (sie) jeden anderen Partner eher als hemmend, langsam und undynamisch empfinden, einfach weil der eigene Tatendrang – gemessen an der Durchschnittsnorm (18. Punkte) – so »überhitzt« ist. Sicherlich wird er (sie) die »Bremsung« durch den Partner (P2) umso stärker empfinden, wenn bei diesem z. B. das Erdelement als langsamstes Element dominiert. P2 seinerseits wird P1 als überdreht, hektisch und in der feurigen Spontaneität seiner Entschlüsse als unberechenbar empfinden.

Ein wasserbetonter Mensch wird aus seiner Temperamentsveranlagung heraus einen luft- oder erdbetonten Partner als leidenschaftslos und neutral, manchmal vielleicht sogar als gefühlsarm empfinden, und seinerseits von diesem als zu emotional und anhänglich betrachtet werden.

Je besser man seine eigene Temperamentslage mit Hilfe der Elementenauszählung kennt, desto leichter wird es, die eigene Veranlagung nicht zum Maß der Dinge zu machen, sondern – auch wenn dies zunächst nur über den Intellekt geschieht – sich selbst und den anderen in seiner Reaktionsweise verstehen zu lernen. Je klarer die

Veranlagungen im Temperament zu Tage treten, desto weniger wird man beispielsweise die Verhaltensweisen des Partners als gegen sich gerichtet empfinden können und so eher in die Lage versetzt werden, den anderen – und auch sich selbst – in seiner Eigenart zu akzeptieren.

Die Quadranten und das Thema Partnerschaft

Die Verteilung der Planeten in den Quadranten gibt uns Aufschluß darüber, wie Du- oder Ich-bezogen der Betreffende ist und auch, ob er eher theoretisch-kopfbetont oder mehr instinktiv-bauchbetont ist.

Je mehr Planeten sich auf der Linkshälfte des Horoskopes (gemessen an der MC-IC-Linie) befinden, desto egozentrischer wird der Horoskopeigner sein, je mehr dagegen die rechte Horoskophälfte betont ist, desto stärker wird der Betreffende auf die Begegnung ausgerichtet sein.[104]

Ein linksbetontes Horoskop verlangt also vom Horoskopeigner die Akzeptanz seiner Eigenart als ein Mensch, der überdurchschnittlich viel Zeit für sich selbst in Anspruch nehmen möchte. Als so Veranlagter ist es kein Zeichen von Lieblosigkeit oder Desinteresse am anderen, wenn er sich diesem nicht so häufig zuwendet, sondern wertfreier Ausdruck seiner Persönlichkeitsfärbung. Sobald es möglich wird, eine solche Eigenart an sich zu akzeptieren, und davon abzulassen, sich dafür vor anderen (die vielleicht ein rechtsbetonteres Horoskop haben) rechtfertigen zu müssen, kann ganz von selbst ein Wachstum in die Begegnung hinein entstehen.[105]

Rechtsbetonte Horoskope dagegen weisen eine überdurchschnittliche Neigung zur Auseinandersetzung mit der Umwelt auf.[106] Die Umwelt hat hier die Bedeutung eines Katalysators für die Eigenentwicklung, d. h. daß das Klima des Miteinanders Entwicklungsprozesse fördernd unterstützt. Diese Erfahrung bringt eine gewisse Abhängigkeit von der Umwelt mit sich, eine Schwierigkeit mit sich selbst alleine etwas anfangen zu können, wie dies der linksbetonte Typus eher kann. Aber auch hier führt die Erkenntnis und An-erkenntnis der Eigenart am schnellsten zur Annäherung an die fehlende Eigenständigkeit.

Bei einem in der oberen Horoskophälfte (den über dem AC-DC-Horizont liegenden Quadranten III und IV) betonten Geburtsbild ist ein primär theoretischer Ansatz dem Leben gegenüber vorhanden, besonders wenn dies auch noch durch die Tierkreiszeichenebene bestätigt wird.[107] Eine solche Veranlagung kann, sosehr sie – wie alle anderen Einseitigkeiten auch – danach strebt, sich durch einen Partner mit gegenläufiger Tendenz (Betonung der unteren Horoskophälfte) zu ergänzen, mit dessen Pragmatismus (Betonung der unteren Horoskophälfte) kollidieren.

Wir finden sehr häufig – und besonders leicht erkennbar an den Elementen und der Quadrantenbetonung – die Tendenz, sich in der Partnerschaft Menschen als Partner auszuwählen, die Schwerpunkte gerade dort haben, wo wir selbst Schwächen aufweisen, um so wenigstens in der Symbiose mit dem anderen (der »Liaison mit dem Schatten«) ein Gefühl der Ausgewogenheit erfahren zu können.

Dazu ein überdeutliches Beispiel aus meiner Beratungspraxis, welches auch besonders gut geeignet ist, zu zeigen, wie blind wir oft in der Einschätzung von Situationen sind, die uns persönlich betreffen.

Ein Mann mit nachstehend abgebildetem Radixhoroskop kam in die Partnerschaftsberatung mit folgendem Problem:

Er erzählte, daß er seit nunmehr über 15 Jahren mit seiner Frau verheiratet sei und im Laufe der Ehejahre zunehmend Probleme durch das verglichen mit ihm ganz anders geartete Naturell seiner Frau bekommen habe. Er selbst sei nämlich ein besonders kontaktfreudiger Mensch, der das Klima des Zusammenseins mit anderen über alles liebe. Seine Frau dagegen sei nur mit Mühe und Anstrengung, und auch entsprechend selten, zu Parties, Festen oder ähnlichem zu bewegen oder wolle immer nur in Zurückgezogenheit mit ihm leben.

Dies erstaunt uns nach dem bisher Gesagten nicht, wenn wir uns nun das Horoskop seiner Ehefrau betrachten:

Wie wir unschwer erkennen können, ist das männliche Horoskop durch eine dominante Rechtsbetonung gekennzeichnet (8 von 10 Planeten auf der rechten Horoskophälfte), woraus sich der überdurchschnittliche Hang zu Beschäftigungen mit der Umwelt schon erklären ließe. Darüber hinaus zeigt der dynamische Schütze-As-

♂ Herr X		Mi.18.7.1928		UZ: 18:00
Stuttgart	L: 9E10'	B: 48N46'	Plac.	WZ: 17:00

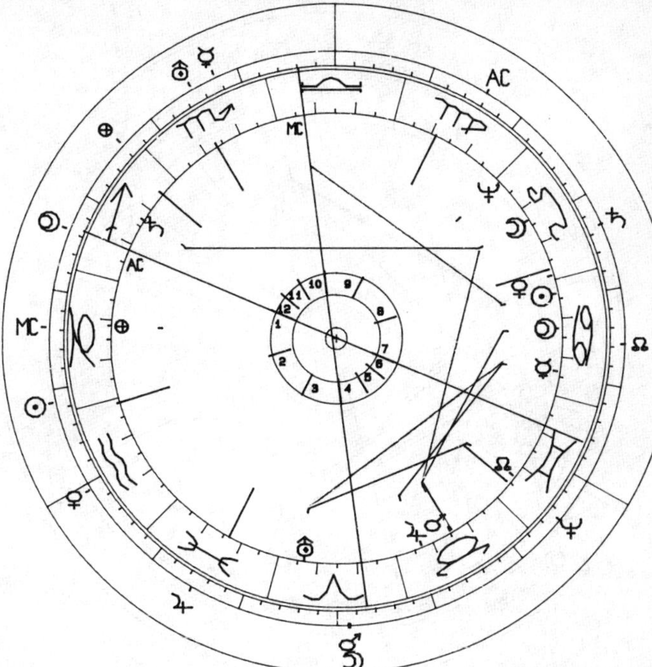

☉ Sonne	♋ 25° 48'	
☽ Mond	♌ 15° 48'	
☿ Merkur	♋ 6° 4'	
♀ Venus	♌ 0° 32'	
♂ Mars	♉ 15° 45'	
♃ Jupiter	♉ 7° 36'	
♄ Saturn	♐ 13° 10'R	
♅ Uranus	♈ 7° 23'R	
♆ Neptun	♌ 27° 42'	
♇ Pluto	♋ 16° 56'	
☊ Mondknoten	♊ 7° 4'R	
AC ♐ 21° 52'	2 ♒ 2° 5'	3 ♓ 17° 32'
MC ♎ 22° 5'	11 ♏ 16° 13'	12 ♐ 4° 56'

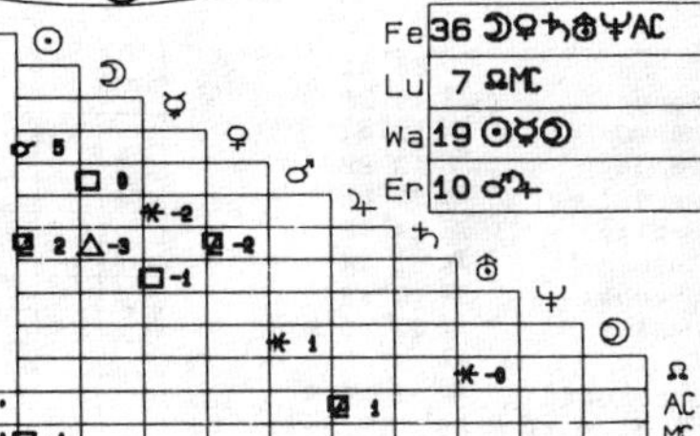

Fe	36	☽♀♄♅♆AC
Lu	7	☊MC
Wa	19	☉☿♇
Er	10	♂♃

Abb. 3 Herr X

♀ Frau x		Mo. 18.5.1942		UZ:	8:00
Köln	L: 6E57'	B: 50N56'	Plac.	WZ:	6:00

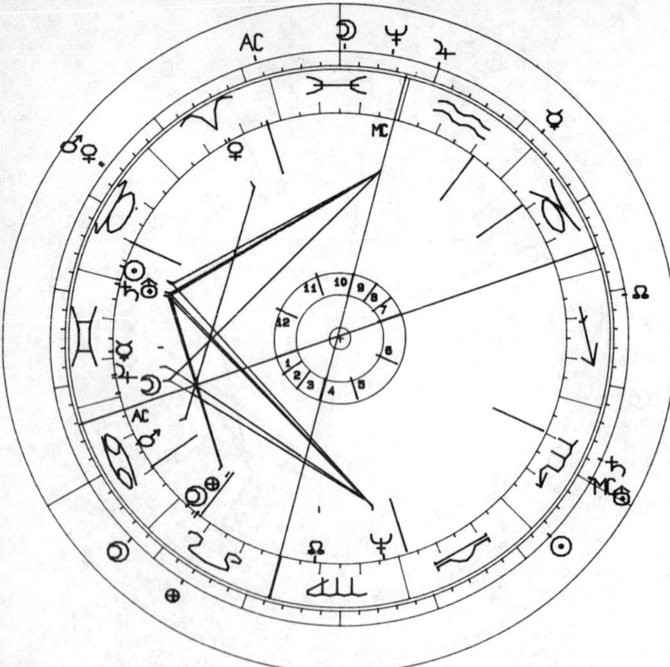

☉ Sonne	♉ 26° 41'	
☽ Mond	♊ 29° 36'	
☿ Merkur	♊ 18° 44'	
♀ Venus	♈ 13° 22'	
♂ Mars	♋ 13° 28'	
♃ Jupiter	♊ 24° 52'	
♄ Saturn	♊ 1° 14'	
♅ Uranus	♊ 0° 12'	
♆ Neptun	♍ 27° 13'R	
♇ Pluto	♌ 3° 42'	
☊ Mondknoten	♍ 9° 35'R	
AC ♋ 4° 4'	2 ♋ 20° 22'	3 ♌ 7° 51'
MC ♓ 0° 10'	11 ♈ 2° 59'	12 ♉ 20° 14'

	☉	☽	☿	♀	♂	♃	♄	♅	♆	♇
☽										
☿										
♀	∠ -2									
♂	∠ 2			□ 0						
♃		☌ 5								
♄	☌ 5									
♅	☌ 4			∠ 2	∠ -2		☌ 1			
♆	△ 1	□ -2				□ 2	△ -4	△ -3		
♇			∠ -0				✱ 2	✱ 3		
☊										
AC										
MC	□ -3	△ -1					□ 1	□ 0		

Fe	9 ♀♇
Lu	27 ☽☿♃♄♅
Wa	22 ♂ AC MC
Er	14 ☉♆☊

Abb. 4 Frau

zendent das Bedürfnis, sich nicht auf den »häuslichen Wirkungskreis« beschränken zu wollen, und die Betonung der Zeichen Stier (hier steht der Jupiter als Aszendentenherrscher und Mars im Stier) und Krebs (Sonne, Pluto, Merkur) das »Gruppenseelige« an Herrn X. Obwohl Krebs und Stier als Zeichen mehr zur Zurückgezogenheit in familiäre Intimität zu werten wären, zeigt die Position in den Quadranten – hier besonders Krebs im 7. Haus –, daß das familiäre Klima hier nicht so sehr in den eigenen vier Wänden, als in der Begegnung mit anderen Menschen (7. Haus) gesucht wird.

Das Horoskop von Frau X hingegen verweist mit 9 von 10 Planeten auf der linken Horoskophälfte auf einen starken Trend zur Zurückgezogenheit auf sich selbst. Besonders deutlich wir dies durch die Betonung des 12. Hauses als klassischem Raum der Einsamkeit. Die beispielhaft-konkreten Begriffe zum 12. Haus, wie etwa »Gefängnis«, »Kloster«, »Krankenhaus«, weisen auf dieses Klima der Abgeschiedenheit hin. Es ist also nicht verwunderlich, daß Herr X den Eindruck hat, seine Frau ziehe sich in »klösterliche Abgeschiedenheit« zurück, während er die lebendige Auseinandersetzung mit der Umwelt vorziehe.

Trotz dieser sich aus der Quadrantenverteilung ergebenden krassen Gegensätze sind offenbar auch viele Ähnlichkeiten gegeben, die eine 15-jährige Beziehung möglich gemacht haben, wie etwa die Gemeinsamkeit einer Krebs/Stier-Betonung.

Nun aber kommt Herr X zu seinem eigentlichen Konflikt. Er erzählt, daß er jüngst eine andere Frau kennengelernt und sich in sie verliebt habe, weil sie »so ganz anders« als seine Ehefrau sei. Aus den mir übergebenen Daten dieser Geliebten ermittelte ich folgendes Horoskop:
Wenn man sich dies betrachtet, glaubt man seinen Augen nicht zu trauen. Es weist – trotz verschiedener Jahrgänge – eine so frappierende Ähnlichkeit mit dem Horoskop seiner Ehefrau auf, daß es sicherlich schwer wäre, etwa über gezielte Kontaktanzeigen einen so ähnlichen Menschen zu finden.

Auch sie hat 9 von 10 Planeten auf der linken Horoskophälfte, zusammen mit der sehr ungewöhnlichen Planetenballung im 12. Haus. Dazu kommt die Sonne im Stier und ein aszendentennaher Mond, so daß die Aszendentenqualität eine Krebsfärbung be-

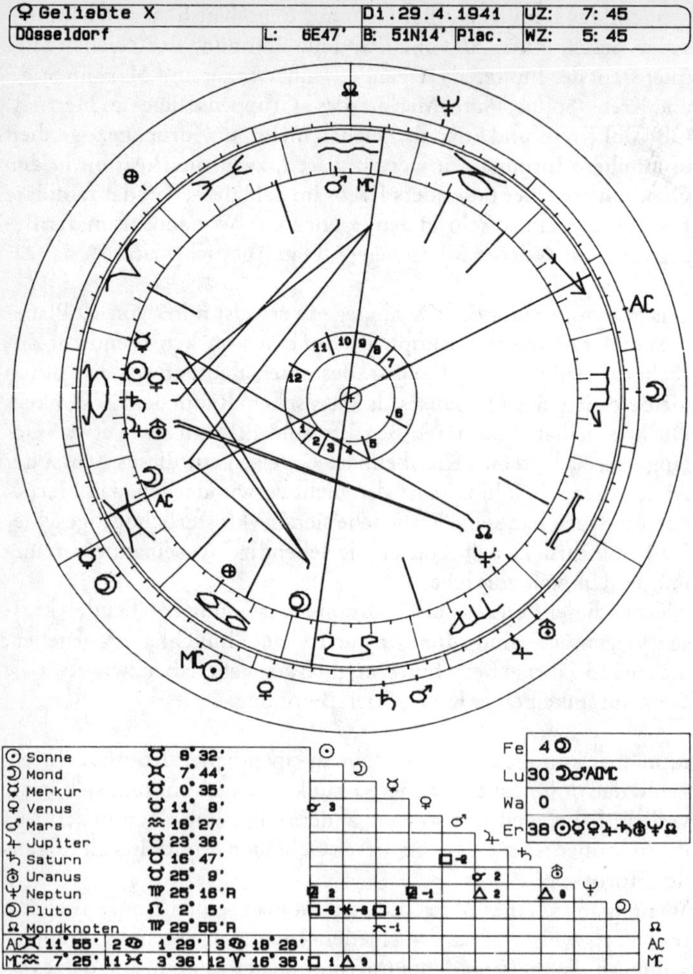

Abb. 5 Geliebte X

kommt. Die Zwillingbetonung durch den Aszendenten der Geliebten wird bei der Ehefrau durch die extreme Planetenbesetzung des Zeichens Zwillinge aufgewogen.

Man muß die intuitive, durch sein Unterbewußtes gelenkte Spürnase von Herrn X bewundern, daß es ihm gelungen ist, einen seiner Frau in den wesentlichen Grundzügen so ähnlichen Menschen zu finden. Dabei erscheint die Blindheit in der Beurteilung auf den ersten Blick geradezu unverständlich. Bei näherer Kenntnis der Umstände ergab sich freilich, daß Herr X seine Geliebte bisher nur in Situationen erlebt hatte, wo diese um der Rendes-vous willen außer Haus gegangen war. Mein Hinweis, es sei damit zu rechnen, daß es in der Beziehung mit der »neuen Frau« langfristig gesehen passieren könnte, daß sich der typische alte Konflikt wieder ergebe, mochte Herr X gar nicht zu glauben. Dies ist naheliegend, da er – noch nicht getrennt von seiner Frau – mit dieser das alte Problem erlebte und nicht mit seiner Geliebten, bei der er ja noch nicht eingezogen war.

Selbst ihm als Astrologieunkundigem erschien aber die Ähnlichkeit der Horoskopgrafiken bedrohlich. Er fragte mich, ob er denn bei dieser Sachlage überhaupt die neue Beziehung wagen und sich von seiner Frau trennen solle.

Ich meine, daß man als seriös arbeitender Astrologe sich nicht belehrend oder rat-gebend in eine solche Entscheidung einmischen darf. Die Aufgabe des Astrologen liegt einzig und allein in der »Aufklärungsarbeit«, welche den Klienten von Illusionen bewahren kann. So kann es durchaus sinnvoll sein, sich auf die neue Beziehung einzulassen, obwohl man weiß, daß eine Neuauflage alten Lernstoffes auf einen zukommen wird, weil man gerade dann bewußter mit dem Thema umzugehen vermag.

Aber auch eine Rückkehr zur Ehefrau wird zu einem bewußteren Umgang mit der Thematik führen, da man an der schick-salhaften Begegnung erkennen konnte, daß man seiner Lernaufgabe nicht durch einen Partnerwechsel entgehen kann.

So kann vielleicht deutlich werden, das man sich unterbewußt gezielt Partner auswählt, die einem die eigene Einseitigkeit besonders deutlich vor Augen zu führen in der Lage sind.

Bei dem Horoskop der Geliebten wird dies bei der Elementenverteilung noch deutlicher. Die im männlichen Horoskop sehr schwach ausgeprägten Elemente Luft und Erde sind im Horoskop der Geliebten die Dominanten und die dort unterrepräsentierten Elemente Feuer und Wasser sind die Domäne des Herrn X. So deutlich kommt das im Vergleich seines Horoskops mit der Ehefrau nicht zum Ausdruck, da diese eine schwächer Luft-, dafür aber stärkere Wasserbetonung aufweist.

Doch zurück zu unserem Schema, zu unserem Gliederungspunkt.

Die Grunddeutung: AC/Sonne/Mond/MC

Diese Grunddeutung setzt sich aus folgenden Komponenten zusammen:

1. *Der Aszendent:* Das grundsätzliche Anliegen, mit dem der Betreffende in die Welt tritt, das zu erfüllende Thema seines Lebens.
2. *Die Sonne:* Die Verhaltensweise, die Art der Energie, mittels derer das Aszendentenanliegen verwirklicht werden soll, die Ausstrahlung des Horoskopeigners.
3. *Der Mond:* Der emotionale Background, die seelische Grundstimmung, die Gefühlslage, welche das Lebensklima des Horoskopeigners entscheidend mitbestimmt.
4. *Das Medium Coeli:* Die Absichtserklärung an das Leben, das zu erreichende Ziel.

Diese Grunddeutung hat zwar keinen direkten Bezug zur partnerschaftlichen Betrachtung, ist aber insofern von ganz besonderer Bedeutung für dieses Thema, als sie entscheidend dazu beiträgt, die Eigenpersönlichkeit des Partners P1 zu erklären. Wie schon oben erwähnt, bin ich der Meinung, daß ein Mensch, der sich selbst erkannt und in seiner Eigenart akzeptiert hat, kaum Probleme mit der Partnerschaft haben wird. Denn aus der Akzeptanz der eigenen Veranlagung ergibt sich die Fähigkeit, den anderen in seiner Persönlichkeit ebenfalls erkennen und so sein lassen zu können.

Das für viele Beziehungen typische, Probleme schaffende Verhalten, den anderen verändern zu wollen, hat seine tiefere Ursache nämlich in der mangelnden Kenntnis und Inakzeptanz der Eigenpersönlichkeit.

Die Mondphase und ihre Aussage zum Thema Partnerschaft

An der Mondphase, zu der der Betreffende geboren ist, können wir – wie oben schon ausgeführt – ablesen, welche Aufgabenstellungen ihn in seinem Verhältnis zum Kollektiv erwarten.[108]

Ist der Horoskopeigner in einer zunehmenden Mondphase geboren, so bedeutet das, daß er vor allem seine Eigenpersönlichkeit entwickeln soll, wobei das Entfaltungsstadium der Mondphase bezeichnet, worauf exakt der Akzent bei dieser Persönlichkeitsentwicklung liegt.

Findet die Geburt dagegen bei abnehmendem Mond statt, so geht es primär um die Einbindung des Betreffenden in das Kollektiv. Auch hier zeigt das Entfaltungsstadium der Mondphase das Entwickkungsstadium innerhalb dieses Prozesses der Integration in das Sozialgefüge an.

Bei der Fülle der Einzelaussagen, die wir aus einem Horoskop gewinnen können, mag es bei oberflächlicher Betrachtung manchmal so erscheinen, als widersprächen sich Einzelaussagen, was vor allem den astrologischen Anfänger oft verzweifeln läßt. Zur Lösung dieses Problems ist es von entscheidender Wichtigkeit, zu wissen, daß die astrologische Betrachtungsweise eine *kumulative* und *nicht* eine *alternative* ist. Das bedeutet, daß die Einzelaussagen nicht in einem Entweder-oder-Verhältnis zueinander stehen, sondern in einem Sowohl-als-auch-Verhältnis. Die Wahrheit über einen Menschen, den wir mit Hilfe der Astrologie untersuchen, liegt also in der Summe aller gewonnenen Aussagen, auch wenn sie widersprüchlich erscheinen mögen.

Dazu ein Beispiel:

Die Planetenverteilung in den Quadranten des oben abgebildeten Horoskops von Herrn X weist diesen als einen Menschen aus, der sich primär auf den Lebensbereich des Kontaktes mit anderen Menschen (3. Quadrat) ausrichtet. Andererseits zeigt die noch kaum entfaltete Mondphase (eine »Widder-Mondphase«[109]), daß er am Anfang eines noch sehr in der Subjektivität gefangenen Persönlichkeitsentfaltungsprozesses steht.

Diese beiden Aussagen scheinen sich zu widersprechen, besonders wenn man – wie wir das üblicherweise tun – geneigt ist, zu fragen, *welche* der beiden Aussagen nun stimmt. Die auf die kumulative Betrachtungsweise gestützte Antwort lautet: *Beide* Aussagen sind richtig und ergänzen sich zu einem Ganzen. Konkret bedeutet das dann, daß Herr X sein dranghaftes Bedürfnis nach Selbstentfaltung (= Widder-Mondphase) im Zusammensein mit anderen Menschen (Planetenschwerpunkt im 3. Quadranten) lebt.

Seine »beiden Frauen« dagegen, deren Mondphasen ein ähnlich drängendes Bedürfnis nach Eigenentfaltung aufweisen (Widder-Mondphase bei Geliebter X und Stier-Mondphase bei Frau X) leben dieses Bedürfnis in der Zurückgezogenheit auf sich selbst.

Wir können an diesem Beispiel erkennen, wie wichtig es ist, die einzelnen Deutungsbausteine exakt in ihrer symbolischen Aussage zu definieren, damit die kumulative Betrachtungsweise ein differenziertes Gesamtbild ergibt. Ist man sich nämlich nicht im klaren darüber, was der einzelne Deutungsbaustein in Abgrenzung zu ähnlichen Symboliken meint, so entsteht ein verwaschenes Gesamtbild mit dem Charakter von Gemeinplätzen.

Die Planeten und das Thema Partnerschaft

Bei diesem Abschnitt des Deutungsschemas geht es nun darum, die partnerschaftliche Bedeutung der einzelnen Planeten, wie sie oben schon behandelt wurde (Sonne = Männlichkeit, Selbstbewußtheit; Mond = Weiblichkeit, Familienbezug, Empfänglichkeit; Merkur = Kommunikationsfähigkeit, »Einkupplungsverhalten«, Venus = erotischer Magnetismus, Sinnlichkeit; Mars = »Eroberungsdrang«, Triebverhalten; etc.) im Horoskop des P1 zu deuten. Damit wird das partnerbezogene Verhalten, bzw. das Erwartungsverhalten des P1 zum Thema Beziehung schon recht differenziert dargestellt.

Eine hervorgehobene Ausnahmestellung unter allen Planeten hat dabei die *Venus,* die als *der Partnerschaftsplanet schlechthin* angesehen werden muß. Sie sollte nicht nur unter den Einzelaspekten des erotischen Magnetismus oder der sinnlichen Veranlagung gesehen werden, sondern sie gibt den Bezug des Horoskopeigners zur Partnerschaft an sich zu erkennen. In der Wichtigkeit und Bedeutung der Faktoren, die wir aus dem Horoskop über das Thema Partnerschaft ablesen können, nimmt sie neben der Qualität und Besetzung des 7. Hauses die Hauptrolle ein.

Die Mondknotenachse

Die Mondknotenachse hat in der modernen Astrologie vor allem Bedeutung für die Fragestellung erlangt: »Woher kommst Du, und wohin gehst Du?« Sie ist also als Zeitachse definiert worden, die den Entwicklungsweg des Horoskopeigners beschreibt und zwar aus seiner Gefangenheit in alten Verhaltensmustern (absteigender Mondknoten) hin zu den »12 Arbeiten des Herakles«, dem Mut der Integration des Neuen, Unbekannten, um sich zu komplettieren (aufsteigender Mondknoten). Sie beschreibt den Weg aus dem schützenden Mutterleib des Vertrauten, Gewohnten, in dem wir uns konditioniert haben, hinein in eine große unbekannte Welt, in die wir – wie der Märchenheld – ausziehen, um »das Fürchten zu lernen«, aber auch, um über abenteuerliche Widrigkeiten zum »Prinzen« oder zur »Prinzessin« zu werden.

Diese Interpretation der Mondknoten, die übrigens den absteigenden Mondknoten mit der Mondsymbolik, und den aufsteigenden Mondknoten mit der Sonne in Bezug bringt[110], sollte uns aber nicht ganz von der klassisch überlieferten Bedeutung der Mondknoten ablenken.

Auch dort werden Sonne und Mond als Komponenten der Mondknotenachse genannt, aber das Spezifische der Mondknoten wird vor allem in der Verbindung dieser beiden Planetenqualitäten gesehen. So galt die Mondknotenachse von alters her als Verbindung und Beziehung schaffend, und besonders der aufsteigende Mondknoten wurde als Partnerschaftspunkt angesehen. Die Vereinigung des Männlichen (Sonne) mit dem Weiblichen (Mond) ist also hier die entscheidende Symbolik, die in der astronomischen Betrachtung dadurch Ausdruck findet, daß die Mondknotenachse – geozentrisch betrachtet – die Schnittachse zwischen Ekliptik (Sonnenbahn) und Mondbahn darstellt.

Die Position des aufsteigenden Mondknoten im individuellen Horoskop zeigt uns also, wo (Mondknoten in welchem Haus?) und wie (Mondknoten in welchem Tierkreiszeichen) sich für den Betreffenden am leichtesten Kontakte zwischen Mann und Frau ergeben werden.

3. Die spezielle partnerschaftliche Veranlagung

Die »Partnerschaftshäuser«

Noch spezieller als in den bisher untersuchten Horoskopbereichen kommt die individuelle partnerschaftliche Veranlagung eines Horoskopeigners in der Färbung seiner »Parnterschaftshäuser« (7, 5, 3,11, 8) zum Ausdruck, wobei das 7. Haus die mit Abstand bedeutsamste Rolle spielt.

Ein Beispielhoroskop

Wie wir an der Gliederung des Deutungsschemas sehen, werden die Häuser zunächst daraufhin untersucht, mit welchen Horoskopfaktoren (vor allem Planeten, aber z. B. auch Mondknoten, Glückspunkt) sie besetzt sind.

Der 2. Schritt besteht dann darin, den (oder bei eingeschlossenen Zeichen die) Herrscher des entsprechenden Hauses zu untersuchen. Wir wollen uns dies an folgender Horoskopgrafik verdeutlichen:

In diesem Beispielhoroskop sehen wir ein sehr komplexes 7. Haus vor uns. Es ist zunächst mit 4 Planeten, nämlich Pluto, Neptun, Mars und Jupiter[111] besetzt und hat darüber hinaus auch noch 2 Herrscher, nämlich Mond als Herrscher über den Krebs-DC und Sonne als Herrscher über den im 7. Haus eingeschlossenen Löwen.

Gerade bei einer solchen Vielfalt von Einzelaussagen über den Partnerschaftsbereich muß man die einzelnen Faktoren in ihrer Bedeutsamkeit in eine hierarchische Ordnung bringen. Dabei gelten folgende Faustregeln:

– Von den in einem Haus stehenden Planten ist der der Häuserspitze am nächsten stehende Planet der wirksamste. Die anderen folgen in der Reihenfolge ihres Abstandes von der Häuserspitze. Im vorliegenden Beispiel heißt dies, daß Pluto der mit Abstand (wörtliche Übersetzung der grafisch sichtbaren Distanz zum Neptun) bedeutsamste Faktor im 7. Haus ist. Zweitwichtigster Faktor ist

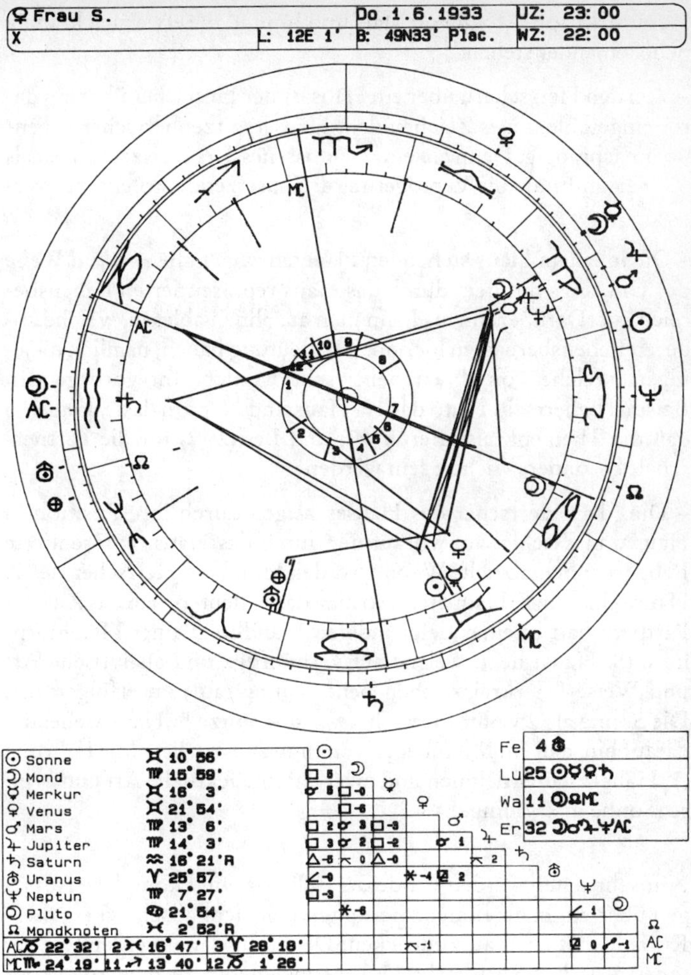
♀ Frau S.
Do.1.6.1933
UZ: 23: 00
X
L: 12E 1'
B: 49N33'
Plac.
WZ: 22: 00
MC
AC
☉ Sonne ♊ 10°56'
☽ Mond ♍ 15°59'
☿ Merkur ♊ 16° 3'
♀ Venus ♊ 21°54'
♂ Mars ♍ 13° 6'
♃ Jupiter ♍ 14° 3'
♄ Saturn ♒ 16°21'R
♅ Uranus ♈ 25°57'
♆ Neptun ♍ 7°27'
♇ Pluto ♋ 21°54'
☊ Mondknoten ♓ 2°52'R
AC ♉ 22°32'
2 ♓ 16°47'
3 ♈ 28°18'
MC ♏ 24°19'
11 ♐ 13°40'
12 ♉ 1°26'
Fe 4 ♅
Lu 25 ☉☿♀♄
Wa 11 ♇☊MC
Er 32 ☽♂♃♆AC

Abb. 6 Frau S.

Neptun, knapp gefolgt von Mars und Jupiter, die etwa gleichrangig nebeneinander stehen.[112]

– Von den Herrschern über ein Haus ist der Herrscher über ein darin eingeschlossenes Zeichen dem Häuserspitzenherrscher gegenüber nachrangig. Denn ein eingeschlossenes Tierkreiszeichen ist als schwer und nur mit Verzögerung freizusetzende Potenz zu werten.

– Die in einem Haus stehenden Planeten zeigen die *Art und Weise* des Umgangs mit dem durch das Haus repräsentierten Lebensbereich auf. Darüber hinaus kann man aus ihnen ablesen, welche anderen Lebensbereichen hier noch Bedeutung haben, nämlich diejenigen, welche von ihnen beherrscht werden. Im vorliegenden Beispiel beherrscht Pluto das 10. Haus und Neptun das 2. Haus, so daß die Themenkreise Beruf (10) und Besitz (2) für die Partnerschaft besonders wichtig sein werden.

– Die (der) Herrscher des Hauses zeigen durch ihre Position in Haus und Zeichen an, worauf der durch das Haus repräsentierte Lebensbereich abzielt. Wenn also der Mond als Herrscher des 7. Hauses hier im 8. Haus steht, so mag das bedeuten, daß das Ziel der Partnerschaft in einer tiefgründigen Wandlung, einer Metamorphose (8. Haus) liegt, welche auf vernünftige und analytische Art und Weise (Tierkreiszeichenebene = Jungfrau!) zu erfolgen hat. Die Sonne als zweiter Herrscher weist – Spitze 5. Haus stehend – darauf hin, daß ein Mitanliegen von Frau A darin liegt, die Führung (5. Haus) zu übernehmen und zwar auf intellektuelle Art und Weise (Sonne in Zwillinge).

Nur sehr selten werden wir derart vielfältige und komplexe Aussagen über ein Haus finden. Sie sollten uns nicht abschrecken, diese Komplexität auch auszudrücken. Denn nur dann werden wir der innerseelischen Realität des Horoskopeigners gerecht werden können.

Doch auch dann, wenn das 7. Haus nicht mit Planeten besetzt ist, bleiben noch genügend Interpretationsmöglichkeiten.

Sehen wir uns dazu das Horoskop von Herrn S. an.

Das leere 7. Haus zwingt uns dazu, als erstes den Herrscher von 7 zu betrachten. Dies ist bei einem Stier-DC die Venus, die hier im

♂ Herr S.		Sa.28.2.1931		UZ: 22: 30
X	L: 12E 1'	B: 49N33'	Plac.	WZ: 21: 30

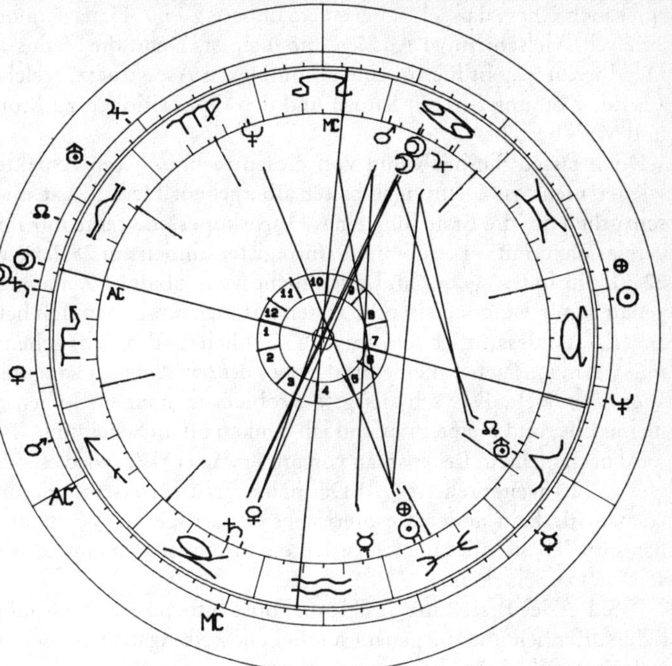

☉ Sonne	♓ 9° 21'	
☽ Mond	♋ 19° 46'	
☿ Merkur	♒ 26° 54'	
♀ Venus	♉ 24° 21'	
♂ Mars	♋ 27° 48' R	
♃ Jupiter	♋ 10° 31' R	
♄ Saturn	♉ 20° 12'	
♅ Uranus	♈ 13° 22'	
♆ Neptun	♍ 4° 16' R	
♇ Pluto	♋ 18° 54' R	
☊ Mondknoten	♈ 16° 30' R	
AC ♏ 0° 24'	2 ♏ 27° 57'	3 ♉ 1° 54'
MC ♌ 9° 48'	11 ♍ 13° 31'	12 ♎ 9° 58'

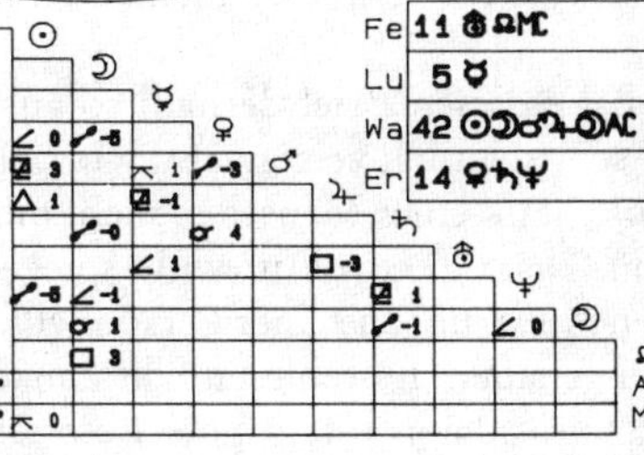

Fe	11 ♅ ☊ MC
Lu	5 ☿
Wa	42 ☉☽♂♃♇ AC
Er	14 ♀♄♆

Abb. 7 Herr S.

3. Haus im Steinbock steht. Schon daraus läßt sich eine griffige Aussage herleiten (dazu später), doch wir können an diesem Beispiel auch sehen, daß selbst bei einem unbesetzten 7. Haus dennoch eine sehr vielschichtige Aussage möglich ist. Denn die Venus als Herrin von 7 steht hier in einem komplexen Aspektnetz, welches aus der Konjunktion mit Saturn und den Oppositionen zu Mond und Mars besteht.[113]

Doch lassen Sie mich nun von diesen technischeren Aspekten wieder mehr zu Deutungsinhalten übergehen. Herr S. bat mich schriftlich um die Erstellung eines Horoskopes und teilte mir Folgendes dazu mit: »Laut Standesamtregister bin ich am 28.2.31 um 22.30 Uhr in (...) geboren. Da ich nicht weiß, ob diese Zeitangabe genau genug ist, noch ein paar Daten aus meinem Leben: Ich habe am (...) standesamtlich und am (...) kirchlich (katholisch) geheiratet.[114] Am (...) gebar meine Frau *zwei Töchter.* Am (...) kam *mein Sohn* zur Welt. Das schwierigste Problem in meinem Leben ist meine Ehe, und meine Frau und ich denken oft an Scheidung. Was wird nach meinem Lebensplan von mir erwartet? Wie wird es, oder wie soll es weitergehen? (...) Da meine Frau für Astrologie und ebenso für kein anderes esoterisches Wissensgebiet Verständnis hat, bitte ich Sie, alle an mich gerichtete Briefpost an meine Schwester (...) zu schicken ....

P. S. Bei der Erstellung des Horoskopes bitte ich um größtmögliche Offenheit und um genauest mögliche Zeitangaben. Außer mir selbst wird Ihr Schreiben niemand lesen.«

Ich habe diesen Brief deshalb so ausführlich zitiert, weil sich an ihm sehr deutlich zeigen läßt, wie sich die grundsätzliche Lebensproblematik eines Menschen nicht nur in seiner astrologisch sichtbaren Charakterstruktur widerspiegelt, sondern auch in allen anderen Äußerungen seiner Persönlichkeit, wie hier im Brief.

Bei genauem Durchlesen fällt zunächst die exakte Beschreibung der Heiratsdaten auf, mit der Betonung auf der kirchlichen Komponente. Sie findet ihre astrologische Entsprechung in der starken Besetzung des 9. Hauses (Pluto als Aszendentenherrscher, Mond als die Grundstruktur der Persönlichkeit prägender Faktor, plus zwei Planeten). Die für den Skorpionaszendenten typische »leitbildhafte Fixierung« richtet sich hier auf das 9. Haus als Haus der Religiosität und der ethischen Grundwerte. Es wird in der Briefformulierung deutlich, wie wichtig das »Sakrament der Ehe« hier genommen wird. Gleich im nächsten Satz zeigt der Horoskopeigner sein problematisches Verhältnis zur Weiblichkeit, wenn er davon spricht, daß seine Frau zwei Töchter gebar, dann aber *sein* Sohn zur Welt kam. Dieser Aspekt wird im Horoskop durch die außerordentlich schwierige Position der Planeten Mond und Venus repräsentiert, die ja beide verschiedene weibliche Archetypen darstellen.[115]

Man kann hier auch sehr deutlich die Neigung zur Projektion eigener innerseelischer Probleme auf die Umwelt sehen, denn das *eigene* Horoskop zeigt ja auch das *eigene* Problem und weist nicht etwa daraufhin, daß der Horoskopeigner ohne Eigenbeteiligung »draußen« schicksalhaft verwickelt wird.

Herr A fragt, was nach seinem Lebensplan von ihm erwartet wird. Nun, genau das, daß er erkennt, mit welcher Brille er Wirklichkeit sieht und wertet. Kann es denn verwundern, daß man nicht besonders glücklich wird mit Frauen, wenn man ihnen schon bei der Geburt so voreingenommen begegnet? Es geht hier allerdings nicht darum, Herrn A Schuld zuzuweisen, sondern nur darum, aufzuklären. Schuldzuweisungen erreichen nämlich nur, daß der Beschuldigte Energie zur Verteidigung gegen den Vorwurf mobilisiert, die er besser für Selbsterkenntnis und das Entdecken von Alternativmöglichkeiten zu seinem Verhalten verwenden kann.

In der nächsten Bemerkung im Brief legt Herr S. ein weiteres seiner partnerschaftlichen Probleme offen. Er bittet um Zusendung der Briefpost an seine Schwester, da seine Frau kein Verständnis für Astrologie habe. Die hier anstehende Geheimniskrämerei schafft nicht gerade ein Klima des Vertrauens in der Beziehung. Hat er Angst von »seiner Mutter« sein Hobby verboten zu bekommen? Fühlt er sich einer kritischen Diskussion nicht gewachsen, oder glaubt er, die Einwilligung seiner Frau dafür zu brauchen, daß er sich für Astrologie interessiert? In einer wirklichen Partnerschaft sollte es doch möglich sein, daß jeder von beiden ein Interessengebiet hat, ohne sich dafür vor dem anderen rechtfertigen oder wie hier verstecken zu müssen, zumal wenn dieses Interesse den anderen nicht in seinen Bedürfnissen tangiert.

Gibt uns die Horoskopbetrachtung die Möglichkeit, den Sachverhalt besser zu verstehen?

Wenn wir die Gesamtpersönlichkeit von Herrn S. astrologisch betrachten, so fällt uns auf, daß er als sehr gefühlsbetonter, verletzlicher Mensch ohne große Eigenstabilität verstanden werden muß. Darauf weisen die vielen Wasserpunkte bei der Elementenauszählung hin (42 bei einer Durchschnittsverteilung von 18 Punkten pro Element!). Auch in diesem Beispiel zeigt sich die Tendenz, sich durch den Partner harmonisch zu ergänzen. Denn Herr S. hat sich eine Frau ausgewählt, die die in seinem Horoskop schwach vertretenen Elemente Luft und Erde überdurchschnittlich stark vertritt.[116] Kann man ihn von der Elementarqualität her gesehen als seelisch extrem beeindruckbar und verträumt (Wasser) bezeichnen, so verkörpert seine Frau mehr den Typus der neutralverbindlichen Intellektuellen (Luft) und sachlich-skeptischen Pragmatikerin (Erde). Hier trifft also ein idealistisch (Skorpion-AC)-lyrischer (Fische-Sonne)-Typus auf einen aus Grundsätzlichkeit (Steinbock-AC) zweifelnden (Zwilling-Sonne)--Typus.

Es liegt nahe, zu vermuten, daß Herr S. sich in seiner chaotisch-emotionalen Veranlagung einfach gefühlsmäßig zu den Lehren der Esoterik hingezogen fühlt, ohne sich dabei in der Lage zu sehen, seine Standpunkte argumentativ darzustellen[117] oder gar zu begründen, wie es seine Frau sicherlich wünschen würde. Denn sie ist ja ein Mensch, der fast ausschließlich auf rationale Art und Weise erreicht werden kann: Steinbock-AC, Sonne und zwei Planeten im Merkurzeichen Zwillinge und Mond und drei Planeten im Merkurzeichen Jungfrau. Sie ist quasi die geborene Skeptikerin und wird auch aufgrund ihrer intellektuellen Veranlagung (Zwillinge/Jungfrau) keine Mühe damit haben, ihren Mann logisch in seinen »esoterischen Amibitionen« zu widerlegen. Mag sein, daß er aus Angst davor, »verargumentiert« zu werden, es vorgezogen hat, zum »stummen Fisch« zu werden und sich der Kritik seiner Frau gar nicht erst auszusetzen. Nur schürt er damit – ohne es vielleicht zu wollen – das in seiner Frau angelegte Mißtrauenspotential. Denn die Neugier eines so stark merkurbetonten Menschen wird natürlich erst recht skeptisch werden, wenn einmal bekannt werden sollte, daß heimliche Briefpost an Deckadressen gesandt wird. Wer schon beobachtet hat, wie schwer sich ein jungfraubetonter Mensch damit tut, an einem Schreibtisch vorüberzugehen, auf dem Briefe liegen, ohne dabei die Adressen zu lesen, oder geöffnete

Briefe zu überfliegen, auch wenn sie nicht für ihn bestimmt sind, der vermag sich vorzustellen, was in Frau S. vorgehen mag, wenn sie auf die Tatsache stoßen sollte, daß es heimliche Korrespondenz ihres Mannes gibt.

Es wäre aber auch falsch, Herrn S. in einem Beratungsgespräch dahingehend zu unterstützen, daß seine Frau die ganze Verantwortung für sein heimliches Verhalten trägt. Es ist demgegenüber wichtig, ihm dabei zu helfen, zu sehen, daß die Neigung zur Geheimniskrämerei eine in ihm selbst angelegte ist, und zwar ganz unabhängig davon, wie eine beliebige Partnerin sich verhielte. Als Astrologe tut man sich leicht damit, dies zu zeigen. Denn seine diesbezüglichen Neigungen sind ja überdeutlich in *seinem* Horoskop ablesbar: Skorpion-AC, Fische-Sonne, Sonne-Neptun-Opposition, Neptun als u. a. höchststehender Planet, Mond-Pluto-Konjunktion.

Nicht umsonst bittet Herr S. in seinem P. S. zum Brief um »größtmögliche Offenheit«; er rechnet aus seiner eigenen Veranlagung heraus nicht mit ihr[118] und glaubt daher, ausdrücklich darum bitten zu müssen. Und er bestätigt seine Veranlagung auf geradezu karikaturistisch deutliche Art und Weise durch seinen letzten Satz: »Außer mir selbst wird Ihr Schreiben niemand lesen«.

Andererseits müßte man in einer Parnterschaftsberatung Frau S. darüber aufklären, wie schwer sich ihr Mann im Gegensatz zu ihr selbst tut, seine Gefühle rational-faßbar darzustellen, und daß sie ihn in seiner emotionalen Sensibilität durch ihre »inquisitorische Intellektualität« – ebenfalls vielleicht ohne dies zu wollen – geradezu zum Rückzug in die Heimlichkeit zwingt. Es ist sogar wahrscheinlich, daß sie sich ursprünglich gerade wegen seiner Gefühlsbetontheit zu ihrem Mann hingezogen fühlte (um ihr »Manko« in diesem Punkt in der Symbiose mit ihm auszugleichen), ihm nun aber einen Vorwurf aus seiner Eigenart zu machen beginnt.

Wie sehr wir oft genug versuchen im anderen das zu finden, was sich auch in unserem Horoskop (im 7. Haus) als »der (das) Andere« zeigt, vermag uns dieses Beispiel deutlich zu zeigen.

Denn wir sehen im Horoskop von Frau S. den Pluto an erster und den Neptun an zweiter Stelle in ihrem 7. Haus. Ihr Mann aber verkörpert in seiner Person sowohl das Plutonische (Skorpion-AC), als auch das Neptunische (Fische-Sonne). Darüber hinaus ist auch noch der Mond der Herrscher über ihr (7. Haus) (Krebs-

DC), und im männlichen Horoskop Krebs das meist besetzte Zeichen. Man könnte also davon sprechen, daß Frau S. exakt das in der Umwelt vorfindet, was in ihrer eigenen Charakterstruktur als Projektionsmuster (= 7. Haus) vorgezeichnet ist. Ihr Mann ist also – was Selbsterkenntnischancen angeht – geradezu der Idealmann für sie, obwohl sie es selbst im Moment wohl kaum so sieht.

Im Horoskop des Herrn S. ist seinerseits schon der Stier-DC ein Hinweis dafür, daß S. sich in der Umwelt (7. Haus) mit bodenständigem Realismus (Stier-DC) auseinandersetzen muß. Der kritische Realismus bis Materialismus (Erdbetonung) seiner Frau ist da ein gutes »Übungsfeld«. Deutlicher wird dies noch, wenn wir sehen, daß die Venus als Herrin über sein 7. Haus auch noch in Steinbock und in Konjunktion mit Saturn steht, und seine Frau durch ihren Aszendenten und den Saturn im ersten Haus eine klassische Verkörperung dieser Konstellation darstellt. Weiter ist auch noch die Zwillinge-Qualität seiner Frau in der Position seiner Venus im 3. Haus (entspricht Zwillinge) ausgedrückt. Auch Herr S. scheint also einen Partner gefunden zu haben, der sein eigenes Bedürfnis nach Gegensatzergänzung optimal erfüllt. Je mehr beiden Ehepartnern diese Zusammenhänge wirklich bewußt werden[119], desto geringer wird der vornehmlich aus Unbewußtheit resultierende Streit und das damit verbundene Leid.

Zur Einübung partnerschaftlicher Konstellationsmuster möchte ich Ihnen im folgenden einige Kombinationen anbieten:

Planeten im 7. Haus, dem Haus der Beziehung schlechthin:

Das 7. Haus – Haus der Beziehung

Planeten in 7 / Herrscher von 7

Saturn im 7. Haus: »Die Distanzbeziehung«

Diese Konstellation entspricht inhaltlich auch den nachstehend aufgeführten Symbolkombinationen, nur ist der Grad der Intensität unterschiedlich. Ich habe deshalb die folgenden Symbolkombinationen nach Stärkegraden geordnet, wobei dem Stärkegrad I die intensivste Wirkung zukommt, die anderen in ihrer Reihenfolge immer schwächer werden. Besonders spürbar wird die Symbolik dort, wo sie in mehreren Varianten im Geburtsbild auftritt, z. B. Saturn in 7 plus Venus im Steinbock plus Venus-Quadrat-Saturn etc.

Ein Beispiel für eine solche verstärkende Summierung von Symbolkombinationen ist im o. g. Horoskop des Herrn S. gegeben. Wir finden hier das Thema Distanzbeziehung in folgenden Spielarten und Stärkegraden ausgedrückt: Saturn-Konjunktion Venus (Stärkegrad I), Venus im Steinbock (Stärkegrad II), Saturn-Konjunktion mit Herrscher von 7 (Stärkegrad II), Herrscher von 7 im Steinbock (Stärkegrad III). Das Thema liegt also 4-fach und recht stark ausgeprägt vor und wird damit zu einem beherrschenden Problem.

Stärkegrad I:
Saturn im 7. Haus
Saturn Konjunktion, Opposition, Quadrat zu Venus
Stärkegrad II:
Venus in Steinbock,
Venus im 10. Haus,
Saturn Konjunktion, Opposition, Quadrat zu Herrscher von 7
Stärkegrad III:
Herrscher von 7 in Steinbock
Herrscher von 7 im 10. Haus
Stärkegrad IV:
Saturn Trigon, Sextil, Halb-, Anderthalbquadrat, Quincunx zu Venus
Saturn Trigon, Sextil, Halb-, Anderthalbquadrat, Quincunx zu Herrscher von 7
Stärkegrad V:
Deszendent in Steinbock (Krebs-AC)
Saturn in Waage

Alle hier genannten Konstellationen haben ein Erlebnismuster als Grundlage, welches ich mit dem Schlagwort: »Die Distanzbeziehung« kennzeichnen möchte.

In welchen Spielarten Distanz praktisch erfahren wird, ist dabei individuell oft sehr verschieden. So mag der eine die Erfahrung machen, daß er sich (scheinbar zufällig) immer für Partner interessiert oder sich in solche verliebt, die örtlich schwer erreichbar sind, sich also beispielsweise als Münchner in eine Pariserin oder Chilenin oder Japanerin verliebt, so daß ihn mindestens 800 km von der Geliebten trennen.

Ein anderer stellt mit derselben Konstellation immer wieder fest, daß er an verheiratete oder anderweitig fest gebundene Partner gerät und so die Beziehung zu dem Dritten den Kontakt verhindert. Wieder ein anderer hat ein besonderes Faible für spirituell gebundene (potentielle) Partner, die ihr Leben als Nonne, Jesuitenpater oder enthaltsamer Yogi führen wollen.

Das Schicksal kann diese Konstellationen noch auf vielfältige andere Art »verpacken«, etwa in der Form des Interesses für Partner, die wesentlich älter als der Horskopeigner sind[120], oder solche, die »mit ihrem Beruf verheiratet«, sind und daher schwer »verfügbar«. Es kann aber auch ganz einfach die Situation sein, daß man sich immer wieder für solche Menschen interessiert, die keine Gegenliebe empfinden, oder solche innerlich ablehnt, die sich ihrerseits in den Horoskopeigner verlieben.

Ein Mensch mit Saturn in 7 (oder den entsprechenden Symbolvarianten) würde, wenn man ihm 100 potentielle Partner zur Auswahl anbieten würde, mit großer Treffsicherheit die wenigen auswählen, die eins der oben genannten Kriterien erfüllen und so für ihn schwer erreichbar bleiben.

Man mag sich fragen, ob dies nun »böses Schicksal«, »Karma« oder ein Selbstbestrafungswunsch des Betreffenden ist, der ihn immer wieder an der Erfüllung von Beziehung hindert oder sie zumindest erschwert, oder was sich hinter solch zu-fälligem »Pech« sonst verbergen mag.

Mir persönlich erscheint die Hypothese eines Selbstschutzes hier noch am eingängigsten. Nicht zuletzt in meiner langjährigen Erfahrung mit der Reinkarnationstherapie[121] stieß ich bei Horoskopeignern mit diesen Konstellationen immer wieder auf unverarbeitete Trennungs(Saturn!)-situationen. Bei dieser Beobachtung drängte sich immer mehr eine Analogie aus der Ebene körperlicher Verletzungen auf: Wenn wir verletzt werden, bildet der Körper als Schutzmaßnahme einen »Wundschorfpanzer«, der sicher stellen soll, daß sich das Gewebe wieder ungestört regenerieren kann. Kaum hat sich Granulationsgewebe gebildet, und zarte rosa Haut ist nachgewachsen, so zeigt der Körper viel Mut, indem er den schützenden Wundschorf abstößt und sich damit potentiell an derselben Stelle wieder für verletzbar erklärt.

Saturn scheint mir diese Wundschorffunktion auf einer seelischen Ebene zu erfüllen, indem er wie ein Panzer verhindert, daß eine noch nicht verheilte seelische Wunde zu früh wieder aufbricht. So verhindert er durch die oben genannten »Distanzspiele«[122], daß

Partnerschaft zu schnell zu nahe geht. Technisch-funktionelle Versuche, die vom Oberbewußten oft als hinderlich empfundene Schutzfunktion zu verhindern, indem man nach »Brechstangenlösungen« sucht, um die Beziehung zu erzwingen, gleichen auf der körperlichen Ebene einem zu frühen Abkratzen des Wundschorfes und führen zu entsprechend unangenehmen Folgen wie z. B. Narbenbildung.

Eine weitere Variante dieser Symbolkombination liegt in der Beziehung »um der Form willen«. Partnerschaft wird hier gerne an den gesellschaftlich relevanten Maßstäben gemessen, was zur Folge hat, daß der (die) Betreffende sich weniger fragt, was *er/sie* persönlich gern möchte, als danach, was *man* tun sollte.[123]

Wenn »man« sich daher zum Eingehen einer Beziehung entschlossen hat, geht die Tendenz dahin, sie auch bis zum bitteren Ende beizubehalten, selbst, wenn die Umstände sich wesentlich verändert haben. »Man« kann schließlich nicht so einfach ein einmal gegebenes Wort brechen. Was später dann bleibt, ist das »ehrenhafte« Gefühl, jeder Veränderung der Gefühlslage zum Trotz treu durch dick und dünn gegangen zu sein und sich die diamantene Hochzeit durch Disziplin verdient zu haben. Der Ewigkeitsgesichtspunkt des Saturninen verschlingt hier – wie Saturn in der Mythologie – die Kindlichkeit und mit ihr Laune (Luna = Mond) und Gefühle um des Prinzips der Stabilität willen.

Das hier häufig anzutreffende Minderwertigkeitsgefühl bezüglich der eigenen erotischen Ausstrahlung sucht Sicherheit in statistischer Norm und findet doch oft gerade dort erneute Ablehnung.[124] Das Messen an statistischen Normen zum Thema Sexualität[125] kann bei beiden Geschlechtern zu einer durch Normenhörigkeit verursachten Frigidität führen, aus dem ängstlichen Versuch, »es richtig zu machen«. Saturn ist eben kein Prinzip, welches Mut zu Subjektivität macht, sondern eher zum Verstecken hinter einer Pseudoobjektivität einlädt.

Zu den Themenkreisen, die Saturn in 7 als Lernaufgaben stellt, ist auch die Fähigkeit zur Abgrenzung zu nennen. Damit meine ich ein »Nein zur rechten Zeit« als Akt der Liebe zu begreifen, der dabei hilft, aus kindlicher Symbiose eine erwachsene Beziehung aufzubauen.[126]

Ebenso muß der »Saturnier« freilich lernen, sich auf Beziehung überhaupt einzulassen. Denn die oben genannte »Distanzbeziehung« ergibt sich ja nicht immer nur »schicksalhaft« von außen, sondern kann gerade in der Fallgestaltung der Abneigung von Menschen, die einem Liebe erweisen wollen, den eigenen Panzer offenbaren. Oft realisieren Menschen mit Saturn in 7 gar nicht, wenn sich jemand für sie interessiert, ganz im Gegensatz zu Situationen, in denen sie sich abgelehnt fühlen; die nehmen sie umso stärker wahr. Hier heißt es also, die wie unter einer Kälteanästhesie verborgene Sensibilität für die Zuneigungsgefühle anderer wieder zum Leben zu erwecken.

Schließlich ist bei Saturn in 7 auch noch häufig ein »Spiel« zu beobachten, in dem der Partner so lange umworben wird, bis er sich einlassen würde, dann aber (aus Angst des Horoskopeigners?) nicht »herangelassen« wird. Der Vorwurf des anderen lautet dann: »Was wirbst Du um mich, wenn Du mich jetzt, wo es »ernst« wird, zurückstößt?«

»Neptun im 7. Haus: Die »Schwipsbeziehung«

Analoge Bedeutung haben in folgender Abstufung der Stärkegrade:

Stärkegrad I:
- Neptun im 7. Haus
- Neptun Konjunktion, Opposition, Quadrat zu Venus

Stärkegrad II:
- Venus in Fische
- Venus im 12. Haus
- Neptun Konjunktion, Opposition, Quadrat zu Herrscher von 7

Stärkegrad III:
- Herrscher von 7 in Fische
- Herrscher von 7 im 12. Haus

Stärkegrad IV:
- Neptun Trigon, Sextil, Halb-, Anderthalbquadrat, Quincunx zu Venus
- Neptun Trigon, Sextil, Halb-, Anderthalbquadrat, Quincunx zu Herrscher von 7

Stärkegrad V:
- Neptun in Waage
- Fische-DC (Jungfrau-AC)

Ich habe diese Symbolik mit dem karikierenden Begriff »Schwipsbeziehung« betitelt, weil ich glaube, daß das Verhaltensmuster durch die Begegnung zweier angeschwipster Personen am leichtesten illustriert werden kann, und der Begriff sich als »Eselsbrücke« leicht einprägt.

Wenn wir uns also vorstellen, daß zwei leicht alkoholisierte Personen an einer Bar nebeneinandersitzen, so läßt sich oft beobachten, daß sich die Betreffenden unter dem Eindruck des Alkohols (selbst als Fremde) recht schnell nahekommen. Auch bei einer distanzierteren Persönlichkeitsstruktur hilft der Schwips dabei, sich schulterklopfend zu »duzen«, was im nüchternen Zustand vielleicht als ganz abwegig erschiene. So kommt es auch schneller zu recht persönlichen Gesprächen. Denken wir beispielhaft daran, daß A dem B von einer leerstehenden Wohnung in seinem Haus erzählt, worauf B freudig zu erkennen gibt, daß er selbst gerade auf Wohnungssuche sei. In diesem Moment, in dem B sich in seiner konkreten Persönlichkeit mit entsprechenden Bedürfnissen zu erkennen gibt, wird A freilich am liebsten unter einer Tarnkappe verschwinden. Denn so sehr er dem anderen seine persönliche Situation mitteilen wollte, so wenig sucht er ein konkretes Eingehen darauf. Was der Beschwipste sucht, ist *unverbindliche* Nähe. Er möchte dem anderen als Menschen nahe sein, ihn verstehen und von ihm verstanden werden, aber um Gottes willen nicht in eine konkrete Beziehung verstrickt werden. Er wird deshalb versuchen, sich dem anderen »glitschig wie ein Fisch« (Neptun) zu entziehen, ohne ihm dabei in irgendeiner Weise weh zu tun. Die Suche nach dem Menschen im anderen, das Aufspüren seiner leidenden Kreatürlichkeit, bringt ihn dazu, das persönliche Gespräch zu suchen; sobald dieser jedoch in seiner allzu menschlichen Individualität erscheint, entzieht sich der Beschwipste enttäuscht. Der rauschähnliche Zustand unverbindlicher Nähe droht gleichsam durch »den Kater danach« ernüchtert zu werden. In der Hoffnung auf zwischenmenschliche Nähe, ohne die Verstrickung in die Alltagsrealität, sucht er gerade nicht nach der »realisierbaren« Beziehung, sondern nach einer, die in romantischer Unverbindlichkeit verbleibt.

Möchte man einen Menschen mit Neptun im 7. Haus zu »fassen kriegen«, so muß man vorgehen, als wollte man einen Fisch fangen. Eine Möglichkeit dazu wäre der Versuch des Anglers, den Fisch dadurch zu täuschen, daß er einen rosa Wurm über einen rostigen

Angelhaken stülpt. Der Fisch beißt dann in die rosarote Illusion (illusionäre Versprechen, für die er sehr empfänglich ist) und bleibt dabei am rostigen Haken der Alltagsrealität hängen. Ein anderer Weg ist der der Reuse oder des Netzes. Hier muß der Fisch mit extremer Vorsicht »umgarnt« werden – denn Fische (Menschen mit Neptun in 7) riechen einengende Netze meilenweit – um ihn, wenn die Umgarnung lückenlos geworden ist, aus seinem Element (Wasser = das Element der Gefühle) zu ziehen. Als weiterer Weg bleibt dann noch derjenige blitzartiger Überraschung, im Naturgeschehen repräsentiert durch lachsfischende Bären oder Fischadler. Wir können das auch selbst ausprobieren, wenn wir die Hand unter die uferüberlappenden Grasnaben klarer Forellenbäche hängen. Da die Fische die örtliche Wärme lieben, werden sie sich über die Hand stellen. Wir dürfen sie natürlich jetzt nicht langsam schließen, sonst schwimmt der Fisch weg. Schließen wir sie schnell, so glitscht er weg. Es hilft also nur ein überraschend plötzliches »An-Land-Schlagen«.

Freilich möchte ich all denen, die hierdurch die Hoffnung hegen, einen Partner mit Neptun in 7[127] durch »An-Land-schlagen«, »Angeln« oder »Umgarnen« dingfest machen zu können, zu bedenken geben, wie es dem gefangenen Fisch an Land ergeht: Er wird um Luft ringend sterben und dabei schlimme Gerüche verbreiten.

Daher sollte man es Vorziehen, dem »Fische-Partner« eine warme Hand anzubieten, zu der er immer wieder gerne aus seiner dreidimensionalen Freiheit zurückkehren wird. Ebenso wichtig ist es, nicht mit bohrenden Fragen in ihn einzudringen, sondern ihm einen schützenden Geheimnisraum zu lassen, damit er nicht gezwungen wird, einem etwas vorzuschwindeln.

Wenn man mit Saturn in 7 eher einem – zumindest nach außen – stabilen Partner begegnet, der manchmal sogar als beamtenhaft reglementierend wirken mag, oder einem Menschen, der durch seine gesellschaftliche Position besticht, so führt einen das Schick-Sal mit Neptun in 7 vorwiegend mit Menschen zusammen, die labilen, sensiblen, oft auch haltlos wirkenden Charakter haben. Das Spektrum reicht von der Begegnung mit Süchtigen und Asozialen, bis hin zur Suche nach dem Guru, der eben gerade jene attraktive Mischung von persönlicher Nähe und Unerreichbarkeit repräsentiert, die hier so anzieht. Auch der »Therapietrip« gibt die Chance im Schutzraum der Therapie einerseits intime Offenheit zu erfahren, bei der gleichzeitigen Gewißheit, die Beziehung nicht »realisieren« zu müssen. Die »unsterbliche« Verliebtheit in den Leinwandhelden (die Filmschauspielerin)[128] ist eine weitere Form, die Welt der Phantasie derjenigen der greifbaren Welt vorzuziehen. Auch Neptun ist demnach als sehr erdferner Planet ein »Distanzplanet«, auch wenn er sich in seiner Eigenart deutlich von Saturn unterscheidet.[129]

Uranus im 7. Haus: Die »Hasch-mich-Beziehung«

Stärkegrad I:
- Uranus im 7. Haus
- Uranus Konjunktion, Opposition, Quadrat zu Venus

Stärkegrad II:
- Venus in Wassermann
- Venus in Haus 11
- Uranus Konjunktion, Opposition, Quadrat zu Herrscher von 7

Stärkegrad III:
- Herrscher von 7 in Wassermann
- Herrscher von 7 im 11. Haus

Stärkegrad IV:
- Uranus Trigon, Sextil, Halb-, Anderthalbquadrat, Quincunx zu Venus
- Uranus Trigon, Sextil, Halb-, Anderthalbquadrat, Quincunx zu Herrscher von 7

Stärkegrad V:
- Uranus in Waage
- Wasserman-DC (Löwe-AC)

Wie das Bild der »Hasch-mich-Beziehung«[130] erkennen läßt, ist auch hier der Spiel-Raum zwischen den Partnern etwas Entscheidendes. Uranus als Symbol der Freiheit verlangt seinen Tribut von der Beziehung. Dabei entsteht – meiner Beobachtung nach – oft ein »Fänger-Läufer-Syndrom«, indem sich der eine der beiden Partner durch Flucht zu entziehen versucht, und der andere in die Jäger- oder Fänger-Position gerät.

Dabei kann man sich als Uranus in 7 – Eigner in beiden Positionen wiederfinden, mit der Tendenz zum Fänger bei Betonung der weiblichen Elemente Wasser und Erde und zum Läufer bei Betonung der männlichen Elemente Feuer und Luft.

Das oft als leidvoll empfundene »Spiel« dient dazu, den bei dieser Uranusposition geforderten Freiraum zwischen den Partnern zu schaffen bzw. zu erhalten. Dabei ist – wie leider so häufig – der Partner oft Projektionsfläche für unerkannte eigene Bedürfnisse. So treffen wir es immer wieder an, daß ein Horoskopeigner mit Uranus in 7 (ich will ihn hier A nennen) sich dieser eigenen Freiheitsansprüche in punkto Beziehung nicht bewußt ist, sich aber mit einem Partner (B) liiert, der diese Freiheitsansprüche (gleichsam für ihn mit) gleich in der Potenz lebt, d. h. er *läßt* den Uranus vom anderen leben, beschwert sich dabei aber über dessen Unzuverlässigkeit und Untreue. Dabei wird A auf den Vorwurf des B, er sei zu besitzergreifend und zwinge B damit, sich ihm durch Flucht zu entziehen, die ebenso einleuchtende Verteidigung vorbringen, daß er B nur deshalb festhalten wolle, weil dieser sich ihm entziehe. Somit hätten beide (aus ihrer Sicht) recht, und das Problem bliebe bestehen.

Es gibt aber einen ganz einfachen probaten Weg, die Illusion dieser Projektion aufzulösen. Dieser liegt darin, dem flüchtenden »Läufer« (B) zuzureden, sich A zu stellen, und ihm »die Hand zur Ehe zu reichen«. Dies ist nur dann erfolgreich, wenn es gelingt, B davon zu überzeugen, daß alles im Leben »nur halb so heiß gegessen, wie es gekocht« wird, und er keine wirkliche Angst haben muß, von A vereinnahmt zu werden. Erklärt B sich dazu bereit und öffnet die Arme, um A zu empfangen, wird dieser, obwohl dies bisher ja sein erklärtes Ziel war, plötzlich unsicher werden, ob er B noch möchte.[131]

Mag ihn am Anfang noch der Schwungradeffekt der alten »Fängerrolle« dazu bringen, in die Arme des B zu laufen, so wird sich spätestens dort ein beklemmendes Einengungsgefühl einstellen, welches zum Rückzug veranlaßt. An dieser Stelle droht das Spiel nun in einen Rollenwechsel umzukippen. Der Fänger (A) wird zum flüchtenden Läufer, und der bisher flüchtende B fühlt sich durch den Rückzug von A veranlaßt,, selbst zum Fänger zu werden. Deshalb muß B nun zur zweiten »Mutprobe«[132] ermutigt werden. Sie lautet: Laß den A erst einmal laufen und warte ab. Ist dieser nämlich über die Abstandsmarke, die beide vorher hatten, als das Spiel noch umgekehrt lief, hinaus, so wird er sich fragen, ob B nicht doch der »Richtige« für ihn ist und wieder umkehren. Er wird auf B, der nun die nächste Mutprobe bestehen muß, wieder zulaufen, allerdings diesmal schon früher entdecken, ab wann Annäherung als beengend empfunden wird, daraufhin wieder fortlaufen und auch hier schneller als vorher den B vermissen. Wie eine Federwaage zitternd[133], wird A sich so in seinem Verhältnis zu B einpendeln, bis der Abstand erreicht ist, den sie am Anfang, als er B noch jagte, voneinander hatten. Nun ist eigentlich nur wieder die Ausgangsposition (gleicher Abstand zwischen A und B) erreicht; nur mit dem wesentlichen Unterschied, daß dieser Abstand nun in Ruhe wahrgenommen werden kann, während bisher immer wichtige Energie durch das Fangen oder Flüchten verlorenging. Das durch die Ruhe gewonnene Plus an Energie kann zu der Bewußtwerdung führen, daß beide Partner diesen (zeitlichen oder räumlichen) Abstand brauchen, um miteinander glücklich zu sein.

Das Moment des Freiheitlichen bei Uranus im 7. Haus kann auch in der Form erlebt werden, daß man dazu tendiert, sich Partner aus einem anderen Kulturkreis auszuwählen. Dies ist eine Spielart der »Freiheit von der Norm«, der Freiheit des Außergewöhnlichen. Diese Seite des Uranus als einem Prinzip der Andersartigkeit und Besonderheit findet sich auch dort, wo der Horoskopeigner sich für Partner interessiert, die den Rahmen des Üblichen durch ihre Berufswahl sprengen, z. B. als Piloten oder Astrologen. »Außenseiter« die »vom Boden der Tatsachen« abheben oder sich wie Science-fiction-Autoren visionär mit der Zukunft auseinandersetzen.

In älteren Astrologiebüchern finden wir oft den Hinweis, daß Uranus im 7. Haus eine starke Tendenz zu häufigen Scheidungen mit sich bringt, und in der Tat ist dies eine von vielen Varianten, wie sich diese Konstellation auswirken kann. Falls Sie die Konstellation in Ihrem Geburtsbild finden, brauchen Sie dennoch nicht zu erschrecken. Denn es gibt viele Möglichkeiten, die uranische Qualität der »Unterbrechung der Kontinuität« auch auf andere Weise zu erleben. So kann man sich beispielsweise mit einem Partner verbinden, dessen Beruf ein regelmäßiges Zusammenleben gar nicht zuläßt, wie mit einer Stewardess oder einem Sänger, deren verschiedene Engagements oder Tourneepläne nie genau voraussagen lassen, wann sie wieder zu Hause sein werden. Damit erfüllt man den uranischen Tribut an die Diskontinuität bereits innerhalb der Beziehung, so daß das Schicksal gar keine Trennungen mehr herbeiführen muß. Letzteres wird nur dann der Fall sein, wenn der Horoskopeigner gegen seine eigene Veranlagung eine regelmäßige und monotone Beziehung leben möchte, was Uranus in 7 nicht zuläßt.

Pluto im 7. Haus: »Die Clinchbeziehung«

Stärkegrad I:
- Pluto im 7. Haus
- Pluto Konjunktion, Opposition, Quadrat zu Venus

Stärkegrad II:
- Venus in Skorpion
- Venus im Haus 8
- Pluto Konjunktion, Opposition, Quadrat zu Herrscher von 7

Stärkegrad III:
- Herrscher von 7 in Skorpion
- Herrscher von 7 im 8. Haus

Stärkegrad IV:
- Pluto Trigon, Sextil, Halb-, Anderthalbquadrat, Quincunx zu Venus
- Pluto Trigon, Sextil, Halb-, Anderthalbquadrat, Quincunx zu Herrscher von 7

Stärkegrad V:
- Pluto in Waage
- Skorpion-DC (Stier-AC)

»Clinch« meint gegenseitige Verklammerung ineinander, als eine der klassischen Varianten plutogefärbter Begegnung.

Obwohl Pluto ein so erdferner Planet ist, daß man daraus auf eine weitere Spielart von Distanzbeziehung tippen könnte, zeigt das äußere Bild einer »Plutopartnerschaft« doch häufig den Charakter gegenseitiger Abhängigkeit. Dabei steht in der Regel ein Machtspiel im Vordergrund, in dem der eine Partner eine eifersüchtige Opferrolle übernimmt, während der andere die Situation in verletzender Weise ausnützt. Etwas übertrieben ausgedrückt wirkt das Ganze nach einem Sadismus-Masochismus-Spiel, in das beide Beteiligten unterbewußt einwilligen. Phasenweise mag das Rollenspiel dabei wechseln, obwohl meist eine Haupt-Rolle beibehalten wird.[134] Erstaunlicherweise hat dabei der »Masochist« in diesem Spiel dieselbe Macht über den »Sadisten«, da dieser in hohem Maße von seinem Opfer abhängig ist.

Wird dieses Spiel nicht auf der sexuellen Eifersuchtsebene ausgetragen, so bietet es sich auch in der Form an, daß der eine dem anderen den Finger in die Wunde seiner menschlichen Unvollkommenheit legt. Denn bei keiner anderen Konstellation ist die Erwartungshaltung an die Vollkommenheit des Partners – bzw. (weniger bewußt) an sich selbst, als Partner des anderen – so hoch, wie bei Pluto in 7. Wo immer im Horoskop Pluto steht, bringt er den Wunsch nach »120-Prozentigkeit« mit sich, im 7. Haus also auf Partnerschaft bezogen. Das führt im Stadium der Beziehungsaufnahme oft dazu, daß der Horoskopeigner bei jedem potentiellen Partner ein »Haar in der Suppe findet«, weil keiner dem Überanspruch gewachsen ist. Die extrem hohen Erwartungen an den anderen werden dabei in aller Regel nicht artikuliert, sondern nur im Verbreiten einer Stimmung der Unzufriedenheit spürbar. Würden sie offen ausgedrückt, so müßte dem plutobetonten Menschen selbst seine unrealistische Anforderung an die Qualitäten des Partners bewußt werden. Gelingt es dem anderen allerdings, den Idealvorstellungen in dieser Phase zu entsprechen, so wird er von dem Horoskopeigner zum »Denkmal« erhoben und auf ein Podest gestellt. Da der Plutonier dieses Idealbild dann konservieren möchte, läßt er sich durch spätere kleine Fehler seines Partners nicht sehr irritieren, und versucht durch Verdrängen das Denkmal »rein« zu halten. Hinter der Staumauer sammeln sich allerdings über die Zeit hinweg all die verdrängten kleinen menschlichen Fehler des anderen an, bis die Kapazität der Staumauer erschöpft ist, und der darauffolgende Dammbruch eine Flutwelle auslöst, die den Partner von dem Sockel spült, auf den er gestellt wurde.

Das Motto lautet dann: »Wie konnte ich dich jemals für ideal halten, du bist ja alles andere als das«. Dabei wird oft übersehen, daß der Partner gar nicht darum gebeten hatte, zum Denkmal zu werden, sondern vielmehr durch die (unausgesprochene) hohe Erwartungshaltung bedrängt war. Die »Liebe« galt ja letztlich nicht ihm, sondern dem Bild, was sich der Plutonier von ihm gemacht hatte. Die Neigung zur Schwarz-Weiß-Malerei in der Beurteilung von Partnern bei Pluto in 7 wird dem anderen in seiner Menschlichkeit auch nicht gerecht, da sie entweder Übermenschlichkeit fordert oder zum Untermenschen abstempelt. Während der Überzeugung von der Vollkommenheit des Partners begibt sich der Horoskopeigner dabei in abhängigen Clinch. Der Bildersturz dagegen soll eine radikale Loslösung von dieser Abhängigkeit ermöglichen. Dieses Schwarz-Weiß-Denken finden wir auch in dem Satz: »Bist Du nicht mein Freund, so bist Du mein Feind«, der den Partner ganz oder gar nicht will.

Die seitenverkehrte Variante des oben erwähnten Ringens um das Ideal zeigt sich darin, daß der Horoskopeigner selbst die hohen Ansprüche an sich richtet. Von dem Wunsch durchdrungen, einem begehrten Partner »Alles zu sein«, wird der Versuch unternommen, dem anderen einen Rahmen anzubieten, der langfristig über die eignen Belastungsgrenzen hinausgeht. Der Horoskopeigner »opfert« sich für den Partner auf, in dem Bemühen, sich ideal zu verhalten. Dabei werden persönliche Bedürfnisse so stark verdrängt, daß sie oft nicht mehr wahrgenommen werden, und der Betreffende sein Verhalten als normal empfindet. Sieht der Partner die Situation nicht klar und nimmt die ihm angebotenen Offerten dankend an, so muß es über kurz oder lang zu einer Kräfteausbeutung des Horoskopeigners kommen, der sich dann vom anderen ausgenützt fühlt, obwohl dieser immer nur angenommen hatte, was ihm »freiwillig«[135] angeboten wurde. Ich erinnere mich dabei an die Beratung einer jungen Frau, die sich mit (demonstrativen) Selbstmordgedanken trug, weil ihr Freund sich einer anderen Frau zuwandte und die Beziehung beenden wollte. Sie hatte ihn als Verkäuferin unter großen Opfern während seines Medizinstudiums finanziell unterstützt, was sie damals als selbstverständlich empfand, ohne sich bewußt zu sein, welche Hoffnungen sie mit dieser »Investition« verband. Als er sich nun in eine Studienkollegin verliebte, brach das ganze Gebäude ihrer unterbewußten Hoffnungen zusammen. Selbstverständlich hatte sie – um »Idealverhalten« bemüht – während der Zeit der Unterstützung nie daran gedacht, von ihm später Rückzahlung der »Darlehen« zu fordern. Und der etwas »blauäugige« Partner hatte die »Freiwilligkeit« der Unterstützung dankend angenommen, ohne die Hintergründe zu sehen. Sehr plutotypisch war auch ihr Versuch, ihn für sich zurückzugewinnen. Sie wollte nämlich durch das Gespräch mit mir nur sicherstellen, daß ich ihrem Freund Ort und Zeit ihres geplanten demonstrativen Selbstmordversuches zuspielen würde, und sie dadurch als armes Opfer von ihm gefunden werden könnte. Sie hoffte ihn durch die so erzwungenen Schuldgefühle wieder an sich binden zu können.

Die seelischen Machtkämpfe können in Extremfällen tatsächlich »auf Leben und Tod« ausgetragen werden, da der Plutonier sich besonders schwer damit tut, die für ihn so unattraktive »goldene Mitte« zu finden und sich lieber bis zur Selbstzerstörung in eine fixe Idee verrennt, bevor er das Objekt seiner Leiden-schaft losläßt.

Gemessen an den bisher besprochenen Symbolkombinationen sind die nun folgenden sehr viel leichter zu »verarbeiten«, weshalb ich ihnen auch weniger Raum gewidmet habe. Dennoch kann es sinnvoll sein – und sei es nur aus Gründen der Einübung von Symbolik – sich mit ihnen ein wenig auseinanderzusetzen.

Jupiter im 7. Haus: »Die Suche nach dem Optimum«

Stärkegrad I:
- Jupiter im 7. Haus
- Jupiter Konjunktion, Opposition, Quadrat zu Venus

Stärkegrad II:
- Venus in Schütze
- Venus in Haus 9
- Jupiter Konjunktion, Opposition, Quadrat zu Herrscher von 7

Stärkegrad III:
- Herrscher von 7 in Schütze
- Herrscher von 7 im 9. Haus

Stärkegrad IV:
- Jupiter Trigon, Sextil, Halb-, Anderthalbquadrat, Quincunx zu Venus
- Jupiter Trigon, Sextil, Halb-, Anderthalbquadrat, Quincunx zu Herrscher von 7

Stärkegrad V:
- Jupiter in Waage
- Schütze-DC (Zwillinge-DC)

Wo auch immer Jupiter im Horoskop steht, sucht der Horoskopeigner nach einer Optimierung der Lebensumstände. Dabei ist der Toleranzspielraum des Jupiterhaften so groß, daß es zu keinen zwanghaften oder verbissenen Versuchen kommt, wie dies etwa bei Pluto oder auch Saturn der Fall sein kann. Jupiters Prinzip ist das der Fülle, der Expansion und der Entwicklung, und genau das sind die Erwartungen, die Jupiter im 7. Haus an die Begegnung richtet. Unwillkürlich mag man bei dieser Jupiterposition daran denken, daß der Beziehungsbereich besonders glücklich verlaufen sollte, da Jupiter nach der astrologischen Tradition immer als »das große Glück« angesehen wurde. In der Tat kann er durchaus ein Gefühl wohliger Zufriedenheit vermitteln. Dies gilt aber nur, solange die Beziehung eine große Dynamik entwickelt und sich nicht in Regelmäßigkeit und Alltäglichkeit wandelt.

Bei dem Bedürfnis nach Expansion kann keinerlei Einengung ertragen werden, wenn nicht die Flucht in die Fülle anderer Beziehungen angetreten werden soll. Keiner der beiden Partner kann es sich leisten, stehen zu bleiben und muß dem anderen quasi ständig beweisen, daß er in dynamischer Entwicklung fortschreitet. Sonst »schreitet der andere fort«.

Die dann vorhandenen »Parallelbeziehungen« werden mit derselben Selbstverständlichkeit gelebt, wie sie dem obersten Olympier (Zeus/Jupiter) gebührt, und keine noch so eifersüchtige »Hera« vermag dem Einhalt zu gebieten. Im Gegenteil, je mehr der Partner »Enge androht«, desto sicherer kann er sein, daß er dadurch den anderen zu neuer Eroberung animiert.

Eine Beobachtung, die Stephen Arroyo bei Jupitertransiten durch das 7. Haus gemacht hat, nämlich, daß dann entgegen aller Erwartung viele Beziehungen getrennt werden, mag darin eine Erklärung finden. Denn Beziehungen, die stagnieren und keinen Entwicklungsspielraum mehr haben, können der Forderung des Jupiter nach Weite und Entwicklung nicht mehr genügen. Jupiter schafft sich sein Recht dann in Form der (erzwungenen) Toleranz von Drittbeziehungen, in denen man die Entwicklungschritte tun kann, die in der etablierten und stagnierenden Partnerschaft nicht mehr möglich sind. Jupiter in 7 fordert auch Humor und kann trockenen Ernst auf die Dauer schlecht hinnehmen. Die Partnerschaft soll etwas von »sahniger« Leichtigkeit haben, soll es erlauben, die schönen und angenehmen Seiten des Lebens zu erfahren. Trübsalbläser und melancholische Misanthropen werden hier abgelehnt.

Bei schlichteren Gemütern mag das zu einer etwas kitschigen »Traumschiff«-Lebenseinstellung führen, in der man mit dem Partner »die große weite Welt« erfährt oder frischwärts mit der Coke im Buggy über die Sanddünen jagt und dabei immer »happy« ist. Entwickeltere Seelen empfinden bei Jupiter in 7 die Chance zu einer

»Individuationsehe«.[136] In einer solchen Beziehung suchen die Partner in der Form der Ehe nach einem optimalen Rahmen, der es beiden ermöglicht, einen individuellen Entwicklungsweg zu gehen. Das *freiwillige* Zugehörigkeitsbekenntnis zum Partner und ein daraus wachsendes Urvertrauen machen so Entwicklungs*phasen* in der Beziehung möglich, in denen man sich – um der Selbstfindung willen – auch einmal vom anderen abwenden kann, ohne ihm damit die Basis zu entziehen. Hier birgt die echte Toleranz sogar das – subjektiv empfundene – Risiko in sich, den Partner an einen Dritten zu verlieren, wenn dies für ihn der sinnhafteste Weg wäre.

Mars im 7. Haus: »Was sich liebt, das neckt (streitet) sich«

Stärkegrad I:
  Mars im 7. Haus
  Mars Konjunktion, Opposition, Quadrat zu Venus
Stärkegrad II:
  Venus in Widder
  Venus in Haus 1
  Mars Konjunktion, Opposition, Quadrat zu Herrscher von 7
Stärkegrad III:
  Herrscher von 7 in Widder
  Herrscher von 7 im 1. Haus
Stärkegrad IV:
  Mars Trigon, Sextil, Halb-, Anderthalbquadrat, Quincunx zu Venus
  Mars Trigon, Sextil, Halb-, Anderthalbquadrat, Quincunx zu Herrscher von 7
Stärkegrad V:
  Mars in Waage
  Widder-DC (Waage-AC)

Partnerschaft wird mit Mars im 7. Haus als ständige Herausforderung erlebt. Sei es in der Form des gegenseitigen Kräftemessen, um herauszufinden, wer der Stärkere ist, sei es aus – vielleicht nur unterbewußter – Freude an hitzig-heißem Klima. Es ist bei dieser Position recht schwer, den anderen »unbehauen« zu lassen, oder – seitenverkehrt erlebt – sich nicht durch ihn erregt oder verletzt zu fühlen. Wenn die Gesamtkonstellation des Horoskops eine sanftere Grundnatur aufweist, so wird sich der Mars weniger in bissiger Intensität als in feinen »Nadelstichen« äußern, die bei vorwiegend männlicher Elementenbesetzung ausgeteilt und bei Dominanz der weiblichen Elemente Wasser und Erde erlitten werden.

Auf primitiver Entwicklungsstufe können hier Handgreiflichkeiten zum Ehealltag gehören[137], erlöstere Entsprechungen der Konstellation sind demgegenüber gegenseitige Anregung und Stimulation, bei der freilich immer ein wenig das Klima von Rivalität spürbar sein wird. »Was sich liebt, das neckt sich«, umschreibt diese Form angriffslustiger Umwerbung recht treffend. Eine häufig vorgefundene Variante ist auch der »Ritterlichkeitstrip«, der den Partner nicht bekämpft, aber dafür durch Kampfbereitschaft schützen möchte. Insgesamt deutet Mars in 7 auf eine Vorliebe für feurige, aber kurzlebige »Affairen«, gilt er doch als das Prinzip der Ungeduld und Unberechenbarkeit. Wie sein Tierkreiszeichen Widder sorgt er quasi für »Aprilwetter« in der Beziehung. Strohfeuerartig mag die »Liebe« anfangs hochauflodern, um ebenso rasch zu verpuffen und sich einem neuen »Objekt der Begierde« zuzuwenden. In gewisser Weise bleibt die Beziehung hier in einer Art Pionierstadium hängen, bleibt »Affaire« und wehrt sich gegen Versuche, die Beziehung zu »etablieren«.

Venus im 7. Haus: »Zu schön, um wahr zu sein«

Stärkegrad I:
Venus im 7. Haus
Stärkegrad II:
Venus in Waage
Venus Konjunktion, Opposition, Quadrat zu Herrscher von 7
Stärkegrad III:
Herrscher von 7 in Waage
Stärkegrad IV:
Venus Trigon, Sextil, Halb-, Anderthalbquadrat, Quincunx zu Herrscher von 7
Stärkegrad V:
Waage-DC (Widder-AC)

Der Horoskopeigner wird bei dieser Position geradezu magisch von der »Schönheit« eines Partners fasziniert. Dies kann – je nach Entwicklungsniveau – bei einer Fixierung auf vordergründige ästhetische Reize beschränkt bleiben, oder aber auch auf die »wahre« Schönheit der Seele des Partners gerichtet sein. Die Bandbreite reicht hier also von der Sehnsucht nach der »Barbiepuppe« oder dem »Lackaffen«, einer kosmetisch getünchten Puppenstubenwelt, bis hin zu dem sich erotisch Angezogen-Fühlen von einem Menschen, der »Frieden mit sich gemacht hat« und in Harmonie ruht. Da das venusische Bedürfnis nach Ausgleich hier besonders stark ist, besteht eine Priorität von Gegensatzbeziehungen, da der Kontrasttypus noch am ehesten in der Lage scheint, die eigene Einseitigkeit zu kompensieren.

Eine wichtige Ausnahme von dieser Regel zu Venus in 7 ist – obwohl sehr widersprüchlich klingend – die Liaison mit sehr ähnlichen Partnern. Denn die Ähnlichkeit kann dazu führen, daß es in der Beziehung wenig Auseinandersetzung gibt, was Venus in 7 sehr entgegenkommt. Wo also Gegensätzlichkeiten nicht zu harmonischer Ergänzung, sondern zu Kampf und Uneinigkeit führt, entzieht sich der Horskopeigner in die ihm eigentlich nicht so attraktive Ähnlichkeitspartnerschaft, im Extremfall bis in die Homophilie. Venus in 7 zeigt auch den Wunsch danach, in der Beziehung Geschmack, Lebensart und Kultur zu finden. Ein Partner, der mit »Stilfragen« nicht umzugehen weiß, wird hier kaum attraktiv sein. Gefahren liegen hier in der oberflächlichen Galanterie inhaltsleerer Schmeichelei, die auf der Ebene einer »Küss die Hand gnä' Frau«-Konversation stehen bleibt. Chancen bietet dieselbe Konstellation in einer Freude an kultiviertem Umgang mit dem Partner, bei dem die höfliche Form nicht Farce ist, sondern aus ehrlicher Achtung dem anderen gegenüber erwächst, und so gelebter Ausdruck des Gesetzes ist, daß die Form den Inhalt repräsentiert. Das Bedürfnis nach Ästhetik kann bei Venus in 7 auch befangen machen. Netzunterwäsche wirkt hier – so praktisch sie auch sein mag – geradezu abstoßend, wie auch erbsgrüne Frotteesocken in gesunden Birkenstock-Sandalen und können sich als Hindernis für eine Beziehung auswirken. So sehr Venus als Prinzip der Sinnlichkeit gilt, so wenig ist darunter der aufreizende Strapsgürtel in verruchtem Schwarz-Rot oder grelle Schminkkünste zu verstehen, die in ihrer direkten Triebhaftigkeit eher für Mars oder Pluto stehen. Die Erotik der Venus liegt mehr in dezent-verführerischen Andeutungen, die – raffiniert verhüllend – ahnen lassen oder durch Duft animieren.

Merkur im 7. Haus: »Die Vernunftbeziehung«

Stärkegrad I:
- Merkur im 7. Haus
- Merkur Konjunktion, Opposition, Quadrat zu Venus

Stärkegrad II:
- Venus in Zwillinge
- Venus in Jungfrau
- Venus in Haus 3 oder 6
- Merkur Konjunktion, Opposition, Quadrat zu Herrscher von 7

Stärkegrad III:
- Herrscher von 7 in Zwillinge oder Jungfrau
- Herrscher von 7 im 3. oder 6. Haus

Stärkegrad IV:
- Merkur Trigon, Sextil, Halb-, Anderthalbquadrat, Quincunx zu Venus
- Merkur Trigon, Sextil, Halb-, Anderthalbquadrat, Quincunx zu Herrscher von 7

Stärkegrad V:
- Merkur in Waage
- Zwillinge-DC (Schütze-AC)
- Jungfrau-DC (Fische-AC)

Wenn wir die Mythologie von Hermes/Merkur näher betrachten, so finden wir hier den Schlüssel für die merkuriale Beziehung. Merkur ist ein liebenswert-listiger »Bursche«, der bei allem, was er tut, opportunistisch seinen Vorteil im Auge hat, dabei aber auf geradezu entwaffnend-heitere Art »schamlos« ist, so daß ihm selbst die Götter nicht böse sein können. Besonders in Luftzeichen stehend, entfaltet seine unbekümmerte Durchtriebenheit einen gewissen Charme, die es vielleicht sogar einem wasserbetonten Partner möglich macht, darüber zu lächeln, wenn der Hochzeitstermin steuertechnisch bestimmt wird. Nutz und Zweck ist hier die Parole, die das Klima der Beziehung färbt. Daraus ergibt sich auch der für den Hermaphroditen Merkur typische neutrale Charakter der Beziehung. Für Leidenschaft ist man da viel zu klug. In der Partnerschaft wird die Kommunikation gesucht, die Möglichkeit, sich mit dem anderen angeregt über Gott und die Welt unterhalten zu können. Und selbst wenn der Partner ein wandelndes Lexikon wäre, so könnte er das Bedürfnis nach Informationsaustausch alleine kaum stillen. Die neugierige Kundschafterqualität des Merkur braucht auch andere Beziehungen, ohne daß man Bedenken haben müßte, daß der Horoskopeigner sich dort gefangennehmen läßt. Wie eine Biene von Blume zu Blume fliegt, so der Götterbote Merkur von Inter-esse zu Inter-esse.[138] Neue Partner sind in diesem Sinne immer inter-essant. So wie die Venus der Beziehung erotisch-ästhetisch-sinnliche Züge verleiht, so gibt ihr Merkur einen informatorischen, argumentativen, neutral-interessanten, oft auch geschäftlichen Akzent.

Die Neutralität des Merkurialen kann sich aber auch in der Form geschwisterlicher Beziehung manifestieren, einem »Kameradschaftstouch«, oder karikaturistisch verfremdet: eine »Pfadfindermentalität« im Umgang miteinander.

Mond im 7. Haus: »Die Mutter-Kind-Beziehung«

Stärkegrad I:
- Mond im 7. Haus
- Mond Konjunktion, Opposition, Quadrat zu Venus

Stärkegrad II:
- Venus in Krebs
- Venus im 4. Haus
- Mond Konjunktion, Opposition, Quadrat zu Herrscher von 7

Stärkegrad III:
- Herrscher von 7 in Krebs
- Herrscher von 7 im 4. Haus

Stärkegrad IV:
- Mond Trigon, Sextil, Halb-, Anderthalbquadrat, Quincunx zu Venus
- Mond Trigon, Sextil, Halb-, Anderthalbquadrat, Quincunx zu Herrscher von 7

Stärkegrad V:
- Mond in Waage
- Krebs-DC (Steinbock-AC)

Mond als Symbol familiärer, symbiotischer Nähe drückt hier der Beziehung seinen Stempel auf. Sie wird häufig als »Betreuungsbeziehung« erlebt werden, in der sich der Horoskopeigner entweder in die Kindrolle begibt, um sich vom Partner ernähren und umsorgen zu lassen und Partnerschaft als Hort der Entspannung und Geborgenheit erleben zu können, oder aber selbst den Part der Elternrolle zu übernehmen und den anderen verwöhnen, aber auch bevormunden zu können.

Schwer fällt es bei dieser Konstellation, den Partner »für voll zu nehmen« und als gleichberechtigt anzusehen. Entweder wird er als das nicht erstzunehmende Kind erachtet, oder man regrediert selbst in die Kindrolle und delegiert die Verantwortung der »Mutter im anderen«. Der »heimelige« Umgang drückt sich in verniedlichenden Sprachwendungen wie: »Hattu Hunger Mäusele« aus, oder degradierenden Formulierungen wie: »Mein Kind, du mußt doch einsehen ...«.

In erlöster Form gibt Mond in 7 die besondere Fähigkeit, *auch* das hilflose Kind im Partner zu sehen, so sehr sich dieser auch profiliert haben mag, und ihm einen Raum zu geben, in dem er sich wie in Mutters Schoß ausweinen kann. Diese Fähigkeit setzt voraus, daß man sich auch selbst zu seinen Gefühlen vor dem anderen bekennen kann und sich nicht davor fürchtet, deswegen als schwach zu erscheinen.

Sonne im 7. Haus: »Die Beziehung als Mittelpunkt des Lebens«

Stärkegrad I:
  Sonne im 7. Haus
  Sonne Konjunktion, Opposition, Quadrat zu Venus
Stärkegrad II:
  Venus in Löwe
  Venus in Haus 5.
  Sonne Konjunktion, Opposition, Quadrat zu Herrscher von 7
Stärkegrad III:
  Herrscher von 7 in Löwe
  Herrscher von 7 im 5. Haus
Stärkegrad IV:
  Sonne Trigon, Sextil, Halb-, Anderthalbquadrat, Quincunx zu Venus
  Sonne Trigon, Sextil, Halb-, Anderthalbquadrat, Quincunx zu Herrscher von 7
Stärkegrad V:
  Sonne in Waage
  Löwe-DC (Wassermann-AC)

So wie sich alles um die Sonne als Zentrum unseres Sonnensystems dreht, so dreht sich, wenn die Sonne im 7. Haus steht, alles um das Thema Beziehung. Der Horoskopeigner sieht seinen Lebensmittelpunkt in diesem Bereich, zieht seine Kraft und Vitalität aus ihm. Die Begegnung (Haus 7) mit der Autorität (Sonne) fordert dazu heraus, in sich selbst Autorität zu finden, will man nicht Gefahr laufen, sie ganz an den Partner zu delegieren. Das Grundprinzip der Partnerschaft, nämlich die Selbsterkenntnismöglichkeit durch die Spiegelung im anderen ist hier besonders deutlich ausgeprägt. Daraus resultiert auch eine besonders große Neigung zur Projektion eigener Probleme auf das Gegenüber.

Wer hingegen mit dieser Konstellation umzugehen weiß, hat mehr als andere die Chance zu dem berühmten »Tat twam asi«, der großen Erkenntnis des: »Das bin ich« hinzufinden. Mit seiner ganzen Persönlichkeit aufzugehen in der Begegnung, zu einer die Subjekt-Objekt-Spaltung überwindenden Einheitserfahrung hinzufinden, ist die höchste Entsprechung der Sonne im 7. Haus. Ebenso erlöst ist die Aufgabe, im Feld der Begegnung Geist (Sonne) »auszuschenken« wie Ganymed als Mundschenk der Götter.

Plumpe Varianten wären dagegen protziges Auftreten und Potenzgehabe in Gemeinschaft mit anderen, gockelhafte Selbstdarstellung und »Under-my-thumb-Autorität« dem Partner gegenüber.

Das 5. Haus – Haus der Sexualität

Planeten in 5 / Herrscher von 5

Saturn im 5. Haus: »Der gehemmte Ausdruck«

Dieser Konstellation entsprechen die in der Folge aufgezählten Symbolkombinationen, die nach Stärkegraden geordnet sind (I = Maximal; V = Minimal).

Stärkegrad I:
- Saturn im 5. Haus
- Saturn Konjunktion, Opposition, Quadrat zu Mars

Stärkegrad II:
- Mars in Steinbock
- Mars im 10. Haus
- Saturn Konjunktion, Opposition, Quadrat zu Herrscher von 5

Stärkegrad III:
- Herrscher von 5 in Steinbock
- Herrscher von 5 im 10. Haus

Stärkegrad IV:
- Saturn Trigon, Sextil, Halb-, Anderthalbquadrat, Quincunx zu Mars
- Saturn Trigon, Sextil, Halb-, Anderthalbquadrat, Quincunx zu Herrscher von 5

Stärkegrad V:
- Spitze des 5. Hauses in Steinbock
- Saturn in Löwe und Widder

Wo Saturn steht, dort ist in der Regel das Angstpotential am größten. Im 5. Haus bedeutet das die Angst vor dem Selbstausdruck, vor Schöpfung, Zeugung, Sex. Mit dieser Konstellation sind die Bedenken davor, Vater zu werden, so groß, weil die Konsequenzen, die der Schöpfungsakt nach sich zieht, besonders stark wahrgenommen werden. Die aus der Sexualität resultierende Verantwortung, die Beschränkung persönlicher Freiheit durch Kinder, können die Lust geradezu verderben. Dies liegt nahe, wenn man bedenkt, daß der »Kinderfresser« Saturn hier im 5. Haus als dem traditionellen Haus der Kinder steht. Das spielerische Moment des 5. Hauses wird hier mit dem »Ernst des Lebens« (Saturn) konfrontiert, spontaner Ausdruck mit Arbeit und Mühe.

Eine andere häufig anzutreffende Spielart dieser Konstellation ist aus der normativen Qualität des Saturns ableitbar. Sie besagt, daß der Horoskopeigner seinen (sexuellen) Ausdruck an der geltenden Norm mißt. Die Frage danach, wie »man« sich in der Sexualität verhalten sollte, überdeckt den individuellen Ausdruck. Die Statistik moderner »Sexual-Reporte« oder altehrwürdiger tantrischer Lehren bestimmt die Selbsteinschätzung dieser ureigensten aller Ausdrucksformen. Das kann zu zwanghaftem Bemühen führen, die Norm eines »guten Mannes« oder einer »guten Frau« im Bett zu erfüllen, ohne sich dabei bewußt zu sein, was man selbst eigentlich will. Auch ist es bei dieser Konstellation sehr schwer, sich etwas aus der Situation heraus ergeben zu lassen, da Saturn die Neigung bringt, Situationen »vorauszuprogrammieren«.

Sexualität als Ausdruck von Planung und Strategie hat aber immer etwas Hölzernes. Je stärker das konzentrierte Bemühen um einen erstrebten Erfolg, desto mehr wehrt sich auch das Biologisch-Organische, das archetypisch Weibliche im Menschen, so daß psychisch bedingte Impotenz die Folge sein kann. Eine ebenso peinliche Folge dieses ehrgeizigen Erfolgsdrucks entsteht aus der vermeintlichen Verpflichtung, es dem Partner schuldig zu sein, ihn zum Orgasmus zu bringen, oder ihn als »erreichten Erfolg« vorzuspielen. Statt unbeschwertem, spielerischem Selbstausdruck entsteht dann mühselige Arbeit und »Pflichterfüllung«.

Saturn, der in der Mythologie seinen Vater Uranos entmannte, kann im 5. Haus auch Kastrationsängste symbolisieren. Problematisch wird dies vor allem dann, wenn der Horoskopeigner, um diese zu kompensieren, sein Heil in triebbestätigenden Vergewaltigungsphantasien sucht. Die männliche Variante sind dabei faschistoide und chauvinistische Vorstellungen davon, daß »die Frauen« eigentlich alle vergewaltigt werden wollen, weibliche Entsprechungen übernehmen unterbewußt dieses Bild, weil darin bequem die als drückend empfundene Verantwortung für die Sexualität an den »bösen Vergewaltiger« abgegeben werden kann.[139] Erlöstere Entsprechungen von Saturn in 5 wären in einer verantwortungsbewußten Sexualität zu sehen und der Fähigkeit, konzentriert und beherrscht damit umzugehen.

Saturn kann auch, wie die wahren tantrischen Lehren zeigen, in gesunder Weise die triebhaften Energien kontrollieren und sie dadurch nicht abtöten oder deformieren, sondern ganz im Gegenteil in sensiblere und höhere Gefilde führen. Die Beherrschung und Kontrolle im rechten Augenblick führt dann zu einer erfüllenderen und dauerhafteren intimen Begegnung als sie die plumpe unbeherrschte Entladung der Triebenergie möglich macht. Verzögerung und Zurückhaltung sind ja auch in anderen Lebensbereichen probate Wege zur Intensivierung und Sublimierung von Energien.

Neptun im 5. Haus: »Sexualität im Reich der Phantasie«

Stärkegrad I:
- Neptun im 5. Haus
- Neptun Konjunktion, Opposition, Quadrat zu Mars

Stärkegrad II:
- Mars in Fische
- Mars im 12. Haus
- Neptun Konjunktion, Opposition, Quadrat zu Herrscher von 5

Stärkegrad III:
Herrscher von 5 in Fische
Herrscher von 5 im 12. Haus
Stärkegrad IV:
Neptun Trigon, Sextil, Halb-, Anderthalbquadrat, Quincunx zu Mars
Neptun Trigon, Sextil, Halb- Anderthalbquadrat, Quincunx zu Herrscher von 5
Stärkegrad V:
Spitze des 5. Hauses in Fische
Neptun in Löwe und Widder

Die Position des Neptun im Horoskop zeigt den Punkt an, wo man für Phantasien am empfänglichsten ist, oder, anders formuliert, wo man mit der sichtbaren konkreten Welt am wenigsten anzufangen weiß. Es ist, als würde Neptun dort das Leben durchlässig machen für die hinter der Sichtbarkeit liegenden »astralen« Welten. Hier ist oft das faszierender, was *möglich* wäre, als das, was *ist.* So kann sich Neptun durchaus für den praktischen Selbstausdruck als lähmend erweisen, den Weg andererseits aber freigeben für umso schillerndere Phantasien. In weiblichen Horoskopen führt das gerne zu einer Art »Lancelot-Syndrom«. Die verbotene Liebe zum hehren Ritter in strahlender Rüstung auf dem Schimmel bezieht ihren Reiz auch aus der Dimension des Heimlichen und dem schmerzlichen Betrug am untadeligen Ehemann. Im männlichen Horoskop steht dafür die intime Beziehung zu der Elfe oder der »Meerjungfrau«[140], die zu zart dafür ist, durch Sexualität »mißbraucht« zu werden. Auch hier spielt der Zauber der Verklärung eine entscheidene Rolle. Die Neigung geht entweder in die Richtung geheim gehaltener Sexualität, oder sublimiert Sex mit Zärtlichkeit. Sexualität erscheint hier wie unter der »Weichzeichnerlinse« eines Jungmädchenfotografen.

Eine andere Spielart von Neptun in 5 ist das Bedürfnis, beim Sexualakt mit dem Partner mehr erleben zu wollen als die Vereinigung mit einer konkreten Person. Der Partner möchte transzendiert werden und gilt als Tor zur Vereinigung mit dem Überpersönlichen. Die dabei besonders stark empfundene Angst, sich zu verlieren, führt eben oft zur Verdrängung der konkreten Hingabe und zur Sublimation in eine umso blühendere Phantasie.

Uranus im 5. Haus: »Der Seitensprung« oder »Öfter mal was Neues«

Stärkegrad I:
  Uranus im 5. Haus
  Uranus Konjunktion, Opposition, Quadrat zu Mars
Stärkegrad II:
  Mars in Wassermann
  Mars im 11. Haus
  Uranus Konjunktion, Opposition, Quadrat zu Herrscher von 5
Stärkegrad III:
  Herrscher von 5 im Wassermann
  Herrscher von 5 im 11. Haus
Stärkegrad IV:
  Uranus Trigon, Sextil, Halb-, Anderthalbquadrat, Quincunx zu Mars
  Uranus Trigon, Sextil, Halb-, Anderthalbquadrat, Quincunx zu Herrscher von 5
Stärkegrad V:
  Spitze des 5. Hauses in Wassermann
  Uranus in Löwe und Widder

Uranus fordert des Experiment, das Überschreiten des Konventionellen und die Aufhebung von Polaritäten. Eine sexuelle Beziehung, die sich zu monotonem Regelmaß (»Heute ist Samstag abend ...«) hinentwickelt, ist aus der Sicht des Uranischen ein besonderes Greuel, reizvoll dagegen das Ausprobieren von Unbekanntem, sei es in der »Experimentierfreude« mit dem eigenen Partner, sei es durch eine erhöhte Bereitschaft zum Seitensprung. »Untreue« ist bei dieser Position eher ein Anzeichen für ein starkes Abwechslungsbedürfnis und großen Freiheitshunger, als ein gegen den Partner gerichteter Akt des Desinteresses oder der Lieblosigkeit.

Eine viel entscheidendere Variante von Uranus in 5 ist aber seine Forderung nach Gleichberechtigung. Das durch Uranus repräsentierte Prinzip von »Freiheit, Gleichheit und Brüderlichkeit« kann ein geschlechtliches Rollenverhalten im Sinne einer Über- oder Unterordnung, also ein hierarchisches Gefüge nicht tolerieren. So gesehen haben »Macho's« oder Chauvinisten männlicher (oder auch weiblicher) Prägung hier keine Chance. Der Widerstand gegen tradiertes Rollenverhalten kann unterbewußt sogar so weit gehen, daß Ausbruchsversuche in homophile Richtung angelegt sein können. Oft genug kann da dann aber erkannt werden, daß die bloße äußerliche »Brüderlichkeit« keine echte Gleichberechtigung bringt, wenn dahinter die geschlechtsspezifischen Rollenspiele weiterlaufen.

Uranus in 5 meint die Unvoreingenommenheit der Geschlechterrolle des Partners gegenüber. Der Akt der Sexualität erfolgt primär mit dem Menschen und erst sekundär mit der Frau oder dem Mann im Partner.

Uranus kann in dieser Position aber auch Symbol für die Flucht vor intimer Nähe verstanden werden. Als »luftiger« Planet führt er schnell zu »Atemnot«, wenn Eifersüchteleien und Besitzansprüche mit sexueller Nähe verbunden sind.

Pluto im 5. Haus: »Was sich liebt, das quält sich«

Stärkegrad I:
- Pluto im 5. Haus
- Pluto Konjunktion, Opposition, Quadrat zu Mars

Stärkegrad II:
- Mars im Skorpion
- Mars im 8. Haus
- Pluto Konjunktion, Opposition, Quadrat zu Herrscher von 5

Stärkegrad III:
- Herrscher von 5 in Skorpion
- Herrscher von 5 im 8. Haus

Stärkegrad IV:
- Pluto Trigon, Sextil, Halb-, Anderthalbquadrat, Quincunx zu Mars
- Pluto Trigon, Sextil, Halb-, Anderthalbquadrat, Quincunx zu Herrscher von 5

Stärkegrad V:
- Spitze des 5. Hauses in Skorpion
- Pluto in Löwe und Widder

Pluto markiert im Horoskop einen Ort intensiver Verstrickung. So spielt, wenn er im 5. Haus steht, Abhängigkeit, Druck und Zwang im sexuellen Bereich eine besondere Rolle. Dies muß nicht immer in die Richtung sadomasoschistischer Neigungen interpretiert werden, wie die klassische Astrologie dies häufig getan hat, sondern kann auch in milderen Ausdrucksformen auftreten. Eine gewisse Freude daran, den Partner sexuell abhängig oder gar hörig zu sehen, bzw. selbst in diese Rolle zu geraten, ist aber in der Tat recht oft zu beobachten.

Die plutonische Qualität des Exzessiven, Übersteigerten läßt Alltägliches in der Sexualität als grau und uninteressant erscheinen, verlangt süchtig nach Intensität, die teilweise in ausgefallenen Sexpraktiken gefunden werden möchte.

So repräsentiert die Plutoposition nicht selten den Lebensbereich, in dem der Horoskopeigner »das Letzte herausholen möchte«, den er über das mögliche Maximum hinaus »aussaugen« oder »ausquetschen« möchte. Pluto verschleiert den Blick für das rechte Maß und löst dann das Gefühl aus, unbefriedigt zu sein.

Auf unerlöster Ebene kann eine Anlage zu rasender Eifersucht entstehen, die dem Partner am liebsten Brandzeichen oder Tätowierungen als »Eigentumsmarke« verpassen würde. Dahinter verbirgt sich häufig die Angst, fallengelassen oder nur »ausgenutzt« zu werden, die oft nur Projektion eigener uneingestandener Bedürfnisse, selbst den anderen auszunutzen oder ihn fallenzulassen, ist.

Sexualmagie ist ein Schlagwort, welches ebenfalls in das weite Spektrum dieser Planetensymbolik paßt. Darunter fällt sowohl die mönchische Idee, durch ein Verdrängen der sexuellen Energien auf eine höhere Bewußtseinsebene zu gelangen, wie sie in verschiedensten Varianten, so z. B. bei indischen Yogis gefunden wird, als auch sogenannte »schwarzmagische Rituale«, bei denen sexuelle Opferhandlungen zum Bestandteil von »heiligen Messen« werden.

Opfer sein oder den anderen zum Opfer machen ist bei Pluto in 5 so reizvoll, daß phasenweise besonders solche Leidenschaften, die sprichwörtlich Leiden schaffen, gesucht werden. Umso befriedigender sind die auf die Qual folgenden »Versöhnungen«.

Erlöster stellt sich der Umgang mit Pluto dort dar, wo durch Bewußtwerdung der Veranlagung Loslösung von den Anhaftungen geschieht, ohne daß Verdrängung stattfindet.

Pluto im 5. Haus kann auch dafür stehen, daß zu dem Thema Sexualität besonders ausgeprägte Schuldgefühle oder -komplexe vorhanden sind, die sich aus dem übermenschlichen Anspruch des Plutonischen herleiten lassen. Das plutotypische Motto: »Der größte Sieg ist der Sieg über sich selbst« führt im Bereich der Sexualität nicht selten zu Selbstkasteiungen und brutalem Unterdrücken vitaler Bedürfnisse. Wenn diese sich dann – quasi zurecht – gegen ihre Verdrängung wehren und sich als sinnliche Bedürfnisse artikulieren, kommt es zu qualvollen Schuldgefühlen wegen der »unreinen« sexuellen Gedanken. Sexualität kann dann als Hindernis für die eigene spirituelle Entwicklung angesehen werden, mit dem Versuch der »Ausrottung des sündigen Sex«.

Je stärker dies versucht wird, desto mehr zeigt sich dann die verdrängte Sexualität in »sündigen« Phantasien bacchantischer und dionysischer Prägung.

Jupiter im 5. Haus: »Wein, Weib (Mann) und Gesang«

Stärkegrad I:
- Jupiter im 5. Haus
- Jupiter Konjunktion, Opposition, Quadrat zu Mars

Stärkegrad II:
- Mars in Schütze
- Mars im 9. Haus
- Jupiter Konjunktion, Opposition, Quadrat zu Herrscher von 5

Stärkegrad III:
- Herrscher von 5 in Schütze
- Herrscher von 5 im 9. Haus

Stärkegrad IV:
- Jupiter Trigon, Sextil, Halb-, Anderthalbquadrat, Quincunx zu Mars
- Jupiter Trigon, Sextil, Halb-, Anderthalbquadrat, Quincunx zu Herrscher von 5

Stärkegrad V:
- Spitze des 5. Hauses in Schütze
- Jupiter in Löwe und Widder

Wo auch immer Jupiter im Horoskop steht, weist er auf einen Wunsch, dort aus dem Vollen schöpfen zu können, hin. Das Bedürfnis nach Expansion und Fülle kann im 5. Haus die partriarchalische Lust am Zeugen, die Freude an einer kinderreichen Familie wie auch am Harem sein. Da Jupiter zugleich aber auch Leichtigkeit und Bequemlichkeit bedeutet, sollten die oben genannten Beispiele nicht zu Problemen im Leben führen. Nur das, was sich auf unkomplizierte Weise durchführen läßt, was durch Überblick und

Delegation mühseligen Kleinkrams an andere erreichbar erscheint, wird von Jupiter gebilligt.

Schließlich möchte dort, wo Jupiter positioniert ist, ein Gefühl von Optimum, von Humor und Vertrauen wachsen und keine Problembearbeitung durch Hinterfragen. Sexualität kann so zum luftig-leichten »Salzburger-Nockerl-Sex«[142] werden.

Auf entsprechend entwickelter Ebene deutet Jupiter in 5 auf die Synthese zwischen Sexualität und Spiritualität hin, ohne daß dies – wie bei der entsprechenden Plutoposition – eine flagellantenhafte Komponente beinhalten würde. Die Weite, die Lebensfreude und Toleranz des Jupiterprinzips drücken sich da eher schon in den mannigfaltigen Umarmungen buddhistischer oder hinduistischer Gottheiten beiderlei Geschlechts aus, die im Liebesakt Symbol für die Vereinigung der Gegensätze werden. Jupiter bejaht – im 5. Haus stehend – Sexualität und Fruchtbarkeit als Sinnbild der Evolution. Sex als gottgewollte Ausdruckmöglichkeit, ohne kleinkarierte Ängste und Vorschriften.

Auf minderer Ebene kann sich Jupiter in 5 allerdings auch als bigotter Moralismus und abschätzige Wertung gegenüber Andersdenkenden auswirken. Die Gemeinsamkeit dieser so widersprüchlich erscheinenden Bedeutungen liegt in der jupitertypischen Wertung bzw. Be-Wertung des entsprechenden Lebensbereiches, die mit zunehmender Entwicklungshöhe des Jupiter offener und neutraler wird.

Mars im 5. Haus: »Der Quickie zwischen Tür und Angel«

Stärkegrad I:
- Mars im 5. Haus.
- Mars Konjunktion, Opposition, Quadrat zu Venus

Stärkegrad II:
- Mars Konjunktion, Opposition, Quadrat zu Herrscher von 5
- Mars im 1. Haus

Stärkegrad III:
- Herrscher von 5 in Widder
- Mars in Widder oder Löwe
- Herrscher von 5 im 1. Haus

Stärkegrad IV:
- Mars Trigon, Sextil, Halb-, Anderthalbquadrat, Quincunx zu Venus

Mars Trigon, Sextil, Halb-, Anderthalbquadrat, Quincunx zu Herrscher von 5

Stärkegrad V:

Spitze des 5. Hauses in Widder

Schnelligkeit, Direktheit, sowie das kompromißlose Erreichen eines gesteckten Zieles sind Qualitäten, die wir von Mars kennen. Auf das 5. Haus der Sexualität übertragen, zeigt sich Mars also weniger als galanter Verführer, denn als ungeduldiger Eroberer, der – einmal entflammt – mit ungeschminkter Direktheit fordert, was er will. Als Trieb- und Leistungssymbol trägt er die Atmosphäre sportlich-gymnastischer Leistungsfähigkeit in das Feld der Sexualität. Er möchte am liebsten den Partner hocherregt »bespringen«, um nach Erreichen des »Zieles« und raschem Abflauen seiner »Strohfeuerenergie« seelig zu entschlummern.

Sexualität dient hier als Feld sich zu beweisen. Der Partner wird quasi zum erotischen »Zweikampf« aufgefordert und soll »unterworfen« werden. Daneben besteht die Angst, den von sich selbst oder dem anderen verlangten Leistungen nicht genügen zu können. Zu »unterliegen« gilt für den Kämpfer Mars als Schmach. Damit bekommt die Sphäre der Sexualität immer einen Anstrich des Herausfordernden, ist weniger sinnlicher Genuß als »Schlachtfeld der Triebe«. Auf hoher Entwicklungsstufe wirkt sich diese Konstellation als ein sehr ehrlicher, direkter, »ritterlicher« Umgang mit intimen Situationen aus, wo der Partner immer weiß, woran er ist und sich keine Sorgen machen muß, beschwindelt oder hintergangen zu werden.

Venus im 5. Haus: »Spieglein, Spieglein an der Wand ...«

Stärkegrad I:

Venus im 5. Haus.

Venus Konjunktion, Opposition, Quadrat zu Mars

Stärkegrad II:

Mars in Waage oder Stier

Mars im 7. oder 2. Haus

Venus Konjunktion, Opposition, Quadrat zu Herrscher von 5

Stärkegrad III:

Herrscher von 5 in Waage oder Stier

Herrscher von 5 im 7. oder im 2. Haus

Stärkegrad IV:
Venus Trigon, Sextil, Halb-, Anderthalbquadrat, Quincunx zu Mars
Venus Trigon, Sextil, Halb-, Anderthalbquadrat, Quincunx zu Herrscher von 5
Stärkegrad V:
Spitze des 5. Hauses in Waage oder Stier
Venus in Löwe und Widder

Mit dieser Position ist der Wunsch beschrieben, sich genießerisch in der Sexualität zu erleben. Die Freude an der verführenden Wirkung der intimen Selbstdarstellung, an der Anziehung, die die Nacktheit auf den Partner ausübt, nimmt hier tendenziell narzistische Züge an. Man möchte die eigene Ausstrahlung in den Augen des anderen, in dessen begehrendem Blick wahrnehmen und sich von diesem Klima zu weiterem Selbstausdruck stimulieren lassen. Mit Venus im 5. Haus möchte man spielerisch dieses: »Bin ich nicht schön und anziehend?« erkunden, indem man sich dem Partner in der Unmittelbarkeit intimer Gesten zeigt.

Die Erotik hat dabei nichts Zielfixiertes oder Absichtsvolles, erschöpft sich vielmehr in ihrem unmittelbaren Ausdruck. Diese »Schmusekatzenkonstellation« ist natürlich nicht immer so unkompliziert, wie sie nach diesen einleitenden Sätzen erscheinen mag. Besonders bei Spannungsaspekten mag zwar der innere Wunsch nach genußvoll-selbstbewußter Werbung vorhanden sein, sich aber erst über mühsame Arbeit an sich freilegen lassen.

Denn die mit der Konstellation angelegte Vereinigung aktiver Handlung (5. Haus) mit passiv-genießendem Empfinden (Venus) wird anfangs oft als unvereinbarer Widerspruch erlebt, bei der die Aktivität die Genußfähigkeit behindert und umgekehrt. Zu lernen in der Handlung empfindsam zu bleiben, ist demnach der Schlüssel für die Lösung anfänglicher Widersprüche.

Merkur im 5. Haus: »Der (die) Verbalerotiker(in)«

Stärkegrad I:
Merkur im 5. Haus.
Merkur Konjunktion, Opposition, Quadrat zu Mars
Stärkegrad II:
Mars in Zwillinge oder Jungfrau

Mars im 3. oder 6. Haus
Merkur Konjunktion, Opposition, Quadrat zu Herrscher von 5

Stärkegrad III:
Herrscher von 5 in Zwillinge oder Jungfrau
Herrscher von 5 im 3. oder 5. Haus

Stärkegrad IV:
Merkur Trigon, Sextil, Halb-, Anderthalbquadrat, Quincunx zu Mars
Merkur Trigon, Sextil, Halb-, Anderthalbquadrat, Quincunx zu Herrscher von 5

Stärkegrad V:
Spitze des 5. Hauses in Zwillinge oder Jungfrau
Merkur in Löwe und Widder

Merkur als Prinzip des Intellekts, der Vernunft und Zweckmäßigkeit fordert seinen Tribut im 5. Haus der sexuellen Beziehung. Er begünstigt die gedankliche Beschäftigung mit diesem Themenkreis und stellt sich ihm auch gerne im Sinne eines Sprachrohres zur Verfügung. Damit fällt es bei dieser Position leicht, über Sexualität nachzudenken und sich auch darüber zu unterhalten, ja die Sprache selbst mag sogar eine durchaus erotische Ausstrahlung erhalten. Es bleibt allerdings oft bei einem geschickt-unverbindlichen Umgang mit der Sexualität. Das neutrale Element in dem Hermaphroditen Merkur wirkt auf andere entkrampfend oder wie ein Katalysator, der bisher blockierte Prozesse ablaufen läßt. Sich selbst persönlich und motiviert in das sexuelle Spiel einzubringen, liegt Merkur dagegen fern. So ist dies keine Konstellation der Leidenschaftlichkeit, Intensität oder Anhänglichkeit. Es schwingt in der Stimmung viel eher unverbindliche Heiterkeit oder nüchterne Betrachtung mit.

In unerlösteren Varianten kann es zu klinisch-distanzierter Skepsis und Kritik an der Sexualität kommen, an freudloser Zweckmäßigkeit der Pflichterfüllung oder gymnastischer Oberflächlichkeit.

Höher entwickelte Varianten zeigen sich in unkomplizierter Offenheit und nicht-moralisierendem Umgang mit der Sexualität.

Mond im 5. Haus: »Das Kuschelbett«

Stärkegrad I:
- Mond im 5. Haus
- Mond Konjunktion, Opposition, Quadrat zu Sonne

Stärkegrad II:
- Sonne in Krebs
- Sonne im 4. Haus
- Mond Konjunktion, Opposition, Quadrat zu Herrscher von 5

Stärkegrad III:
- Herrscher von 5 in Krebs
- Herrscher von 5 im 4. Haus

Stärkegrad IV:
- Mond Trigon, Sextil, Halb-, Anderthalbquadrat, Quincunx zu Sonne
- Mond Trigon, Sextil, Halb-, Anderthalbquadrat, Quincunx zu Herrscher von 5

Stärkegrad V:
- Spitze des 5. Hauses in Krebs
- Mond in Löwe und Widder

Mond als Symbol kindlicher Offenheit und weiblicher Erwartungshaltung wirkt im 5. Haus als »Ausdruckshaus« oft im Sinne des verhaltenspsychologisch bekannten sogenannten »Kindchenschemas«.[143]

Der Horoskopeigner löst damit bei seinem Partner gerne den Reflex aus, ihn zu hätscheln und mütterlich zu umsorgen. Die sexuelle Dimension das »Kampfes der Geschlechter«, eines gleichberechtigten »Ringens« miteinander, wird zugunsten eines gegenseitigen liebevollen Umsorgens zurückgedrängt.

Konkret kann sich das etwa dergestalt auswirken, daß im Bett vor allem kuschelige Nähe gesucht wird, wohltuende, beruhigende Wärme und weniger das erregende Klima der Geschlechtlichkeit. Triebhaftigkeit tritt gegenüber vertrauter und entspannender Nähe zurück. Die sexuelle Dimension der Beziehung (5. Haus) bekommt damit einen naiv-kindlichen Charakter. »Naiv-kindlich« ist hier durchaus nicht wertend im abschätzigen Sinne zu verstehen. Die Frage danach, ob sich Kindlichkeit und Naivität als Unreife und Dummheit zeigen, oder in Form einer schöner Offenheit und Einfachheit, ist wieder einmal keine Frage unterschiedlicher Symbolik, sondern verschiedener Entwicklungshöhe innerhalb derselben Symbolik.

Diese Entwicklungshöhe läßt sich aber, wie schon mehrfach erwähnt, nicht aus dem Horoskop als der Aufgabenstellung ersehen, sondern ergibt sich aus der Art und Weise, wie der Horoskopeigner die ihm durch sein Horoskop gestellte Aufgabe löst. Ein und dasselbe Horoskop wird – wie man an »astrologischen Zwillingen« ablesen kann – je nach der Fähigkeit des »Schülers« – auf verschiedenen Ebenen innerhalb derselben Symbolik gelöst werden.[144] Mond im 5. Haus kann also – abhängig vom Niveau des Horoskopeigners – das ganze Spektrum vom launischen (Luna = Laune) und schmollend-beleidigten, unselbständigen Umgang mit der Erotik bis hin zu besonderer Gefühlstiefe, Hingabebefähigkeit und Geborgenheit umfassen.

Sonne im 5. Haus: »Der (die) Größte im Bett«

Stärkegrad I:
  Sonne im 5. Haus
  Sonne Konjunktion, Opposition, Quadrat zu Mars
Stärkegrad II:
  Mars in Löwe
  Mars im 5. Haus
  Sonne Konjunktion, Opposition, Quadrat zu Herrscher von 5
Stärkegrad III:
  Herrscher von 5 in Löwe
Stärkegrad IV:
  Sonne Trigon, Sextil, Halb-, Anderthalbquadrat, Quincunx zu Mars
  Sonne Trigon, Sextil, Halb-, Anderthalbquadrat, Quincunx zu Herrscher von 5
Stärkegrad V:
  Spitze des 5. Hauses in Löwe
  Sonne in Löwe und Widder

Sonne als Symbol für das Zentrum verlagert, im 5. Haus stehend, den Lebensmittelpunkt des Horoskopeigners auf den Themenkreis von Produktivität, spielerischer Kreativität und Zeugung. Der Eigenwert und die Ausstrahlung orientieren sich danach in der Partnerschaft stark an sexuellen Maßstäben. So wird etwa das Thema der Selbstbewußtheit (Sonne) mit der sexuellen Potenz (5. Haus) gekoppelt. Auf weniger entwickelter Ebene kann sich so der »Potenzprotz« ergeben, der »immer nur das eine« im Kopf (oder Bauch) hat, oder in weiblicher Variation die »Nymphomanin«.[145]

In der klassischen Astrologie galt das 5. Haus als Haus der »illegitimen Beziehungen« im Gegensatz zu der »legitimen« Partnerschaft (der Ehe) im 7. Haus. Mit der Sonne als Symbol für den Persönlichkeitskern des Horoskopeigners, weist diese Position auf eine Vorliebe für die »illegitime Beziehung«, was letztlich aber nichts anderes heißt, als eine Bevorzugung sexuell betonter Beziehungsformen.[146]

Reifere Varianten drücken sich in der Fähigkeit aus, spielerisch mit dem Leben umgehen zu können und warme Autorität auszustrahlen. Dabei mag Sexualität ein wesentliches Ausdrucksmittel bleiben, aber nicht das einzige, wie bei primitiveren Entwicklungsstufen. Die anfängliche Tendenz, Genuß aus narzißtischer Selbstbespiegelung zu gewinnen, wandelt sich mit zunehmender Reife in die Fähigkeit zum Lebenskünstler, der den Sinn des Lebens im einfachen Da-Sein gefunden hat, in der Freude am eigenen schöpferischen Beitrag zur Existenz und dem unmittelbaren Erleben der Gegenwart.

Beispielanalyse: Grunddeutung mit Partnerschaftshäusern

Zur Einübung der zum 7. Haus und 5. Haus besprochenen Konstellationen wollen wir uns gemeinsam ein Horoskop betrachten:

Die Grundlagendeutung zeigt einen Menschen, der in seiner Temperamentsverlagung (Elementenverteilung) einen sehr leidenschaftlichen Charakter zeigt. Es dominieren bei einer Normalverteilung von 18 Punkten pro Element einmal das Feuer mit 30 Punkten und zum anderen das Wasser mit 33 Punkten. Somit ergibt sich ein Mischnaturell zwischen Choleriker (Feuer) und Phlegmatiker (Wasser), also zwei sehr gegensätzlichen und schwer zu vereinbarenden Temperamenten. Feuer weist auf ein hohes willentliches Engagement und Wasser auf eine ebenso ausgeprägte seelische Beeindruckbarkeit hin. Das kann in der Person zu einer Spannung zwischen Wollen (F) und Hingabe (W), zwischen Durchsetzung (F) und seelischer Anpassung (W) führen. Die

♂ Homophiler		Fr.5.7.1957		UZ: 23: 12
MÜnchen	L: 11E35'	B: 48N 8'	Plac.	WZ: 22: 12

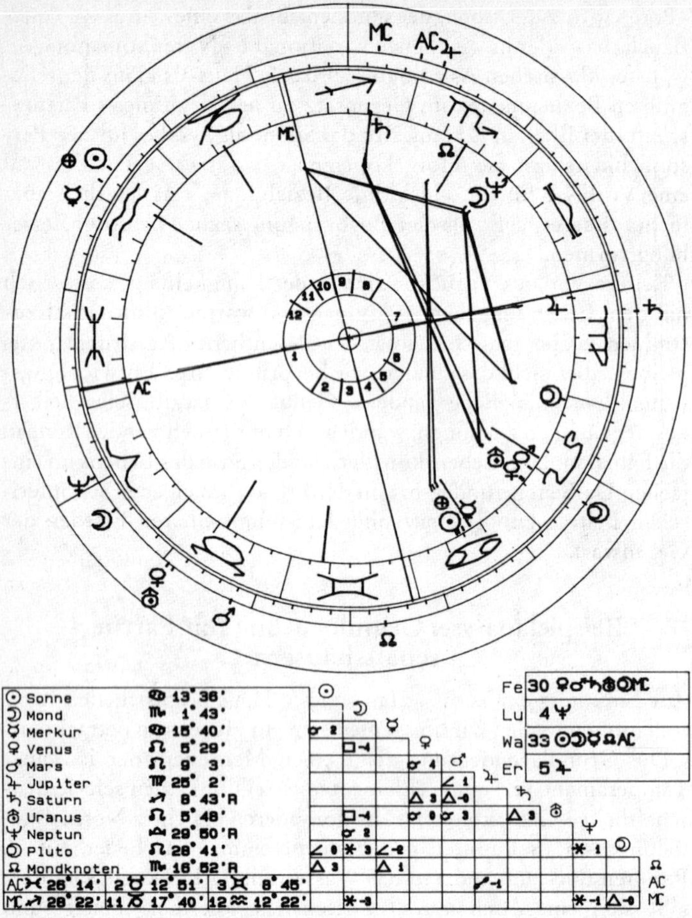

☉ Sonne	♋ 13° 36'	
☽ Mond	♏ 1° 43'	
☿ Merkur	♋ 15° 40'	
♀ Venus	♌ 5° 29'	
♂ Mars	♌ 9° 3'	
♃ Jupiter	♍ 25° 2'	
♄ Saturn	♐ 8° 43'	R
♅ Uranus	♌ 5° 48'	
♆ Neptun	♎ 29° 50'	R
♇ Pluto	♌ 28° 41'	
☊ Mondknoten	♏ 16° 52'	R

AC ♓ 26° 14'	2 ♉ 12° 51'	3 ♊ 8° 45'
MC ♐ 28° 22'	11 ♑ 17° 40'	12 ♒ 12° 22'

	☉	☽	☿	♀	♂	♃	♄	♅	♆	♇
☽										
☿	☌ 2									
♀		□ -4								
♂				☌ 4						
♃					∠ 1					
♄				△ 3	△ -0					
♅		□ -4		☌ 0	☌ 3		△ 3			
♆		☌ 2								
♇	∠ 0	✱ 3	∠ -2						✱ 1	
☊	△ 3		△ 1							
AC						☍ -1				
MC		✱ -3							✱ -1	△ -0

Fe	30 ♀♂♄♅♇MC
Lu	4 ♆
Wa	33 ☉☽☿☊AC
Er	5 ♃

Abb. 8 Homophiler

Kombination Feuer/Wasser weist in der Regel auf eine stark emotionale, affektbetonte Persönlichkeit, die regen Anteil an ihrer unmittelbaren Umgebung nimmt[147] und bei Kombination mit einer starken rechten Horoskophälfte, wie im Beispiel, eine klassisch hysterische Grundstruktur andeutet.

Der Persönlichkeit fehlt die Möglichkeit, die Dinge luftig zu relativieren und diplomatisch auszugleichen (4 Luftpunkte), und der Bezug zur greifbaren Realität, zur Verwurzelung in der sichtbaren Welt (5 Erdpunkte).

Aus der Quadrantenverteilung kann man auf eine extreme Umweltbezogenheit (10 von 10 Planeten auf der rechten Horoskophälfte) schließen, wobei ein deutlicher Schwerpunkt auf der Suche nach persönlicheren und intimeren Formen des Kontakts liegt. Denn der hier dominierende 2. Quadrant, der die »Bauchhälfte« (Nachthälfte unterhalb AC/DC) mit der rechten DU-Hälfte (rechts von MC/IC) verbindet, meint den privateren, familiären Kontakt mit dem anderen, während der 3. Quadrant »kopfbetontere«, theoretische Formen der DU-Beziehung beschreibt. Der Horoskopeigner sucht also mit seinem für ihn typischen leidenschaftlichen Temperament einen privat-persönlichen Kontakt mit seiner Umwelt.

Der Aszendent als Symbol für das grundsätzliche Anliegen, das zu erfüllende Lebensthema, zeigt – in den Fischen stehend – einen chaotisch-romantisch-phantatischen Lebensansatz, einen geborenen verletzlichen Träumer, der in seiner Zerbrechlichkeit lieber in phantastischen Vorstellungen – in den Möglichkeiten – lebt, als in der hart empfundenen konkreten Wirklichkeit.

In seiner sehnsuchtsvollen Art wendet er sich an seine Umwelt (Neptun als Geburtsherrscher im 7. Haus) in der Hoffnung, dort Frieden und Harmonie zu finden (Neptun in Waage). In seiner neptunischen Hellfühligkeit öffnet er sich wie beschwipst (Neptun in 7 = »Die Schwipsbeziehung«!) seinem Gegenüber und sieht sich der extremen Gefühlswelt (Mond in Skorpion) seiner eignen Gefühle und der seiner Partner ausgesetzt. Er sehnt sich nach der Mutter (Neptun-Mond-Konjunktion) in der Begegnung, die sich so schwer fassen läßt. Er kann sich gegen die seelischen Abgründe (Mond/Skorpion) nicht abgrenzen (Neptun) und erlebt die Umwelt (7. Haus) als Eindrucksüberflutung (Mond als »Parabolspiegel« und Neptun als »Antennensymbol« in 7), gegen die er sich nicht wehren kann. Der zweite Herrscher von 1, nämlich Mars als

als Herrscher über den im 1. Haus eingeschlossenen Widder, deutet auf ein schwer zu entfaltendes (eingeschlossenes) Triebleben, eine Hemmung vor Entscheidungen und aggressiver Selbstdurchsetzung; obwohl er noch im 5. Haus und im Löwen sehr stark stehen würde[148], käme er nicht aus seinem eingeschlossenen (verkapselten) Domizil heraus.

Die Verhaltensweise des Horoskopeigners ist durch die Sonne in Krebs gekennzeichnet und weist ihn als einen archetypisch weiblichen, rezeptiv-reagierenden Menschen aus. Einen Menschen, der in seiner Ausstrahlung (Sonne) eher weich und zurückhaltend, familiär und häuslich wirken wird. In Verbindung mit dem Fische-AC entsteht bisher also ein romantisch-blumiges Gesamtbild eines scheuen, introvertierten, sehr auf persönlichen Kontakt geprägten Individuums. Die Position der Sonne an der Spitze des 5. Hauses zeigt dann auch noch, daß der Lebensmittelpunkt (Sonne) in der erotischen Selbstdarstellung (5. Haus) auf weibliche Art und Weise (Krebs) gesehen wird. In seinem beruflichen Engagement als ehemaliger Ballettänzer und späterer Besitzer eines kreativ-eigenwilligen Blumengeschäfts kommt diese Form des Selbstausdruckes (5. Haus) sehr stimmig zur Geltung.

Die seelische Grundstimmung kann an der Mondposition abgelesen werden und ergibt bei einem Mond in Skorpion mit Neptunkonjunktion das Bild eines seelisch hochsensiblen, mimosenhaft empfindlichen Menschen, der sich zum Abgründigen und zu den Tabubereichen des Lebens wie magisch hingezogen fühlt. Gefühlsschwankungen von himmelhoch-jauchzend bis zu Tode betrübt gehören hier zum Alltag ebenso, wie leitbildhaft-fixe Ideen davon, was Gefühle idealerweise ausmachen sollen. Dabei weist das Uranus-Mond-Quadrat auf die Schwierigkeit einer Ich-Identifikation hin[149], eine Neigung, die sich bei einem Fische-AC geradezu potenziert.

Als Finalität oder als Absichtserklärung an das Leben können wir die MC-Position auffassen.[150] Der hier gegebene Schütze-MC mit Jupiter als Herrscher an der Spitze des 7. Hauses bedeutet also, daß der Horoskopeigner es als überpersönliche Zielsetzung ansieht, anderen Menschen mit differenzierter (Jungfrau) Toleranz (Jupiter) zu begegnen (7. Haus), aber auch, daß er sich dasselbe von seiner Umwelt erhofft. Er strebt ein Entwicklungsoptimum (Jupiter) im partnerschaftlichen Bereich an.

Dabei zeigt uns interessanterweise die Betrachtung der Mondphase (108 Grad Abstand zwischen Sonne und Mond = »Krebs-Mondphase«) daß das Entwicklungsthema bei dem zunehmenden Mond hier die Eigenentwicklung ist, und nicht etwa die Entwicklung innerhalb der Gemeinschaftsstruktur.

Nach diesem ersten Grobüberblick über die Grundstruktur des Horoskopeigners können wir die »Partnerschaftshäuser« näher betrachten. Das hier vorrangige 7. Haus ist mit Jupiter, Neptun und Mond besetzt. Hieraus können wir ableiten, daß unser »Kandidat« an die Begegnung hochzielende idealistische Hoffnungen knüpft, sie als persönliches Entwicklungsfeld Nr. 1 ansieht (Jupiter in 7) und in der Partnerschaft vor allem Romantik (Neptun) und Gefühlsreichtumm (Mond) sucht. Der besonders ausgeprägte Wunsch nach Toleranz (Jupiter) steht hier neben der Erwartung, so widersprüchlich erscheinende Qualitäten beim anderen zu finden wie familiäre Geborgenheit und Nähe (Mond) und zugleich eine Distanz, die Verklärung (Neptun) erlaubt, ohne durch Alltägliches ernüchtert zu werden. Ein Partner, mit dem man sich über den Sinn des Lebens (Jupiter) austauschen kann, der gefühlsintenstiv (Mond im Skorpion) ist, und doch anonym-unnahbar bleibt (Neptun) scheint hier die vom Horoskop gestellten Bedingungen noch am ehesten zu erfüllen.

Beide Herrscher von 7, nämlich Merkur (Jungfrau-DC!) an erster Stelle, und Venus als Herrin über das im 7. Haus eingeschlossene Waagezeichen, färben die Partnerschaft mit und zielen auf das 5. Haus hin. Der Jungfrau-DC zeigt, daß Nutz- und Zweckerwägungen, praktische und vernünftige Gedanken in der Partnerschaft eine ebenso große Rolle spielen, wie der Aspekt ängstlicher Neutralität, während die eingeschlossene Waage auf eine nur langsam sich entwickelnde erotische Gegensatzanziehung hinweist. Daß beide Herrscher von 7 sich im 5. Haus wiederfinden, ist ein Indiz dafür, daß die sexuelle Komponente in der Beziehung eine besonders große Rolle spielt.

Dieser Aspekt wird noch wesentlich deutlicher, wenn wir die Planetenballung im 5. Haus betrachten. Mit Sonne und Merkur an der Spitze finden wir hier insgesamt 5 Planeten vor. Der narzißtisch gefärbte Selbstausdruck im 5. Haus wird mit der Sonne Spitze 5 zum Maßstab für die Selbstbewußtheit. Merkur an zweiter Stelle könnte sich als verbalerotische Qualität ebenso zeigen, wie in der

Form hermaphroditenhafter Ambivalenz. Und in der Tat handelt es sich bei dem Horoskopeigner um einen Homophilen, der sich mit der Einordnung in eine Geschlechterrolle sehr schwer tat. Seine weiblich-weiche Grundveranlagung (Fische-AC, Krebs-Sonne und Skorpion-Mond/Neptun) macht es an sich schon nicht einfach, sich mit männlichen Qualitäten zu identifizieren, auch wenn dies im eingeschlossenen Mitanliegen (Widder in 1) als Wunsch anklingt. Und auch die für die Partnerschaft so bedeutsamen Häuser 7 und 5 sind von dem Hermaphroditenprinzip des Merkur stark gefärbt. Bei einem so leidenschaftlichen (Feuer/Wasser-)Temperamentnaturell kann dies sicherlich große Verwirrung stiften, besonders bei einer so labilen Grundstruktur.

Noch klarer drückt sich der Konflikt des Horoskopeigners aber in den weiteren Planetenpositionen im 5. Haus aus. Denn hier stehen Mars und Venus als das klassische Liebespaar der griechischen Mythologie in enger Konjunktion im vitalen Löwezeichen und fordern gleichsam einen sexuellen Selbstausdruck. Zwischen diesen beiden befindet sich aber noch Uranus als Prinzip der »Aufhebung von Polaritäten«. Uranus flieht alle Polarisierungen, also auch die geschlechtliche zwischen Mars und Venus. Er fordert im 5. Haus und zwischen der Mars/Venus-Konjunktion »Freiheit, Gleichheit und Brüderlichkeit« im erotischen Selbstausdruck und rundet das Bild homophiler Tendenzen ab. Schließlich kommt noch dazu, daß der Mond als Herrscher über das 5. Haus im Skorpion steht und damit die Sexualität (5. Haus) mit der Sucht zum Tabu (Skorpion) verbindet. Weiblichkeit (Mond) und masochistische Tendenzen (Skorpion) sind die die Gesamtaussage mitprägenden Faktoren.

Aus dem Gesamtbild des Horoskops läßt sich also gut nachvollziehen, daß sich der Horoskopeigner für seinen speziellen Weg der Homophilie in der Beziehung entschieden hat, obwohl er sehr unter der mangelnden Toleranz – die er mit Jupiter in 7 besonders erwartet – seiner Umwelt litt.

Das bedeutet aber nicht, daß das Geburtsbild ihm diese spezielle Lebensart aufzwingt. Wie ich schon öfters darlegt habe, läßt sich die gleiche astrologische Konstellation auf verschiedenen Symbolebenen erfüllen. Dies ist es, was letztlich den Freiheits- und Entwicklungsspielraum des Menschen ausmacht.

In der Reihenfolge des oben vorgestellten Deutungsschemas kämen an dieser Stelle die Besprechungen der Häuser 3, 11 und 8 des Partners 1 (P1 analog zu dem eben gedeuteten 7. und 5. Haus).

Auf diese Art und Weise werden die Beziehungsschattierungen von P1 im Sinne der

- ersten Kontaktaufnahme (Kontaktfreudigkeit), Beziehungspflege, und Umgang mit Geschäftsbeziehungen: *Ebene des 3. Hauses;*
- Einstellung zu »Wahlverwandtschaften« und geistigen Freundschaften: *Ebene des 11. Hauses;*
- Reaktion auf sich verfestigende, stabilisierende Partnerschaften und der Sexualität als »Bindungsmittel«: *Ebene des 8. Hauses* genauer untersucht.

Ich will dem geneigten Leser die Langatmigkeit einer »kochbuchartigen« Aufzählung aller sich daraus ergebenen Symbolkombinationen ersparen, zumal ich glaube, daß die sich aus der Deutung des 7. und 5. Hauses ergebenden Anregungen es möglich machen, mit ein wenig eigener Kreativität diese Lücke zu schließen.

Nach Abschluß dieser Arbeit sind wir an einer Stelle angekommen, an der ein schon recht abgerundetes Bild von der Veranlagung des P1 in partnerschaftlicher Hinsicht entstanden ist. Im Rahmen einer Beratungssituation wird P1 erkennen können, daß viele der von ihm in Beziehungen erlebten Problemstellungen mit der eigenen Veranlagung zusammenhängen und nicht etwa am Partner festgemacht werden können. Eine solche Erkenntnis fördert echte Toleranz im Umgang mit anderen und nützt weit mehr, als Versuche, an der Person des Partners herumzumäkeln, oder diesen verändern zu wollen.

Dennoch ist es sehr hilfreich, sich außerdem darüber zu informieren, welche Veranlagungen der andere (P2) mitbringt, und wie sich aus dessen Blickwinkel Partnerschaft darstellt.

Daher muß bei einer gründlichen Partnerschaftsanalayse nun das Horoskop von P2 ebenso ausführlich gedeutet werden.

Erst nach diesem Schritt gelangen wir dann an den sogenannten Partnerschaftsvergleich (PV) im engeren Sinne.

4. Der Partnerschaftsvergleich

Der Partnerschaftsvergleich im engeren Sinne bietet folgende Untersuchungsmöglichkeiten

1. Der Aspektvergleich (Synastry) zwischen P1 und P2
2. Das Composithoroskop von P1 und P2
3. Das Combinhoroskop von P1 und P2
4. Horoskope auf den Beginn der Partnerschaft
   a) Das Horoskop auf den 1. Blick
   b) Zusammenziehen (Beginn der Wohnungsgemeinschaft)
   c) Das Horoskop auf den ersten intimen Kontakt
   s) Heirat / standesamtlich / kirchlich
   e) Das Horoskop auf den Zeitpunkt der Fragestellung zur Beziehung (Stundenastrologie)

Der Aspektvergleich (Synastry)

Dabei ist der Aspektvergleich die wohl bekannteste und zugleich auch eine der differenziertesten Techniken, um die Übereinstimmung zweier Menschen astrologisch zu untersuchen.

Es gibt dabei 3 probate Vorgehensweisen:

1. Das Horoskop des P2 wird auf eine durchsichtige Horoskopfolie gezeichnet und danach so auf das Horoskop von P1 gelegt, daß gleiche Tierkreiszeichen aufeinanderliegen (0 Grad Widder P1 auf 0 Grad Widder P2).

2. Die Gestirnstände und Häuserspitzen von P2 werden in anderer Farbe in das Horoskop von P1 übertragen.

3. Wie 2. nur in einem speziell dafür vorgesehen Kreis des Formulars P1

Danach werden die Beziehungen (Aspekte), die sich zwischen Planeten und Häuserspitzen des P1 mit solchen des P2 ergeben eingezeichnet, und – wie später an Beispielen erläutert – gedeutet. In den gegenseitigen Aspektierungen kommt das *Beziehungsgeflecht der Partnerschaft* zum Ausdruck.

Je stärker die Vernetzung durch Aspekte, desto mehr sind die Partner sprichwörtlich miteinander »verwoben«. Darüber hinaus kommen beim Synastry die Planeten des einen Partners in bestimmten Häusern des anderen zu stehen, was ebenfalls interpretiert werden kann.

Nach meinen persönlichen Erfahrungen ist von den oben genannten Möglichkeiten der zweiten Methode aus folgenden Gründen der Vorzug zu geben: Sind bei Methode 1 in beiden individuellen Horoskopen die Aspekte bereits durch Aspektlinien eingezeichnet, so ergibt sich durch Abtragen der zusätzlichen Aspekte zwischen P1 und P2 ein unübersichtlicher Aspektwirrwarr. Methode 3 dagegen macht es nicht möglich, Aspektlinien zwischen Horoskopfaktoren beider Partner einzuzeichnen, da sie ja nicht auf einem gemeinsamen Kreis liegen. Aber gerade die optische Sichtbarkeit der gemeinsamen Aspekte von P1 und P2 erleichtert eine ganzheitliche Deutung im Gegensatz zu Aspektvergleichen, die die gemeinsamen Aspekte lediglich in einem gesonderten Aspektarium abdrucken.

Beispielanlayse: Johann Wolfgang von Goethe in drei Beziehungen

Betrachten wir uns nun den Aspektvergleich und seine Deutungsmöglichkeiten am Beispiel Goethes und dreier wichtiger Beziehungen zu Frauen.

Wir erkennen bei einem Überblick über Goethes Grundstruktur, daß es sich bei ihm um einen Menschen handelt, der mit einem fast zwanghaft perfektionistischen Anliegen an das Leben herangeht (Skorpion-AC). Er legt gnadenlos harte Maßstäbe an die Eigenperson (Saturn im Skorpion am AC) und möchte mit einem absoluten Anspruch an das Leben (Pluto in 1) über sich selbst hinauswachsen, ein Thema, was er als letztlich eigenes in der Person des Dr. Faust literarisch bearbeitet. Wie könnte man den aus dem Skorpion-Aszendenten und dem Pluto in 1 erwachsenden zwanghaft absoluten Anspruch besser darstellen, als in der Wissensgier des Faust, der – plutotypisch – den Dämonenpakt mit dem Teufel eingeht, und »seine Seele verkauft« um Übermenschliches zu erreichen?

♂ Johann Wolfgang von Goethe		Do. 28. 8. 1749		UZ: 12:00
Frankfurt am Main	L: 8E40'	B: 50N07'	Plac.	WZ: 11:25

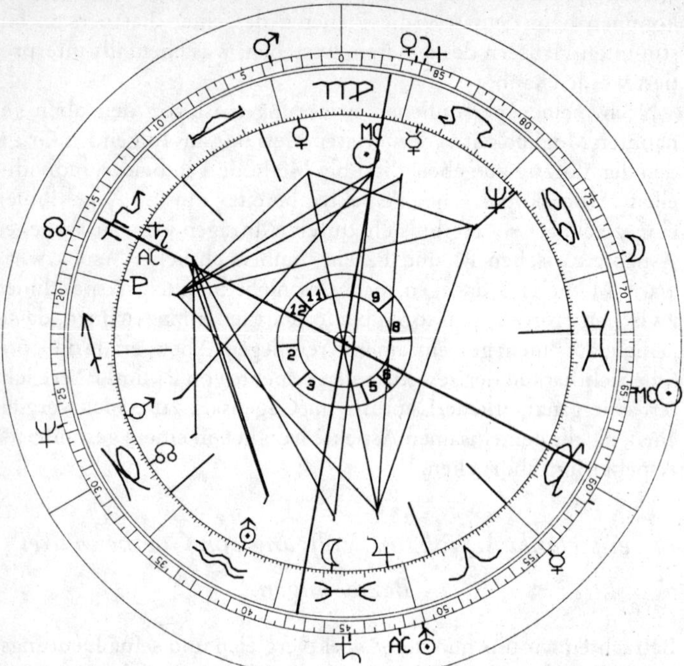

☉ Sonne	♍	5°10'12"
☽ Mond	♓	11°52'16"
☿ Merkur	♌	25°56'20"
♀ Venus	♍	26°24'44"
♂ Mars	♑	3°33' 7"
♃ Jupiter	♓	25°58' 8"r
♄ Saturn	♏	15°12'15"
♅ Uranus	♒	18°48'19"r
♆ Neptun	♋	26°35'59"
♇ Pluto	♏	29°10'59"
☊ Mondknoten	♑	16°56'49"r

AC: ♏ 17°38'16"	2: ♐ 17°38'	3: ♑ 25°40'
MC: ♍ 4°56'46"	11: ♎ 6°18'	12: ♎ 29°36'

	☉	☽	☿	♀	♂	♃	♄	♅	♆	♇	☊
☽	☍ -7 S										
☿											
♀											
♂	△ -2 S										
♃			⚻ -0 A	☍ -0 S							
♄		△ -3 A									
♅					∠ 0 A		□ 4 A				
♆		Q -0 S		✱ -0 S		△ 1 S					
♇	□ -6 S		□ 3 A	✱ 3 A		△ -3 S			△ 3 A		
☊							✱ 2 A				
AC					∠ 1 A		☌ 2 S	□ 1 A			
MC	☌ 0 A				△ -1 S						

Fe	5	☿
Lu	4	♅
Wa	36	☽♃♄♆♇AC
Er	27	☉♀♂☊MC

Abb. 9 Goethe

Aber in der Charakterstruktur Goethes finden wir das Thema des Perfektionismus nicht nur in der Variante des Skorpions eines idealistischen »120-Prozentigkeitsbedürfnisses« wieder, sondern auch in der Form akribisch-pedantischen Perfektionszwangs der Jungfrau-Sonne, die eine Beamten- und Wissenschaftsmentalität beschreibt. Die Jungfrau-Sonne im 10. Haus (»Karriere und Staatshaus«) als Goethes Verhaltensform, finden wir in seinen juristischen Planungs- und Überwachungstätigkeiten als Staatsbeamter wieder und auch in seinen akribisch-exakten wissen- schaftlichen Forschungen, wie sie sich in seiner Farbenlehre oder auch in der Entdeckung des Zwischenkieferknochens widerspiegeln.

In krassem Kontrast dazu (Opposition zur Sonne!) steht seine lyrische Seele, repräsentiert durch den Fische-Mond im 4. Haus. Mit ihr taucht er gleichsam in die »Welt der Mütter« ein und erspürt hochsensibel (Fische) die Schichten des Unterbewußten (4. Haus).

Seine Zielsetzung (MC) hat damit zu tun, sich ein exaktes Bild von der Evolution zu machen (Merkur als Herrscher des Jungfrau-MC im 9. Haus), um schließlich als Ergebnis seiner anatomischen und botanischen Versuche zu der Lehre der Morphologie zu gelangen. So entsteht als Finalität (MC) bei der Betrachtung der »Metarmorphose der Pflanzen« seine Resümee: »Gestaltlehre ist Verwandlungslehre«. In dieser seiner Formulierung spiegelt sich das Quadrat des Finalitätsherrschers Merkur zu Pluto in 1 wider.

Natürlich können wir am Horoskop Goethes, wie bei jedem anderen Menschen nach dem Motto: »An ihren Werken sollt ihr sie erkennen«, in allen menschlichen Äußerungsformen den Charakter bis in seine astrologisch-grafische Darstellungsform erkennen.

So finden wir im Jahre 1778 folgende Tagebucheinträge bei ihm: »... In schönem bestätigtem Wesen – still und rein; ... Auf traurig in mich gezogen Tage ... diese Woche in immer gleicher fast zu reiner Stimmung. Schöne Aufklärungen über mich selbst und unsere Wirtschaft, Stille und Vorahnung der Weisheit ... Bestimmteres Gefühl von Einschränkung und dadurch der wahren Ausbreitung«. Kann man als Astrologe das Prinzip des Saturn und des Pluto am Aszendenten schöner wiedergeben, als Goethe durch diese Worte es selbst tut?

Dieses zwanghafte Streben nach Reinheit in der »sumpfigen« Anlage eines Skorpion-AC. Goethe formuliert dies immer wieder. So auch in der ersten Fassung der »Iphigenie auf Tauris«. Er läßt

Iphigenie sprechen: »Ganz unbefleckt ist nur die Seele ruhig«, oder: »Laß mich mit reinen Händen, wie mit reinem Herzen hinübergehen, und unser Haus entsühnen«, und parallel dazu finden sich wiederum in seinem Tagebuch folgende Einträge: »Heiliges Schicksal ... laß mich frisch und zusammengenommen der Reinheit genießen«, und: »Möge die Idee des Reinen, die sich auf den Bissen erstreckt den ich in den Mund nehme, immer lichter in mir werden.«

Doch lassen Sie uns gemeinsam Goethes grundsätzlichen partnerschaftlichen Bezug etwas näher betrachten. Die Spitze des 7. Hauses steht im Stier als Hinweis darauf, daß Goethe sich in seiner kompliziert-verspannten Eigenperson (Skorpion-AC, Saturn und Pluto in 1) zu einem natürlich-bodenständigen Gegenüber (Stier) hingezogen fühlt. Dies mag schließlich auch den Ausschlag dafür gegeben haben, daß er die damals 23-jährige Christiane Vulpius, die aus einer kleinbürgerlichen Familie stammte, zu seiner Geliebten und schließlich auch zur Mutter von fünf Kindern machte. Er sprach selbst davon, daß sie ihn durch ihre »naturhafte Persönlichkeit« (Stier) angezogen habe, eine Aussage, die wir im späteren Aspektvergleich deutlich bestätigt finden werden. Auch seine Verbindung mit Lili Schönemann, der 16-jährigen Tochter eines Frankfurter Handelsherren, die bis zur Verlobung führte, zeigte typische Züge des Stieraszendenten. Goethe sagt selbst, daß er zwischen der Liebe zu Lili und dem Gefühl hin und hergerissen wurde, daß er kaum Befriedigung in der Festlegung auf ein Leben von »häuslicher Glückseligkeit« finden würde. In dem von ihm selbst gewählten Begriff der häuslichen Glückseligkeit kommt die Tendenz des Stierprinzips zu traditioneller, fast biederer Häuslichkeit zum Ausdruck. Seine Opposition diesem häuslichen Glück gegenüber zeigt sich vielleicht noch deutlicher in der Opposition von Goethes Sonne zu seinem eigenen im »häuslichen« 4. Haus stehenden Mond, zumal Lili Schönemann mit ihrer Krebs-Sonne dieses »Mondklischee« gut erfüllt haben dürfte.

Die Tatsache, daß Goethes Venus als Herrin von 7 in der Jungfrau im 10. (= Steinbock-) Haus steht, hat ihm aber auch noch ein anderes Frauenbild attraktiv gemacht. Dies wird besonders deutlich in seiner langjährigen Distanzbeziehung zu der Hofdame (10. Haus, Jungfrau!) Charlotte von Stein.[151] Sie war eine kalvinistisch erzogene, von Kindheit an mit dem steifen höfischen Leben ver-

ASPEKTVERGLEICH (SYNASTRY)		GOETHE		v. STEIN

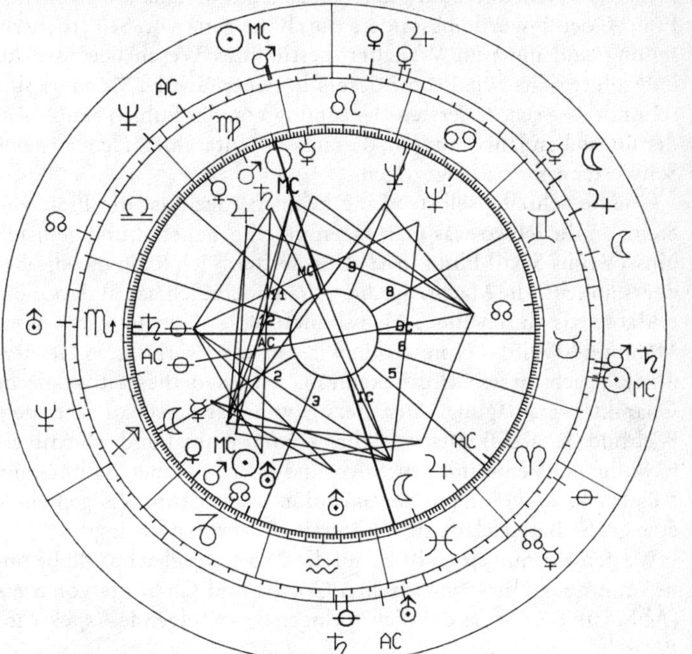

Synastry

	☉	☽	☿	♀	♂	♃	♄	♅	♆	♇	☊	AC	MC	
☉ ♑ 3 37	△				☌			∠				∠	△	♍ 5 11
☽ ♐ 16 14								✱						♓ 11 52
☿ ♐ 17 23								✱						♌ 25 57
♀ ♐ 28 3			△	□		□								♍ 26 26
♂ ♍ 5 56	☌				△								☌	♑ 3 33
♃ ♍ 14 12		☍					✱							♓ 26r 1
♄ ♍ 5r36	☌				△								☌	♏ 15 13
♅ ♑ 21 54	⚼													♒ 18r48
♆ ♋ 10r53		△	∠											♋ 26 36
♇ ♏ 15 44							☌				✱	☌		♏ 29 11
☊ ♉ 26r 2			□	△		✱			✱					♑ 16r57
AC ♈ 8 32														♏ 17 38
MC ♑ 3 28	△				☌			∠					△	♍ 4 57

Radix:
Goethe Johann Wolfgang v.
28/8/1749, 12h0m
Frankfurt am Main, D
Radix:
v.Stein Charlotte (Goethe)
25/12/1742, 12h0m
Frankfurt am Main, D
Haeusersystem Placidus

2.♐ 17 38	3.♑ 25 40
11.♎ 6 18	12.♎ 29 36
2.♉ 21 39	3.♊ 15 2
11.♑ 22 33	12.♒ 18 38

Abb. 10 Goethe/Stein

traute, durch eine lieblose Ehe mit dem herzoglichen Stallmeister Josias von Stein und häufiges Kranksein zur Melancholie neigende Frau. Goethe wurde besonders durch ihr ganz von Selbstbeherrschung und innerem Verhalten bestimmtes Wesen beeindruckt, und fühlte sich – wie Peter Boerner in seiner Goethe Monographie schreibt[152] – seit der ersten Begegnung von der kühlen Schönheit, der um sieben Jahre Älteren, deren Sensibilität ihn zudem an seine Schwester erinnere, angezogen.[153]

Goethe schreibt selbst: »Eine herrliche Seele ist die Frau von Stein, an die ich so was man sagen möchte, geheftet und genistelt bin« (Venus Sextil Pluto in 1!) Und weiter: »Ich kann mir die Bedeutsamkeit – die Macht, die diese Frau über mich hat, anders nicht erklären als durch die Seelenwanderung. – Ja, wir waren einst Mann und Weib! – Nun wissen wir von uns – verhüllt, in Geisterduft«. Auch dieses Selbstbekenntnis zeigt Goethes astrologische Charakterveranlagung. Der Bezug von Partnerschaft und dem Weltbild der Reinkarnationslehre kommt einmal in der Sextilverbindung der Venus mit dem Stirb-und-Werde-Planeten Pluto zum Ausdruck, so wie schon der Skorpion-Aszendent im allgemeinen eine große Bereitschaft zu »okkulten« Bezügen mitbringt.

Werfen wir nun einen Blick auf die Aspektvergleiche und beginnen mit dem Synastry zwischen Goethe und Charlotte von Stein (Abb. 10): Besonders deutlich springen dabei folgende Aspekte ins Auge:[154]

1. Mars und Saturn von Charlotte v. Stein stehen gradgenau auf Goethes Sonne und seinem MC.
2. Goethes Mars steht seinerseits mit der weiblichen Sonne in Konjunktion.[155]
3. Der weibliche Pluto steht in Konjunktion mit Goethes Saturn und seinem AC.
4. Die Venuspositionen der beiden stehen im Quadrat zueinander.
5. Goethes Jupiter wirft ein Quadrat auf die weibliche Venus.
6. Goethes Mond erhält eine Reihe von Spannungsaspekten aus dem Horoskop Charlotte von Steins: Opposition von Jupiter, Quadrat von Mond und Quadrat von Merkur.[156]

Die angeführten Konstellationen lassen den Schluß zu, daß sich Goethe zu Partnerinnen hingezogen fühlte, die es ihm nicht gerade leicht machen. Das verwundert auch nicht weiter, wenn man in Betracht zieht, wie angespannt das Charakterbild Goethes selbst ist. Denn nach dem »Resonanzgesetz« der Esoterik steht zu erwarten, daß man sich einen Partner nach der eigenen »Façon« auswählt, um sich so im Spiegel Umwelt gut erkennen zu können. Mit Charlotte sucht sich Goethe eine Partnerin, die ihm ständig neue Impulse gibt (ihr Mars auf seiner Sonne), und die er seinerseits initiativkräftig anregt (sein Mars auf ihrer Sonne). Auf minderer Entwicklungsstufe könnte eine solche Aspektierung zu gegenseitigen Handgreiflichkeiten führen, zu wechselseitiger Aggression. Aber es bleibt eben die Entwicklungsstufe der betreffende Horoskopeigner überlassen, ob sie sich bei einer solchen Konstellation ständig verletzen, oder aber einen sehr ehrlichen, direkten, den Partner an- und erregenden Umgang miteinander pflegen. Beides läßt die Symbolik des Mars gleichermaßen zu. Es bleibt auch die Frage offen, wie Goethe und Charlotte v. Stein diese Konstellation gelebt hätten, wären sie ständig in dichtem Kontakt miteinander gewesen. Vielleicht hat auch die Distanzbeziehung verhindert, daß die auf Entfernung als anregend erlebte Konstellation im täglichen Alltag schmerzlich und verletzend geworden wäre.

Die Mars/Saturn-Konjunktion von Charlotte kann sich gleichsam als »Bildhauer«-Aspekt auf Goethes Sonne und seine finale Vorstellungskraft (MC) ausgewirkt haben. Denn Saturn als Symbol für die Grundsätze und Programme nach denen man lebt, wirken sich – auf der Sonne des Partners stehend – oft wie ein Normengefängnis für diesen aus. So hätte es durchaus sein können, daß Goethe Charlottes Jungfrau-Saturn auf seiner Sonne als Zwangsjacke, als Einengung seines Verhaltens empfunden hätte, wäre er nicht selbst ein Mensch gewesen, der so harte Maßstäbe an sich legte. (Saturn auf AC). Und in der Tat erlebte Goethe die Härte von Charlottes Saturn, als er sich ihr nach einer heimlichen Abreise nach anderthalb Jahren wieder nähern wollte. Sie grollte ihn deswegen noch immer und empfing ihn trotz seiner fußfälligen, flehentlichen Bitten, ihm die Rückkehr zu erleichtern, kühl und ohne Herz.

Charlottes Pluto auf Goethes Saturn ist ein Zeichen dafür, daß sie ein starkes, fast zwanghaftes Bedürfnis fühlte, seine Prinzipien und Grundsätze einer Wandlung zu unterwerfen.[157] Die im Quadratverhältnis zueinander stehenden Venuspositionen weisen auf die Schwierigkeit hin, zu dem Themenkreisen Erotik, Kunst, Ästhetik und Geschmack gleiches zu empfinden. Auch das Quadrat von Goethes Jupiter zu Charlottes Venus zeigt, daß Goethe Bewertungsprobleme (Jupiter) mit der sinnlichen (Venus) Einstellung seiner Partnerin gehabt haben dürfte.

Schließlich sind die vielfältigen Spannungsaspekte von Charlottes Merkur, Mond und Jupiter auf Goethes Mond ein Indiz dafür, daß es Reibungen zwischen dem hypersensiblen Gefühlsleben Goethes einerseits, und andererseits der barock-dynamischen, von hochgespannten Erwartungen gekennzeichneten Gefühlswelt (Mond in Schütze) Charlottes, ihrem sendungsbewußten Intellekt (Merkur in Schütze) und den vernünftig-trockenen, höfischen Wertungssystemen (Jupiter in Jungfrau im 10. Haus) gegeben haben dürfte.

Reibungslos und auf dynamisch sich entwickelnde (Trigon) Art und Weise ergänzen sich die Handlungsweisen der beiden (Mars) Trigon Mars) und das äußere Auftreten (Steinbock-Sonne Trigon Jungfrau-Sonne).[158] Das mag sich daran gezeigt haben, daß das nüchtern-rationale (Jungfrau-)Auftreten Goethes der »klassischen Linie« einer Steinbock-Sonne entsprechen mag. Kein klaffender Widerspruch also in der formellen Gestaltung des Lebens und in pragmatischen Entscheidungen (Jungfrau-Mars Trigon zu Steinbock-Mars).

Auffällig ist neben den einzelnen Aspekten hier vor allem auch die Tatsache, daß 5 Planeten Charlottes sich in Goethes zweitem Haus befinden. Denn beim Synastry interessieren – wie schon oben erwähnt – nicht nur die Aspektvernetzungen zwischen den Partnern sondern auch die Planetenpositionen in den Häusern des Partners.[159] Dies kann als Hinweis darauf verstanden werden, daß Goethe Charlotte als einen Menschen erfahren hat, der eine wichtige Rolle bezüglich des eigenen Selbstwertgefühls (2. Haus) spielte, daß er ihre Person, sowohl was ihre Gefühlswelt (Mond), ihr Denken (Merkur), ihre Erotik (Venus) anbetrifft, als auch in ihrem Verhalten, ihrer Ausstrahlung (Sonne) und ihrer geistigen Kreativität (Uranus) als beständig und beharrlich (2. Haus) erlebt hat. Er sah in ihr die Möglichkeit zur Verwurzelung und Sicherheit.

Eine solche 2. Haus-Position des Partners läßt oft auch die Hoffnung, dort Nahrung zu finden (Stier-Haus!), aufkommen, so daß der Partner als »wirtschaftlicher Faktor«, als existentielle Sicherheit Bedeutung findet.

Faszinierend kann die Betrachtung mittels der Technik des Aspektvergleichs besonders dann werden, wenn man mehrere Beziehungen auf ein sich darin gemeinsam findendes Aspektthema hin untersucht. Denn so wird erkennbar, welches Thema in der Beziehung, ganz unabhängig von der Person des konkreten Partners, gesucht wird. Trifft man in verschiedenen Partnerschaften immer wieder auf dasselbe oder ein sehr ähnliches Thema, so kann man daraus auf eine vorrangige Lernaufgabe des Horoskopeigners schließen und vielleicht sogar vermuten, daß er dieses Thema in zukünftigen Beziehungen wieder vorfinden wird, zumindest dann, wenn er die im Thema verborgene Aufgabenstellung vorher nicht befriedigend erkannt und gelöst hat. Das Resümee daraus lautet also: Bis zur Lösung eines Themas wird es immer wieder in Beziehungen auftauchen und kann nicht durch Partnerwechsel vermieden werden. Das Unterbewußte wird zielsicher (und nur oberflächlich betrachtet »zufällig«) Partner auswählen, die zur Bearbeitung des entsprechenden Themas geeignet sind.

Wenn wir uns die Aspektvergleiche Goethes zu den beiden anderen Frauen ansehen, können wir hier ein solches gemeinsames Thema aufspüren (Abb. 11 und 12):

Im Vergleich mit Lili Schönemann fällt sofort (und besonders deutlich im 90-Grad-Kreis sichtbar) auf, daß sich Goethe wiederum eine Partnerin ausgewählt hat, deren Mars und Saturn die eigene Sonne »angreift« (Mars Konjunktion, Sonne; Saturn, Opposition Sonne). Goethe will also offensichtlich nicht von seinen Partnerinnen »in Ruhe gelassen« werden, sondern sucht sich (unterbewußt) gezielt solche Menschen als Partner, die ihn »herausfordern« (Mars). Lili »stimuliert« ihn durch ihren Mars, der fast gradgenau dieselbe Position in der Jungfrau hat, wie der Mars Charlottes. Der Goethes Verhalten eingrenzende Saturn steht bei Lili freilich in den Fischen, in Opposition zu seiner Sonne. Goethe mag unter der Konturlosigkeit (Fische) von Lilis Grundsätzen gelitten haben oder sie als befremdend, gemessen an dem Exaktheitswunsch einer Jungfrausonne, erlebt haben. Aus der Sicht seines Jungfrau-Verhaltens, welches ganz auf die Erklärbarkeit und Berechenbarkeit der Phänomene des Lebens ausgerichtet ist, mag das sich schillernd der jeweiligen Situation anpassende (Fische) Rückgrat (Saturn) Lilis verunsichernd wirken. Sie wiederum mag sich in ihrem Persönlichkeitskern (Sonne im Krebs) durch seine kühl-

ASPEKTVERGLEICH			GOETHE		SCHÖNEMANN
(SYNASTRY)					

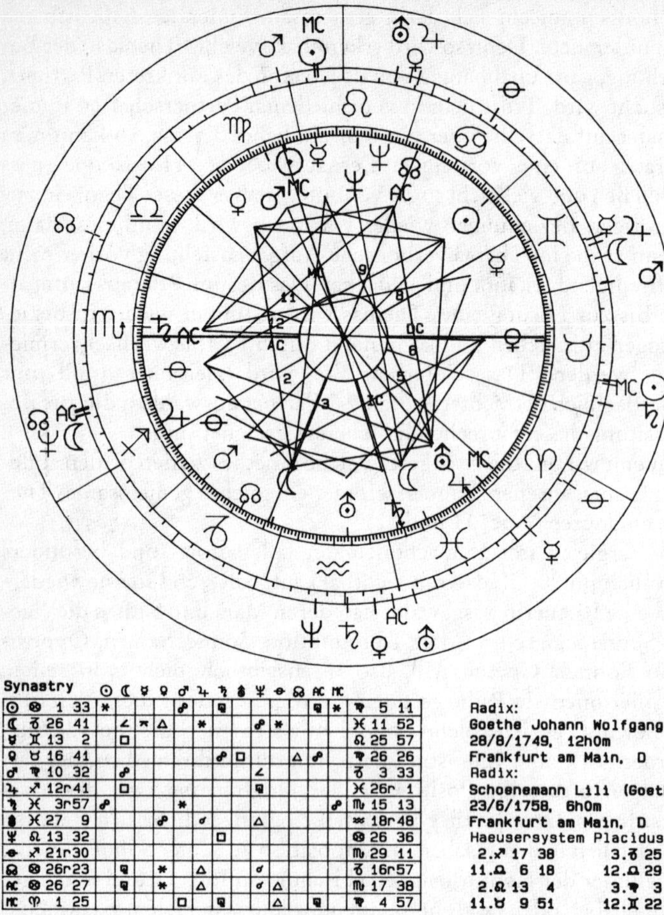

Synastry			☉	☽	☿	♀	♂	♃	♄	♅	♆	♇	☊	AC	MC			
☉	♋ 1	33	✱				☍		⚻					⚻	✱	♍	5	11
☽	♑ 26	41		∠	⚼	△		✱			☍	✱				♓	11	52
☿	♊ 13	2		□												♌	25	57
♀	♉ 16	41							☍	□			△	☍		♍	26	26
♂	♍ 10	32		☍							∠					♑	3	33
♃	♐ 12r	41		□							⚻					♓	26r	1
♄	♓ 3r	57	☍				✱								☍	♏	15	13
♅	♓ 27	9				☍		☌			△					♒	18r	48
♆	♌ 13	32							□							♋	26	36
♇	♐ 21r	30														♏	29	11
☊	♋ 26r	23		⚻		✱		△			☌					♑	16r	57
AC	♋ 26	27		⚻		✱		△			☌	△				♏	17	38
MC	♈ 1	25					□		⚻			△		⚻		♍	4	57

Radix:
Goethe Johann Wolfgang v.
28/8/1749, 12h0m
Frankfurt am Main, D
Radix:
Schoenemann Lili (Goethe)
23/6/1758, 6h0m
Frankfurt am Main, D
Haeusersystem Placidus

2.♐ 17 38	3.♑ 25 40
11.♎ 6 18	12.♎ 29 36
2.♌ 13 4	3.♍ 3 32
11.♉ 9 51	12.♊ 22 36

Abb. 11 Goethe/Schönemann

ASPEKTVERGLEICH (SYNASTRY)		GOETHE		VULPIUS

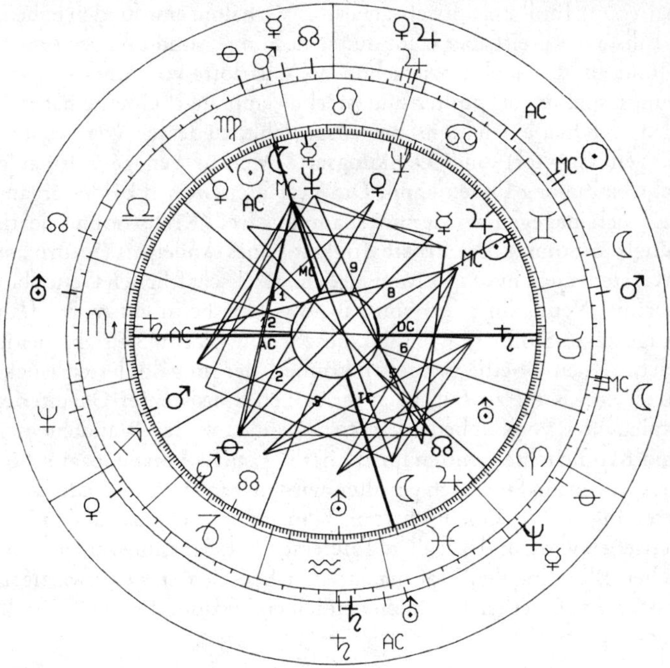

Synastry			☉	☽	☿	♀	♂	♃	♄	♅	♆	⊖	☊	AC	MC			
☉	♊ 16	6		□					⚻	△			⚻	⚻		♍	5	11
☽	♍ 4	32	☌				△								☌	♓	11	52
☿	♋ 2r	44	✱				☍			⚼				⚼	✱	♌	25	57
♀	♌ 1	26										△				♍	26	26
♂	♐ 9r	43		□												♑	3	33
♃	♊ 25	43			✱	□		□								♓	26r	1
♄	♉ 15	47							☍				△	☍		♏	15	13
♅	♈ 20	11	⚼							✱					⚼	♒	18r	48
♆	♌ 26	3			☌			⚻								♋	26	36
⊖	♑ 5r	4	△				☌								△	♏	29	11
☊	♈ 1r	12					□		⚼			△		⚼		♑	16r	57
AC	♍ 19	29								⚻			△	✱		♏	17	38
MC	♊ 16	30								△			⚻			♍	4	57

Radix:
Goethe Johann Wolfgang v.
28/8/1749, 12h0m
Frankfurt am Main, D
Radix:
Vulpius Christiane (Goethe
6/6/1764, 12h0m
Frankfurt am Main, D
Haeusersystem Placidus

2.♐ 17 38	3.♑ 25 40
11.♎ 6 18	12.♎ 29 36
2.♎ 12 24	3.♏ 11 25
11.♋ 22 54	12.♌ 24 9

Abb. 12 Goethe/Vulpius

konsequente Art, zu handeln und Entscheidungen zu treffen (Mars im Steinbock), verletzt gefühlt oder auch gerade diese klare Art als Anregung für ihr chaotisch-gefärbtes Verhalten empfunden haben.

Lilis Mars greift aber nicht nur seine Sonne, sondern auch seinen Mond an, der auch – wie schon bei Charlotte von Stein – Spannungsaspekte von Jupiter und Merkur empfängt! Goethe hat sich also auch hier einen Menschen ausgewählt, zu dessen Wertvorstellungen (Jupiter) und Denkungsart (Merkur) er gefühlsmäßig schwer Zugang finden kann. Die Verhaltensweisen beider ergänzen sich dagegen wiederum spannungsfrei (Krebs-Sonne Sextil Jungfrau-Sonne): Die Ernsthaftigkeit seines Anliegens (Saturn am AC) steht auch in Opposition zu dem gesellschaftlichen Genußbedürfnis (Venus im Stier) von Lili, was Goethe in einem Brief an Auguste zu Stollberg wie folgt, beschreibt: »Wenn Sie sich, meine Liebe, einen Goethe vorstellen können, der im galonierten Rock, sonst von Kopf zu Fuß auch in leidlich konsistenter Galanterie, umleuchtet vom unbedeutenden Prachtglanz der Wandleuchter und Kronleuchter, mitten unter allerlei Leuten, von ein paar schönen Augen am Spieltisch gehalten wird, der in abwechselnder Zerstreuung von der Gesellschaft ins Konzert, und von da auf den Ball getrieben wird, und mit allem Interesse des Leichtsinns, einer niedlichen Blondine den Hof macht; so haben Sie den gegenwärtigen Fastnachts Goethe, der Ihnen neulich einige dumpfe tiefe Gefühle vorstolperte«.[160]

Schließlich bleibt Goethe bei Christiane Vulpius, die – wie das Gesetz der Reihe es nicht anders erwarten läßt – auch wieder seine Sonne und seinem Mond mit Spannungsaspekten ihres Mars »unter Feuer nimmt«. Obwohl sie als erste der drei Frauen keinen Harmonieaspekt ihrer Sonne zu Goethes Sonne hat, ja sogar bei großzügiger Auslegung des Orbis ein Quadrat, ist diese Beziehung die dauerhafteste geworden. Das bestätigt zum einen, daß spannende Gegensätze trotz der Reibung, die sie erzeugen, wegen ihrer Kreativität oft mehr Bindung schaffen, als sich spannungsfrei ergänzende Beziehungen.[161] Zum anderen kommt hier ein Aspekt hinzu, der als Paradesymbol für eine extrem starke Anziehung zwischen Mann und Frau steht. Es ist dies die Konjunktion des weiblichen Mondes mit der männlichen Sonne.[162] Auf diesen Aspekt dürfte sich vor allem das Bekenntnis Goethes bezogen haben, wenn er von der Anziehung durch ihre »naturhafte Persönlichkeit« (Mond) sprach. Auch der in Opposition zu seinem eigenen Saturn stehende Stier-Saturn Christianes könnte dafür noch angeführt werden, da er zeigt, wie bodenständig, traditionell und »bäuerlich«-natürlich die Grundsatzeinstellung (Saturn) Christianes im Gegensatz zu der seinen war, die man als idealistisch-leitbildhaft (Skorpion) bezeichnen könnte.

An wiederkehrenden Themen können bei den Beziehungen zu Lili und Christiane aber nicht nur die Marsaspekte zu seinen Lebenslichtern[163] gefunden werden, durch die sich der eher melancholisch-introvertrierte Goethe offenbar von außen immer wieder Anregung und Impulse versprach, sondern auch die Betonung seines 8. Hauses durch die Sonnen der beiden Frauen.

Der Unterschied zwischen dem Charakter Charlotte von Steins (introvertiert-reife, verhärmt-melancholische Struktur, als Steinbock-Sonne stark von Formgesichtspunkten des Lebens geprägt) und den daran gemessen naiv-jugendlichen, naturhaft-unbekümmerten Charakteren von Lili und Christiane findet bedeutsamen Ausdruck auch auf der Häuserebene. Hier die strenge klare Adelige, die sein Selbstwertgefühl im 2. Haus beeinflußt, die festhaltend und bestätigend auf ihn wirkt, Gruppenzwang aber auch solide Tradition (2. Haus) verkörpert; dort dagegen in seinem 8. Haus der Metamorphose stehen die seinem Eigennaturell so fremde, ihn herausfordernde Naivität und Lebendigkeit der jungen, oberflächlicher wirkenden Frauen.

Da Goethe von seinem Grundanliegen her (Skorpion AC) in die Metamorphose gehen möchte, entscheidet er sich letztlich für die Frau, die mit drei Planeten (Sonne, Jupiter, Merkur) in seinem 8. Haus den stärksten Reiz zur Wandlung in ihm auslöst, nämlich Christiane.

Ich hoffe, durch diesen kurzen Abriß die Technik des Aspektsvergleiches deutlich gemacht zu haben, so daß wir uns der nächsten Methode des Partnerschaftsvergleiches zuwenden können.

Das Compositohoroskop

Das sogenannte Compositohoroskop ist eine in den letzten Jahren wieder modern gewordene Betrachtungsweise im Partnerschaftsvergleich. Leider werden in Astrologiebüchern häufig nur Deutungsvorschläge zum Composit gemacht und technische Hinweise dazu gegeben, wie das Compositohoroskop berechnet wird. Abgesehen von den vielen technischen Problemen, die diese Methode aufwirft, und die sie in manchen Fällen nahezu unbrauchbar machen (dazu weiter unten), wird zu wenig oft darauf hingewiesen, welcher symbolische Hintergrund ihr zugrunde liegt.

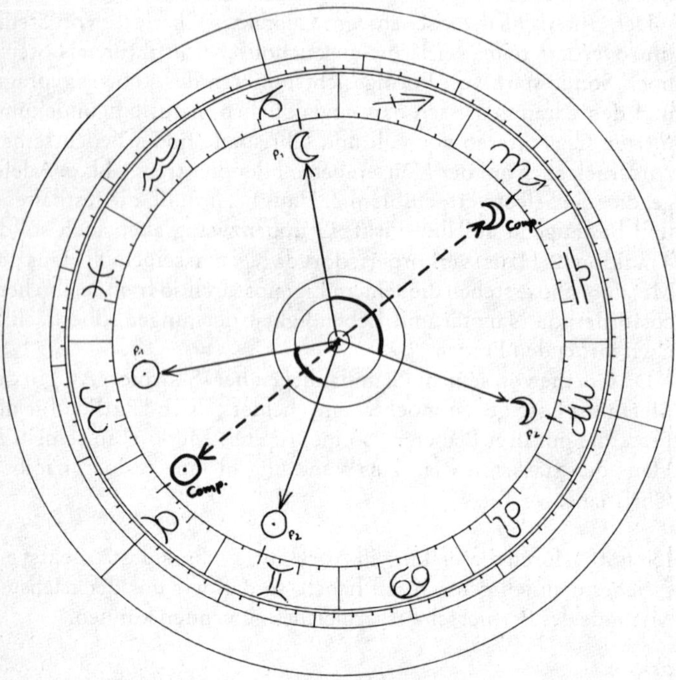

Abb. 13 Das Compositohoroskop

Das Compositsoroskop ist ein Halbsummenhoroskop. Rein *rechnerisch* heißt das, daß die Winkelhalbierende zweier gleicher Horoskopfaktoren der beiden Partner den entsprechenden Faktor im Composit ergibt. Als Beispiel: Sonne P1 = 10 Grad Widder; Sonne P2 = 10 Grad Zwillinge; ergibt Compositsonne bei 10 Grad Stier.[164] *Inhaltlich* wird im Composit also davon ausgegangen, daß beide Partner in allen einzelnen Horoskopfaktoren gleich stark sind, so daß sich ein gemeinsamer Kräftevektor (das ist die Winkelhalbierende) ergibt.

Erklärung zur Zeichnung: Jeder Horoskopfaktor zieht gleichsam aus der Mitte in die Richtung in der er im Horoskopkreis steht. Wenn wir einen Gegenstand in der Mitte des Horoskopes mit den Faktoren P1 und P2 über eine Schnur verbinden würden, so würde dieser Gegenstand, wenn P1 und P2 *mit gleicher Kraft* ziehen, in die Richtung der Winkelhalbierenden geschleudert (Compositsypothese). Zieht jedoch einer der beiden Partner stärker, der andere schwächer, so ergibt sich – nach der Kräfteverteilung – eine ganz andere Richtung für den gemeinsamen Vektor der Kräfte, als die Winkelhalbierende (= Halbsumme).

Ist am Beispiel der beiden Sonnen P1 und P2 einer der beiden Partner in seiner Ausstrahlung, Vitalität, Selbstausdruck (Sonne) stärker als der andere, so ergibt sich ein anderer Kraftmittelpunkt (Kräftevektor) als die Winkelhalbierende oder Halbsumme. Man darf daher bei der Interpretation in den seltensten Fällen davon ausgehen, daß das Compositsoroskop eine *Ist-Situation* abbildet, als die sie aber oft gedeutet wird.

Vielmehr ist das Compositsoroskop eine Abbildung der *Idealsituation,* wie sie sich ergeben würde, wenn beide Partner in allen Einzelaspekten ihrer Persönlichkeit (Sonne=Selbstausdruck; Mond = Stimmungslage; Merkur = Intellekt; Venus = Eros; Mars = (An)Trieb; Jupiter = Ethos; Saturn = Grundsätzlichkeit, Uranus = Freiheitswunsch; Neptun = Sensitivität; Pluto = Idealanspruch; MC = Absichtserklärung, Zielsetzung[165]) exakt die gleiche Kraft entwickeln.

Bei der Formulierung der Interpretation von Compositsoroskopen ist also besonders darauf zu achten, daß man diesem hypothetischen, ideellen Charakter Rechnung trägt. In einer Partnerschaftsberatung müßte man demnach darauf hinweisen, daß das Composit bestenfalls die zu erstrebende Idealsituation zwischen den Partnern abbildet.[166] Insgesamt gesehen wirkt das Composit auf mich schon aus diesen inhaltlichen Gründen als etwas gekünstelt und oft der praktischen Situation nicht angemessen.

Ich möchte diese PV-Technik deshalb nicht ganz verwerfen, weil es in Einzelfällen recht interessant sein mag, sich zu fragen, was sich in dem Fall ergeben würde, daß beide Partner genau gleich stark wären. Im Vergleich zum Synastry, was die tatsächlichen Verhältnisse wiedergibt, und nicht ein ideelles Konstrukt, halte ich das Composit jedoch für wesentlich unergiebiger.

Noch größere Bedenken gegen die Bedeutung, die das Composit in der heutigen Zeit als astrologische »Modeerscheinung« gewonnen hat, ergeben sich aber aus berechnungstechnischen Momenten. Es kann nämlich durchaus häufig vorkommen, daß die entsprechenden Horoskopfaktoren der Partner in Opposition zueinander stehen (z. B.: Venus P1 = 10 Grad Widder, Venus P2 = 12 Grad Waage). Zwar läßt sich meist mathematisch exakt auch dann ein Halbsummenvektor errechnen (im oben genannten Beispiel 11 Grad Krebs), doch erscheint dies selbst den Befürwortern der Compositmethode zu gekünstelt.

Deshalb hat man sich – recht willkürlich – darauf verständigt, daß man bei einem Winkel von mehr als 150 Grad Abstand zwischen den entsprechenden Faktoren, nicht *einen* Halbsummenpunkt als Compositfaktor nimmt (nämlich den, der auf der Halbsummenachse den geringeren Abstand zu den beiden Partnerfaktoren hat), sondern *beide Pole* der Halbsummenachse in die Deutung miteinbezieht, (im o.g. Beispiel also nicht nur 11 Grad Krebs, sondern auch den Gegenpol 11 Grad Steinbock, wodurch man zu einer Composit-Venus gelangt, die 11 Grad Krebs/11 Grad Steinbock-Achsen Charakter hat). Mag das schon recht befremdlich wirken, so werden die Deutungsversuche, dann gänzlich unsinnig, wenn die beiden MC's, und damit die Häusersysteme mehr als 150 Grad Abstand voneinander haben. Denn dann ergeben sich nach der oben genannten Methode gleich zwei völlig verschiedene Häusersysteme für das Composit.[167]

Wer dennoch – für die technisch unproblematischen Anwendungsfälle – mit der Compositmethode arbeiten möchte, der kann es nach den allgemeinen Grundsätzen der Horoskopdeutung als »Idealhoroskop« der Beziehung deuten.

♂Herr S.		Sa.28.2.1931	UZ: 22: 30
x	L: 12E 1'	B: 49N33' Plac.	WZ: 21: 30

COMPOSITE mit: ♀Frau S.
Do.1.6.1933 23: 00
x

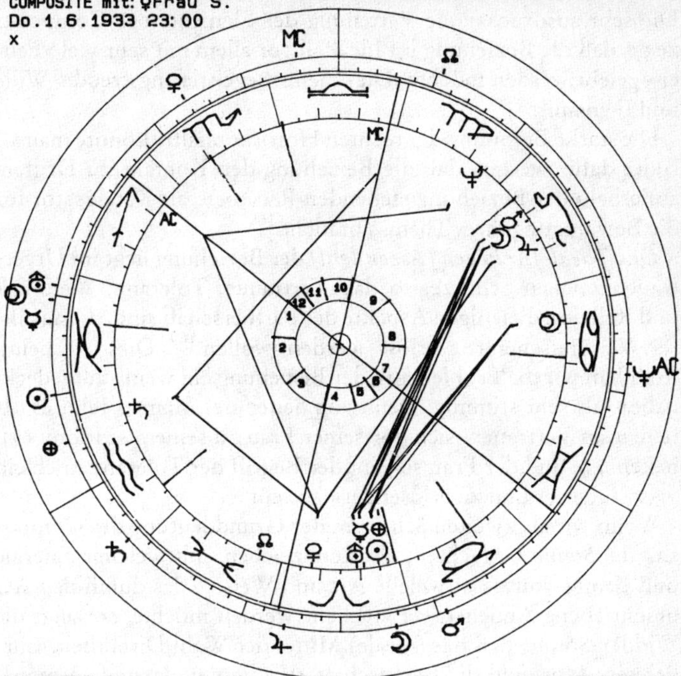

COMPOSITE-Bezugsort: X

☉ Sonne	♈ 25° 9'	
☽ Mond	♌ 17° 53'	
☿ Merkur	♈ 21° 29'	
♀ Venus	♈ 8° 8'	
♂ Mars	♌ 20° 27'	
♃ Jupiter	♌ 12° 17'	
♄ Saturn	♒ 3° 16'	
♅ Uranus	♈ 19° 40'	
♆ Neptun	♍ 5° 52'	
♇ Pluto	♋ 20° 24'	
☊ Mondknoten	♓ 24° 41'	
AC ♐ 6° 25'	2 ♉ 11° 2'	3 ♒ 24° 8'
MC ♎ 2° 4'	11 ♎ 29° 27'	12 ♏ 19° 43'

	☉	☽	☿	♀	♂	♃	♄	♅	♆	♇
☽	△ -7									
☿	☌ 4	△ -4								
♀										
♂	△ -5	☌ 3	△ -1							
♃		☌ 6		△ 4						
♄				⚹ 5						
♅	☌ 5	△ -2	☌ 2		△ 1					
♆			⚼ -1					⚼ 1		
♇	□ -5		□ -1					□ 1	∠ 0	
☊										
AC			⚼ 0	△ 2					□ 1	
MC		∠ -1					△ 1			

Fe	52 ☉☽☿♀♂♃♅AC
Lu	12 ♄MC
Wa	4 ♇☊
Er	4 ♆

Abb. 14 Composit Herr/Frau S.

Ich möchte das zur Verdeutlichung am Beispiel von Herrn und Frau S. zeigen.
Die sehr ausdrucksvolle Verteilung der Elemente des Composits zeigt, daß die Beziehung im Idealfall vor allem mit sehr viel »Feuer« gelebt werden möchte. Dies meint Begeisterungsfreude, Wille und Dynamik.

Die starke Betonung der rechten Horoskophälfte könnte man als Indiz dafür werten, daß die Beziehung den Kontakt zu Dritten, außerhalb der Beziehung stehenden Personen, als Katalysator für die Bewältigung ihres Themas braucht.[168]

Das (Ideal-)Anliegen (Aszendent) der Beziehung liegt im Urvertrauenszeichen Schütze, so daß Vertrauen, Toleranz, Weitblick und Religion diejenigen Aspekte der Partnerschaft sind, die aus Ihrer Verwunschenheit erlöst werden wollen.[169] Dies erscheint, nachdem wir die Problematik der Beziehung ein wenig aufgedeckt haben, als sehr stimmig; Denn von Seiten des Mannes fehlt es offenbar an Vertrauen, sich vor seiner Frau zu seinem »Hobby« zu bekennen, und der Frau scheint der Begriff der Toleranz noch ein »verzauberter und zu erlösender« zu sein.

Wenn wir als zweiten Schritt in der Grunddeutung des Composits die *Sonne* betrachten, als Kennzeichen, mit welcher Energie und Kraft – kurz: auf welche Art und Weise – das durch den AC beschriebene Anliegen verwirklicht werden möchte, so zeigt die Widder-Sonne, daß das (ideale) Mittel der Wahl Direktheit, Ehrlichkeit, Mut, und die Bereitschaft zu kämpfen darstellt. Vorausgesetzt beide Partner sind gleichstark in ihrem (solaren) Persönlichkeitsausdruck[170] (Voraussetzung der Wirksamkeit des Composits), so möchte die Beziehung also als konfliktfreundliche (Widder) gelebt werden. Etwas salopp ausgedrückt heißt das Motto hier also: »Über den Schlagabtausch (Widder) zur Toleranz und zum Vertrauen hinfinden«.

Der AC zeigt mit Jupiter als Anlageherrscher im 8. Haus, daß das Vertrauen in der Krise, in der Katastrophe (8. Haus)[171], gefunden werden möchte, und die Sonne im 4. Haus, an der Spitze zum 5. Haus könnte als Hinweis verstanden werden, daß der Weg in unmittelbarer, fast aggressiv anmutender Direktheit (Widder) der Gefühlsbetroffenheit (4. Haus) und »E-Motion« (5. Haus) liegt.

Die Stimmungslage (Mond) die im Idealfall (Compositthese) der Beziehung zugrundeliegt, ist durch den Mond in Löwe im 8. Haus in Konjunktion mit Mars ausgedrückt. Bei gleichstarker Gefühlswelt der Partner würde sich demnach eine stolze, selbstbewußte (Löwe) Gefühlslage ergeben, die sich nach krisenhaften Auseinandersetzungen (Konjunktion Mars) als Phönix aus der Asche (8. Haus) empfinden mag, gleichsam eine, nach einem Abstieg in die Unterwelt (8. Haus) wie nach einem Gewittersturm geläuterte Seele.

Die im Composit zum Ausdruck kommende *Zielsetzung (MC)* weist darauf hin, daß es im vom Composit gewollten Idealfall zu einer Befriedung und Harmonisierung (Waage-MC) im Intimbereich der Beziehung (Venus als Herrin über die Waage-Finalität im 4. Haus!) kommen soll; aber auch hier wird durch die Venusposition im Widder darauf hingewiesen, daß diese Harmonie erkämpft werden möchte. Was die Durchführung (= Sonne) angeht, so kann man aus dem Saturnquadrat aus dem 2. Haus auf die Sonne schließen, daß ein reduziertertes Selbstwertgefühl (Saturn in 2) die Direktheit im Umgang miteinander erschwert. Hinderlich mag in diesem Punkt auch das Plutoquadrat aus dem 8. Haus auf die Sonne wirken, nämlich ein leitbildhafter Perfektionswunsch (Pluto im 8. Haus), der die Spontaneität des Verhaltens (Widder-Sonne) bremst.

Das Combinhoroskop

Ich möchte das Combinhoroskop hier nur der Vollständigkeit halber erwähnen, nicht aber deshalb, weil ich es für eine sinnvolle Methode zum Partnerschaftsvergleich betrachten würde.

Das Combin scheint mir ein typisches Produkt theoretischer Spielerei von Astrologen zu sein, die mit anderen Partnerschaftsvergleichstechniken zu keinen greifbaren Ergebnissen kommen und sich verzweifelt um immer gekünsteltere Wege der Deutung bemühen.

In der Astrologenschaft grassiert ohnehin bedauerlicherweise der Virus von Allmachtswunsch, der weismachen möchte, alle Dinge dieser Welt müßten sich astrologisch erklären lassen, und der immer neue manische Versuche unternimmt, auch die letzten Mysterien der Existenz durch neue Techniken erklären zu wollen. Darin unterscheiden sich (exoterische) Astrologen kaum von den überheblichen Vertretern naturwissenschaftlicher Prägung, die auch glauben, alles mit ihren dünnen Formeln erklären und beweisen zu können.[172]

Nur auf diese Art und Weise kann ich mir das Zustandekommen der »Combin-Methode« erklären. Sie errechnet das sogenannte Kombin als Horoskop auf den Mittelwert der Geburtszeiten der Partner (vereinfacht dargestellt: P1 geboren 10.1.1920, P2 geb 10.3.1940 ergibt Kombin: geb: 10.2. 1930) und den geografischen Mittelpunkt der Geburtsorte (P1 geb. 48 Grad nördlicher Breite, 11 Grad östlicher Länge; P2 geb. 50 Grad nördlicher Breite, 13 Grad östlicher Länge ergibt: Kombin auf 49 Grad nördlicher Breite und 12 Grad östlicher Länge) und will aus dieser Grundlage etwas über die Beziehung der beiden aussagen. Ich überlase es gerne ihrem Urteilsvermögen, was Sie von dieser Technik halten, und ob Sie sie zur Analyse Ihrer Beziehung verwenden wollen.

Abschließend möchte ich noch eine ergiebigere Methode erwähnen, nämlich Horoskope auf den Beginn der Partnerschaft:

Horoskope auf den Beginn der Partnerschaft

Dabei ist zunächst die für die astrologische Betrachtungsweise so wichtige Frage zu stellen, wann ein Ergebnis tatsächlich begonnen hat, d. h. wann es in eigenständige Existenz getreten ist. Vor dieser Frage stehen wir häufig in der Astrologie. Sie wurde gestellt zu dem Thema, ob nicht etwa das Horoskop der Empfängnis entscheidender für den Menschen sei als das seiner Geburt, und es wurde dazu die meines Erachtens richtige Antwort gefunden, daß in der Empfängnis[173] der Beginn des *von der Mutter abhängigen* und damit nicht eigenständigen intraurterinen Entwicklungsprozesses liegt, so daß der Empfängnispunkt als Horoskop für die Schwangerschaft gelten kann, nicht aber für den Beginn des von der Mutter getrennten individuellen Starts, der durch Abnabelung und ersten eigenen Atemzug eingeleitet wird.

Bei dem Horoskop eines Hauses kann man schwanken zwischen dem Zeitpunkt der Grundsteinlegung (bzw. des Richtfestes) oder dem der Eintragung in das Grundbuch. Hier lautet die Frage nicht, *welcher* der beiden Zeitpunkte ist der (einzig) richtige, sondern *was* beginnt in dem der Horoskopzeichnung zugrunde liegenden Augenblick.

Eine grobe Unterscheidung würde am Beispiel des Häuserhoroskopes zu der Schlußfolgerung gelangen, daß die Grundsteinlegung wohl mehr über das sachliche Schicksal des Hauses auszusagen vermag, während die Grundbucheintragung als rechtlicher Akt dessen rechtliches Schicksal astrologisch sichtbar macht.

Eine noch genauere Unterscheidung zwischen Grundsteinlegung und Richtfest könnte etwa zu dem Ergebnis führen, daß das Horoskop auf den Zeitpunkt der Grundsteinlegung – ähnlich dem der Empfängnis – den Baufortschritt (»das Schwangerschaftsstadium« des Hauses) beschreibt, das des Richtfestes dagegen als »Fertigstellungshoroskop« das Haus in sein eigenständiges Dasein als Haus entläßt und somit das substantielle Geburtshoroskop des Hauses ist.

Wenden wir diese Gedankengänge auf die Frage nach den Zeitpunkten an, die eine Beziehung begründen, so stoßen wir zunächst auf folgende Möglichkeiten:

a) Das Horoskop auf den Zeitpunkt des ersten Blickkontaktes.
b) Das Horoskop auf den Zeitpunkt des Einziehens in eine gemeinsame Wohnung (Beginn der Wohnungsgemeinschaft)
c) Das Horoskop auf den Zeitpunkt des ersten sexuellen Verkehrs
d) Das Horoskop auf den Zeitpunkt der Heirat:
   aa) Das Ja-Wort vor dem Standesbeamten
   bb) Der Ringetausch vor dem Altar
e) Das Horoskop auf den Zeitpunkt der Fragestellung zur Beziehung (Stundenastrologie)

Auch in der Fülle der hier geschilderten Zeitpunkte stellt sich weniger die Frage, welcher der Zeitpunkte der einzig richtige ist, als vielmehr die Frage, welche Erfahrungsschicht der Beziehung durch das entsprechende Horoskop abgebildet wird.

Es liegt nahe, davon auszugehen, daß jedes dieser möglichen Horoskope den Akzent der Beziehung anders setzt, so daß eine Betrachtung aller möglichen Horoskope zusammen noch am ehesten ein komplexes Bild der Partnerschaft entwirft. Wenn wir uns dafür entscheiden, nur eines der Horoskope auszuwählen, so wohl vor allem aus Angst vor der Überforderung durch die Fülle der Aussagen. Sich dies ehrlich einzugestehen ist der beste Weg, zu einem seriösen Astrologen zu werden.

Doch nun noch einmal zur Abklärung der Frage, welche Ebene oder Schicht der Beziehung die oben genannten Zeitpunkte herausriefen.

Der erste Blickkontakt ist wohl der universellste Zeitpunkt. Denn so unscheinbar er auch anmuten mag, so liegt in ihm doch am klarsten die Begegnung zweier Seelen miteinander.[174] Heißt es doch im Volksmund so treffend, daß die Augen der Spiegel der Seele seien, so daß sich im ersten Blickkontakt die Seelen ein erstes Mal (= der astrologisch bedeutsame Zeitpunkt nach dem Motto: »Im Anfang liegt alles wie in der Samenkapsel begründet«) treffen.

Leider wird sich aber dieser so aussagekräftige Zeitpunkt in den wenigsten Fällen genau rekonstruieren lassen, so daß die technische Grundlage zur Deutung fehlt.

Dasselbe Problem wird uns häufig daran hindern, die sexuelle Ebene der Beziehung, wie sie im ersten Intimkontakt liegt, astrologisch zu interpretieren. Wer sieht in solchen Momenten schon gerne auf die Uhr?[175] Und doch mag es Begleitumstände geben, die es uns manchmal erleichtern, den exakten Zeitpunkt zu rekonstruieren, und uns so in die Lage versetzen, ein »Horoskop der Intimbeziehung« zu erstellen.

Das Zusammenziehen in einen gemeinsame Haushalt wird leichter zeitlich zu fassen sein, und ein darauf gestelltes Horoskop bildet die immerhin recht bedeutsame Ebene ab, wie wir im häuslichen Alltag miteinander harmonieren, welche Erwartungshaltungen wir an den gemeinsamen Lebensraum stellen.

Bei den Heiratsdaten müssen wir die Frage stellen, was die standesamtliche Heirat und auch die kirchliche Heirat zum einen objektiv, zum anderen aus der subjektiven Sicht der Heiratenden bedeuten. Die standesamtliche Heirat `regelt die rechtlichen Verhältnisse der Partner untereinander und der Gemeinschaft gegenüber. Sie soll die Beziehung durch von der Gemeinschaft als gerecht empfundene Regeln stabilisieren. Diese Themenkreise sind es denn auch, welche durch das Horoskop auf das Ja-Wort vor dem Standesbeamten beleuchtet werden können.

Bei der kirchlichen Heirat spielt in der Regel ein ethisches, moralisches, religiöses Moment die entscheidene Rolle. Die Partner bekennen vor Gott, nicht vor einer menschlichen Instanz ihren Zusammengehörigkeitswunsch.[176] So wird das Horoskop auf die kirchliche Trauung zum Spiegel der ethischen Ebene einer Beziehung.

Schließlich wäre da noch die Möglichkeit der Fragehoroskopie. Das Horoskop auf den Zeitpunkt einer zu der Beziehung gestellten Frage gibt auch nur Antwort auf die betreffende Frage und zwar – wie in allen divinatorischen Systemen – umso exakter, je exakter die Frage formuliert ist. Je genauer der Fragende sich über das, was er wirklich fragen möchte, bewußt wird, desto klarer wird ihm, vielleicht schon während der Fragestellung und noch vor der astrologischen Analyse, wie die Antwort lauten wird. Frei nach dem Motto eines Zen-Meisters, der sagte: Wenn ein Mensch eine persönliche Frage hat, dann weiß er die Antwort bereits. Er hat nur so viel Angst vor der eigenen Wahrheit, daß er lieber in der Welt draußen hausieren geht und sich dümmere Antworten geben läßt, die von der inneren Wahrheit ablenken, als sich dieser mutig zuzuwenden.

Statt eines Nachwortes: Die »Autodiagnose«

Abschließend möchte ich dem geneigten Leser gerne noch eine probate Möglichkeit an die Hand geben, sich selbst und seinen Freunden über ein symbolisches Erkenntnisspiel Klarheit über die partnerschaftliche Situation zu verschaffen.

Vielleicht werden Sie nach den nächsten Zeilen daran zweifeln, ob ich keinen Scherz mache, und es tatsächlich ernst damit meine, daß man auf diese Weise wirklich mehr über sich erfahren kann. Lassen Sie sich ganz einfach überraschen, wie präzises Symboldenken arbeitet, ohne darüber zu vergessen, daß es sich um ein Spiel handelt. Denn Symbolik verträgt es nicht, mit sklavischem Ernst behandelt zu werden und möchte auch nicht materialistisch-konkret, sondern eben bildhaft und allegorisch verstanden werden.

In meiner astrologischen Arbeit kam ich eines Tages auf die Idee, den Lebens-gefährten symbolisch mit einem »Gefährt« gleichzusetzen, also »Verkehrsmittel« und partnerschaftlichen Verkehr derselben Symbolanalogie zu unterstellen. Eigentlich erst einmal gar nicht so ernst gemeint, befragte ich Freunde und Klienten danach, wie sie sich denn im »Verkehr« bewegen würden, und war frappiert, wie sich meine These, daß Partner und Verkehrsmittel symbolische Entsprechungen darstellten, bewahrheitete. Astrologisch lag das zwar sehr nahe, da etwa das 3. Haus (analog Zwillinge) sowohl das Haus der Verkehrsmittel ist, als auch das Haus der ersten Kontaktaufnahme mit der Umwelt (vgl. oben).

Dennoch war es für mich mehr als erstaunlich, wie diese Analogie in der Praxis Bestätigung fand. Über die Jahre hinweg ging ich sogar oft in der psychologischen Beratungspraxis dazu über, Klienten, die Partnerschaftsprobleme hatten, aber sich schwer damit taten, darüber zu sprechen, erst einmal danach zu fragen, wie es denn zur Zeit mit ihrem Auto oder sonstigen Verkehrsmitteln stünde. In der Regel war es, als hätte ich mit dieser Frage in ein Wespennest gestochen. Die Betroffenen berichteten freimütig über das jeweilige »KFZ-Desaster«, ohne sich darüber im klaren zu sein, daß sie mir damit – auf symbolische Art und Weise – eine exakte Beschreibung ihrer partnerschaftlichen Probleme lieferten.

Ich brauchte bald nur noch danach fragen, was der Kfz-Meister zum Zustand des Autos gesagt hatte, und wußte ähnlich viel, als hätte ich den Partnerschaftstherapeuten der Betreffenden zu Rate gezogen.

In einer Beziehung beispielsweise, die darunter litt, daß sich keiner von beiden entscheiden konnte, in verbindlicheren Kontakt mit dem anderen zu gehen, hatte der Werkstattmeister sich über die viel zu früh abgenutzte Kupplung gewundert und die Frage gestellt, ob der Betreffende die Kupplung immer schleifen ließe, ohne sie gleich richtig kommen zu lassen. Paare, bei denen es nicht mehr so recht »funkte«, hatten spezifisch Schwierigkeiten mit der »Zündung« im PKW, und solche die ständig Blechschäden produzierten, ließen es signifikant auch öfter in der Beziehung »krachen«. Dabei konnte man deutlich solche unterscheiden, denen immer nur andere an's Blech fuhren, und solche, die selbst Unfälle verursachten.

Durch solche Parallelen ermutigt, fragte ich dann auch häufiger nach den bevorzugten Autos oder Verkehrsmittel im allgemeinen, und erlebte immer neue Überraschungen. Eine Frau, die einen »braven« Opel Kadett fuhr, antwortete auf meine Frage, ob das denn auch ihr Lieblingsauto sei: Sie sei zwar ganz zufrieden, würde aber viel lieber einen »rassigen Italiener« fahren, wenn ihr das nicht zu teuer wäre. Manchmal brauchte ich die Symbolik gar nicht mehr zu übersetzen; sie war so offensichtlich, daß ich mich wunderte, daß die Betreffenden die Parallelen zwischen Beziehung und ihrem Verkehrsmittel nicht schon selbst erkannt hatten. Aber das mochte wohl auch daran liegen, daß man sich eben leichter damit tut, eine »so neutrale« Angelegenheit wie das Auto ehrlich zu betrachten als die emotional geladene und oft schönfärberisch getünchte persönliche Beziehung, und wohl auch daran, daß ein »vernünftiger Mensch« nie eine Korrelation zwischen so »unzusammenhängenden« Sachverhalten herstellen würde.[178]

Immer deutlicher kristallisierten sich symbolische Parallelen zwischen bevorzugten Automarken und entsprechenden partnerschaftlichen Strukturen heraus, wobei nicht immer der objektive Charakter des entsprechenden PKW entscheidend war, sondern vor allem die subjektiv damit verbundenen Gefühle und sogenannten »Freudschen Versprecher« beim Beschreiben der Kriterien, die zur Auswahl gerade dieses PKW-Typs geführt hatten. Der eine wählte Autos (wie innerlich auch Partner) vornehmlich nach Sicherheitsgesichtspunkten aus, ein anderer nach Zweckmäßigkeit und Preiswürdigkeit, wieder ein anderer nach Repräsentations- oder Stylingaspekten. Für manche war Beweglichkeit und Schnelligkeit bei der »Partnerwahl« das Entscheidende, für andere Robustheit und Haltbarkeit, »Familientauglichkeit« oder Einzigartigkeit. Es gab solche, die für »Oldtimer« schwärmten – was sich auch im Partner reiferen Alters widerspiegelte – oder solche, die das Auto als reinen »Gebrauchsgegenstand« ansahen.

Es ist auch nicht so, daß jeder sein(en) Gefährt(en) gleich behandelt. Manche liegen ganze Wochenenden darunter, um ins Innere zu schauen und wollen alles selbst reparieren (was auch billiger ist), andere bevorzugen von vornherein – einem Trend der Zeit folgend – Leasingwagen, bei denen man nur die Vorzüge und, durch eine Pauschalleistung, die Möglichkeit hat, Schwierigkeiten von anderen (der Firma, oder Therapeuten) lösen zu lassen.

Es gibt eingefleischte »Gebrauchtwagenfans«, die schon deshalb keinen Neuwagen fahren würden, um sich die Mühen der »Einfahrzeit« zu ersparen, und auch, weil man Gebrauchtwagen »leichter kriegt« als Neuwagen, und solche, die aus Prinzip nur Neuwagen fahren, weil sie auf das »jungfräuliche Gefühl« nicht verzichten wollen, und »man ja nie wissen kann, ob der (die) Vorgänger(in) das Gefährt(en) nicht ruiniert hat«. Letztere sind auch viel weniger bereit, »ihr« Auto einmal zu verleihen und verzichten auch gerne darauf von anderen Leihwagen zu fahren, sondern verteidigen stolz »ihren Besitz«.

Dann ist da auch noch die Gruppe derjenigen, die »öffentliche Verkehrsmittel« bevorzugen, und auch hier kommt es vor allem darauf an, *warum* die Betreffenden dies tun. Manchen ist ganz einfach nicht nach Besitz und den sich daraus ergebenden Verpflichtungen zumute. So wurde mir auf die Frage, warum eine Klientin kein eigenes Auto hat und immer mit öffentlichen Verkehrsmitteln fahre, geantwortet, daß es ärgerlich sei, immer dorthin zurückkehren zu müssen, wo das Auto abgestellt sei. Das hindere ihren Freiheitsspielraum. Bei anderen sprechen soziale oder philosophische Erwartungen für den öffentlichen Verkehr. Und wieder andere können sich ein eigenes Gefährt(en) nicht leisten.

Bei »Radfahrern« entschied oft die Handlichkeit die Wahl des Verkehrsmittels, oder die Möglichkeit, daß jeder »neben dem Partner herfahren konnte«, ohne fest an ihn gebunden zu sein. Zwei Personen trägt ein Rad über längere Strecken auch nur schlecht, es sei denn, man ist überzeugter Tandemfahrer. Eigenwilligkeit und Unabhängigkeit sind häufig genannte Entscheidungsgründe für ein Motorrad, ein »Gefährt«, was sich entweder nur für »schönes Wetter« eignet oder einen Partner verlangt, der »hart im Nehmen« ist. Dies gilt natürlich besonders für »Endurofahrer«.

Die Wahl vierradgetriebener Autos war oft durch das Bedürfnis geprägt, mit dem »Partner« durch dick und dünn zu kommen, wofür oft auch gerne auf »Fahrkomfort« verzichtet wurde.

Bei der Gruppe der überzeugten Wohnmobilfahrer stand häufig der Wunsch im Vordergrund, im Gefährt(en) einen Häuslichkeit und Gemütlichkeit verbürgenden, aber dennoch beweglichen Partner zu finden. Recht interessant war auch zu beobachten, wie Fahrstil und die Art des Umgangs mit dem Partner korrespondieren.

Oft zeigte sich, daß führerscheinlose Partner auch in der Beziehung nicht zur Führung legitimiert waren, und so gezwungenermaßen nur »Beifahrer« sein konnten. Andere hatten zwar den Führerschein, legten aber gar keinen Wert darauf, in der Beziehung eine Führerrolle zu übernehmen, sondern genossen das »Beifahrersein«. Es gibt auch solche, die im Auto, wie in der Beziehung, das Steuer nie dem Partner überlassen konnten, weil sie mit seiner Fahrweise nicht einverstanden waren oder ganz einfach ein »Hingabeproblem« hatten.

Häufig zeigte sich auch eine Parallele zwischen dem Luxus, sich nicht nur mehrere Autos, sondern auch mehrere Partner zu leisten (was heute, wo finanziell möglich, häufig anzutreffen ist).

Ich will Sie nun nicht länger mit diesen – auf den ersten Blick – geradezu lächerlich anmutenden Beobachtungen langweilen, sondern Ihnen einen Versuch vorschlagen, anhand dessen Sie sich selbst oder gute Bekannte hinsichtlich partnerschaftlichen Verhaltens testen können.

Ein kleiner Gebrauchshinweis vorweg: Nehmen Sie den Test weder todernst, noch schieben Sie ihn als abergläubischen Unsinn leichtfertig zur Seite. Sie ziehen den größten Gewinn daraus, wenn Sie ganz einfach *spielerisch* damit umgehen. Versuchen Sie die Antworten spontan und frei zu geben, ohne sich dabei zu überlegen, was es symbolisch bedeuten könnte, und untersuchen Sie die Bedeutung erst, nachdem Sie alle Fragen beantwortet haben!

Und nun die Testfragen:

1. Welche(s) Verkehrsmittel benutzen Sie? Schreiben Sie mit wenigen Worten nieder, warum Sie gerade dies(e) vorziehen z. B.: praktisch, sportlich, familientauglich, exklusiv, repräsentativ, schön, hoher Wiederverkaufswert, sicher, sparsam, etc.
2. Ist dies auch Ihr Lieblingsverkehrsmittel, oder würden Sie sich eigentlich ein anderes wünschen?
3. Wenn ja, welche Eigenschaften hat dieses, die ihrem jetzigen fehlen?
4. Hatten Sie in der letzten Zeit einen Unfall oder eine Reparatur? Wann war das, wie ging es zu der Zeit partnerschaftlich zu?
5. Welche Störungen wurden dabei an Ihrem Auto festgestellt? z. B.: Hoher Spritverbrauch, schlechte Bremsen, defekte Kupplung, Mängel in der Zündung, untermotorisiert etc.
6. Was bedeutet Ihr Verkehrsmittel für Sie? z. B.: Gebrauchsgegenstand, Luxus, Hobby, ...
7. Kaufen Sie lieber Neu- oder Gebrauchtwagen? Warum?
8. Wie bezeichnen andere Ihren Fahrstil? z. B.: rasant, gemütlich, riskant, sicherheitsbewußt, langweilig, ängstlich, vorsichtig, etc..
9. Wie stehen Sie zu öffentlichen Verkehrsmitteln? (allgemeine Kontaktfähigkeit)
10. Sind Sie bereit, Verkehrsmittel zu leihen oder Ihres zu verleihen? Warum?
11. Pflegen Sie Ihr Fahrzeug? z. B. gerne, ungern, das überlasse ich anderen, etc. ...
12. Sind Sie lieber Beifahrer(in), oder fahren Sie lieber selbst?
13. Fahren Sie ein Auto »bis das der TÜV Sie scheidet«?

Nach den eingangs gemachten Beispielen dürfte es Ihnen nicht schwerfallen, aus Ihren bzw. den Antworten von Freunden auf diese Fragen die entsprechende Schlußfolgerungen zu ziehen, was Ihnen vielleicht einen »schaurig-schönen« Spaß bereiten mag. Sie können im Umgang mit diesem auch gleich herausfinden, ob Astrologie oder verwandte Symbolsysteme Ihnen zu unseriös und unwissenschaftlich erscheinen oder ob Sie – mit der gebotenen spielerischen Weite – Freude und Erkenntnis daraus zu ziehen vermögen und damit weiter in die Tiefen der Seele vordringen wollen.

Anmerkungen

1 So sind die Bakterien draußen schuld an unserer Krankheit, die böse Schwiegermutter an den familiären Problemen und der Vorgesetzte oder Mitarbeiter an unserem beruflichen Leid.

2 Dabei ist man sich meist der verlorengegangenen Bedeutung dieses Wortes, die darauf hinweist, daß einem etwas aus Gesetzmäßigkeit zu-fällt (zukommt), nicht mehr bewußt.

3 Diesen Gedanken der Zusammengehörigkeit von Beobachter und Umwelt finden wir übrigens auch bestätigt in der modernen Naturwissenschaft, etwa in der Heisenberg'schen Unschärferelation, welche besagt, daß der Experimentator selbst wirkender Bestandteil der von ihm betriebenen Versuchsanordnung ist. Das bedeutet, daß das Ergebnis von der Person des Experimentators abhängig ist. Dieser Gedanke ist für die herkömmliche alte (exoterische!) Betrachtungsweise der Naturwissenschaft insofern revolutionär, als man bis dato davon ausgegangen war, daß ein wissenschaftlicher Versuch seine Wissenschaftlichkeit gerade daraus bezieht, daß eine genau beschriebene Versuchsanordnung zu genau denselben Ergebnissen führen muß, unabhängig von demjenigen, der das Experiment durchführt. Man hätte also nach einem Fehler in der (vermeintlich objektiven) Beschreibung des Versuches gesucht, wenn zwei Probanden bei seiner Durchführung zu verschiedenen Ergebnissen gekommen waren. Ganz im Gegensatz dazu steht der esoterische Ansatz, der von der Heisenberg'schen Theorie in gewisser Weise bestätigt wird. Er lautet: Zu welchen Ergebnissen man bei gleicher Versuchsanordnung gelangt, hängt von dem Entwicklungsniveau des Experimentators ab. Das Ergebnis ist also ein Maßstab dafür, auf welchem Niveau der Proband angekommen ist. So kann der Alchemist daran erkennen, wo er steht, ob er bestimmte Versuche schon durchführen kann oder noch nicht. Um ein in diesem Bereich vielzitiertes und mißverstandenes Beispiel zu gebrauchen: Der Alchemist kann erst dann aus Blei Gold machen, wenn in ihm selbst aus »Blei« (Saturn) »Gold« (Sonne) geworden ist. Damit sind wir bei dem esoterischen Denkansatz gelandet, der lautet: »Wie oben, so unten«, bzw. »wie außen, so innen« oder auf unser Thema bezogen: »Wie der Partner (die Umwelt), so ich selbst«.

4 Es kann sehr hilfreich sein, einmal nicht wie üblich davon auszugehen, daß – abgesehen von Mendel'scher Vererbung – der Zufall oder böswilliges Schicksal ein solches »mißratenes Früchtchen« ins Nest gelegt haben, sondern davon auszugehen, daß man sich selbst, wenn auch unbewußt, gerade dieses Kind um eines speziellen Lernprozesses willen ausgesucht hat.

5 Nebenbei könnte dies dann auch bedeuten, daß der betreffende Arzt nicht aus Berufung oder Neigung zum Helfen Arzt geworden ist, sondern aus Gründen des Sozialprestiges oder mit pekuniären Absichten.

6 Vgl. dazu: Nicolaus Klein, *Das Arbeitsbuch zur Astrologie*, München 1990, S. 39f.

7 Diese Untersuchungsmethode habe ich ausführlich in meinem Buch *Die Systematik des astrologischen Häusersystems*, München 1992 beschrieben.

8 Das Niveau einer Horoskopinterpretation wird entscheidend durch den Interpretierenden beeinflußt, da die Symbolik an sich einen weiten Spielraum zuläßt.

9 Der Vollständigkeit halber sei hier erwähnt, daß man das Mandala Tierkreis auch noch weiter dazu verwenden könnte, zu untersuchen, was Dienen wirklich meint. Wenn man nämlich den Aszendenten auf Jungfrau (= Dienen) einstellt, so erhält man – wie hier am Beispiel Partnerschaft demonstriert – wiederum Zeichen/Häuser-Kombinationen, die etwas über das Wesen des Dienens aussagen. Bei dieser Einstellung könnte man etwa ablesen, daß die höchste Entwicklungsstufe des Dienens (= das 12. Haus der Jungfrau) Löwe ist, und das bedeutet: Führen. Die höchste Entwicklungsstufe des Führens (= das 12. Haus des Löwen) wäre wiederum Krebs, d. h. umsorgendes Sich-Einfühlen und dessen höchster Entwicklungsschritt (= Zwillinge) Offenheit und Neutralität etc. Mehr zu dieser Untersuchungsmethode in *Die Systematik des astrologischen Häusersystems.*

10 Dabei gilt natürlich, daß es keine »reinen« Tierkreiszeichen gibt, so daß das nun Gesagte überzogen klingen mag. Es trifft als Kennzeichnung des Tierkreiszeichenprinzips nicht nur dann zu, wenn etwa die Sonne (= das Verhalten) des Betreffenden dort steht, sondern gilt natürlich entsprechend auch für andere Horoskopfaktoren wie Mond (= Gefühlslage, Erwartungshaltung), Merkur (= intellektuelle Veranlagung) etc.

11 »Fischeln« nennt man in Bayern den beginnenden Zersetzungsgeruch von Algen oder Fischen.

12 Obwohl wir uns in einer intensiven gesellschaftlichen Umstrukturierungsphase – geprägt vom Wassermannzeitalter – befinden, in der alle alten Rollen überdacht, reformiert bzw. revolutioniert werden möchten, halten sich obsolet gewordene Vorstellungen noch immer hartnäckig, was ein »wirklicher« Mann oder eine Frau »eigentlich« sein sollte. Und obwohl sicherlich auch ein wahrer Kern an jenen Klischees sein mag und es wohl kaum eine beliebige Austauschbarkeit weiblicher und männlicher Eigenschaften geben wird, so fordert uns das Wassermannzeitalter auf, zu starke Polarisierungen zu lösen und uns auf einen neuen, experimentellen Umgang mit den Geschlechterrollen einzulassen, um sie danach vielleicht neu definieren zu können.

13 Vgl. Yul Brunner (Sonne Krebs) oder Charles Bronson (AC Krebs).

14 Vgl. z. B. Raquel Welch, Jacqueline Bisset.

15 Harm = althochdeutsch: Streit.

16 Damit ist gemeint, daß die Waage, obwohl in der betreffenden Situation verantwortlich zur Entscheidung berufen, sich dieser entzieht und sie anderen überläßt.

17 Dies ist nach dem Polaritätsgesetz dieser Welt natürlich unumgänglich, aber leider den wenigsten in seiner Deutlichkeit bewußt. Das chinesische T'ai-Chi-Symbol versinnbildlicht eben dieses Gesetz sehr gut, wenn man sieht, daß man im Zentrum der weißen Yang-Hälfte des Zeichens auf das schwarze Yin trifft und umgekehrt. So bewirkt im astrologischen »Mandala« das tiefe Eindringen in Waage (= Frieden) das Umschlagen in das Gegenzeichen Widder (= Krieg) und vice versa.

18 Ein schönes Filmbeispiel hierfür: »Belle de jour« mit Catherine Deneuve in der Hauptrolle. Catherine Deneuve ist selbst Waage (Sonne und 2 Planeten).

19 Diese wiederum entspricht in der medizinischen Symbolik dem Dickdarm oder Unrogenitalbereich, in dem sich beim skorpionbetonten Menschen bevorzugt Krankheitsprozesse abspielen.

20 Kamikaze waren die japanischen Selbstmordflieger, die sich im Zweiten Weltkrieg mit in Bomben verwandelten Flugzeugen auf amerikanische Schlachtschiffe stürzten, um einen Vernichtungssieg für den japanischen Kaiser zu erringen.

21 Suggestive und hypnotische Einflußnahme ist ein Lieblingsspielzeug unerlöster Skorpione.

22 Er ist der klassische Agrimony-Typ der Bachblütentherapie.

23 Man beachte die gemeinsame Sprachwurzel von Zeu-s und zeu-gen!

24 Darunter versteht man suchtartige Abhängigkeit von Arbeit.

25 »Es ist so und nicht anders« oder »man sollte dies tun«, anstelle von: »Ich halte dies für ...« oder »aus meiner Sicht ...«.

26 Der in ihm herrschende Planet ist Chronos/Saturn!

27 Z. B. als Angst in Aufzügen, U-Bahn-Schächten, engen Schluchten etc.

28 Das gilt besonders für weibliche Wassermänner.

29 Uranos, der Planetenherrscher des Wassermanns, wurde von seinem Sohn Chronos/Saturn entmannt (vgl. dazu näher N. Klein und R. Dahlke: *Das senkrechte Weltbild*, München 1986).

30 Dies bedeutet grundsätzlich nicht, daß Wassermänner zur Homophilie neigen. Jedoch wird das latent in jedem Menschen schlummernde homophile Potential von ihnen (gefolgt von den anderen Luftzeichen Waage und Zwillinge) am leichtesten freigesetzt.

31 Stimmungen also, wie sie Stanley Kubriks Film »2001« zeigt.

32 Jenes bocksfüßigen, Wein, Weib und Gesang trällernden, deftig-sinnlichen, animalisch-triebhaften Charakters (astrologisch: eine stark ausgeprägte Skorpion/Stier-Komponente), der die Elfen jagt, vergewaltigt und schwängert und so durch Mutterschaft »erdet«.

33 So kann ein im Schwimmbad »zufällig« aufgeschnappter Scheidenpilz ein begrüßter Vorwand sein, mit einem allzu sexhungrigen Mann nicht schlafen zu müssen, oder ein Beinbruch beim Skifahren dabei helfen, den verhaßten Job nicht mehr antreten zu müssen. Magenbeschwerden können die lange vermißte Zuwendung der sich nun um das Krankenbett versammelnden Familie sicherstellen und chronische Rückenbeschwerden können ein Hilferuf des Unterbewußten sein, charakterlich den rechten Einsatz von »Rückgrat« zu lernen. Vgl. zu dieser Thematik u. a. das Buch *Krankheit als Weg* von Dethlefsen/Dahlke oder die Folgebücher von Dahlke zur psychologischen Bedeutung von Krankheitsbildern.

34 So haben beispielsweise Beobachtungen von Victimologen (Verbrechensforschern) ergeben, daß Opfer von Raubüberfällen und sogar Vergewaltigungen dem potentiellen Täter durch eine (oberbewußt sicherlich nicht gewollte, aber vom Unterbewußten offensichtlich gesteuerte) Gestik und Verhaltensweise gleichsam angeboten haben, zu ihrem Opfer zu werden.

35 Eine kleine Anekdote mag verdeutlichen, was ich hiermit meine. Sie spricht davon, daß ein Mann mit einem Kamel an der Leine zu dem Propheten Moham-

med kam und zu ihm sprach: »Werter Mohammed, bevor wir über wesentlichere Dinge diskutieren, sagt mir doch bitte, ob ich das Kamel anpflocken soll oder einfach auf Allah vertrauen soll, daß es nicht wegläuft?« Und Mohammed soll geantwortet haben: »Pflock es erst an und vertraue dann auf Allah.« Damit ist gemeint, daß es Menschen gibt, die das Kamel mit Spezialstahlketten vertäuen würden und selbst dann noch das unsichere Gefühl hätten, nicht genug getan zu haben, und andere, die die Hände »demütig« in den Schoß legen und darauf vertrauen, daß Gott schon dafür sorgt, daß das Kamel nicht wegläuft. Der gesunde Menschenverstand sagt uns schon, daß nicht die Alternative, sondern die Vereinigung beider Aspekte das Richtige ist. Denn, mit welchen Mitteln sollte Gott etwas verhindern, wenn wir als Teil seiner Schöpfung ihm unsere Hände in scheinbarer Demut verweigern, und wo bliebe Gott in dieser Schöpfung, wenn wir ihm durch manisch mißtrauisches, übertriebenes Handeln keinen Raum mehr ließen. In diesem Sinne ist es gut, einerseits zu erkennen, daß alles, was geschieht, gut ist, und es dennoch möglich ist, etwas zu einer »Verbesserung« der Umstände beizutragen, so paradox und unlogisch dieser Satz zunächst erscheinen mag.

36 Oft kann man die Aufklärungs-Astrologie mit der esoterischen Astrologie, und die »Optimierungs-Astrologie« mit der exoterischen Astrologie gleichsetzen, da es der ersteren um die »Einsichten«, der letzteren dagegen um die »Aussichten« geht. Am besten versucht man auch hier nicht alternativ zwischen diesen Systemen zu unterscheiden, sondern kumulativ beide zusammenzunehmen, indem man die Ergebnisse beider Blickwinkel als Annäherung an die Wahrheit begreift.

37 Vgl. die Systematik des Zusammenhanges von Häusern und Tierkreiszeichen, wie ich sie in *Die Systematik des astrologischen Häusersystems* dargestellt habe.

38 Z. B.: Wenn der Mond des einen Partners im Widder, und der des anderen im Stier stehen, und man das Verhältnis der jeweiligen Beeindruckbarkeit untersuchen möchte.

39 Dieses Phänomen kann auch häufig bei Horoskopen beobachtet werden, bei denen Aszendent und Sonne im selben Zeichen stehen. Ähnlich der Regel, nach der plus mal plus minus, und minus mal minus plus ergeben, kehrt sich meiner Erfahrung nach bei diesen »doppelten« Tierkreiszeichen die Zeichenqualität oft in die des Gegenzeichens um, also: »doppelter Widder« = Waage, »doppelter Stier« = Skorpion etc.; und dies nicht nur, wie man vielleicht vermuten könnte, dann, wenn die Sonne ins 12. Haus zu stehen kommt, sondern auch bei Sonne im 1. Haus.

40 Widder ist als erstes Zeichen des Tierkreises, als Symbol für den »Urknall«, mit dem die Welt ihren (sichtbaren) Anfang nimmt, auch gleichzeitig Symbol für die »Inkarnation«, die Erscheinung des Göttlichen (= Symbol Sonne!) in der sichtbaren Welt. Der Ur-Beginn des Lebens aus dem Nichts heraus wird durch das erste Zeichen des Tierkreises, Widder, dargestellt.

41 Ich hoffe auf das Verständnis der Leser, wenn ich bei dem Versuch, mittels blumig-deftiger Bildersprache das »Klima« einzelner Archetypen einzufangen, karikaturistisch übertreibe. Solche zugegebenermaßen klischeehafte Ausdrucksweise ermöglicht es noch am ehesten, sich gleichnishaft an das so schwierig mit Worten zu erfassende Wesen der Tierkreiszeichensymbolik heranzutasten.

42 Eine klare Entsprechung für dieses mythologische Geschehen finden wir auch in der Astromedizin, in der dem Jupiter die Leber, und dem Mars die Galle zu-

geordnet wird. Kann die Galle nicht abfließen (z. B. durch Gallensteine oder eine Verengung der Gallenwege) und ihr aggressives Tun, bei dem Fett im Verdauungsprozeß (auch eine Jupiteranalogie!) umgewandelt wird, nicht in den Stoffwechselprozeß umsetzen, so greift sie – zurückgestaut – die Leber als ihren eigenen Produzenten an.

43 Eine Unterscheidung, die auch im Strafrecht getroffen wird.

44 Das wußte auch Paracelsus, der darauf hinwies, daß jeder gleichsam auf seinem eigenen Heilmittel sitzt, ohne es zu sehen, weil er anderenorts danach sucht.

45 Das meint, daß der Schütze anderen aufgrund seiner weitblickenden Veranlagung oft gut helfen kann, aber mit seiner eigenen Persönlichkeit (»das Haus« ist ein beliebtes Bild für die Persönlichkeit) oft genug Probleme hat, die er hinter humorvoller Fassade kaschiert.

46 Wer einmal Kühe beim Schwimmen beobachtet hat, kann verstehen, daß dies für sie nicht der reine Genuß ist.

47 Diese Aussage bezieht sich freilich immer auf das Entwicklungsniveau einer Tierkreisumdrehung und trifft nicht zu, wenn wir das Schütze-Prinzip auf unerlösterer Ebene und das Zwillinge-Prinzip auf höherer Entwicklungsstufe in Bezug zueinander setzen. (Vgl. zu der Frage des Entwicklungsniveaus meine Ausführungen in *Die Systematik des astrologischen Häusersystems.*)

48 Schütze gilt in der klassischen Astrologie als Zeichen der »großen (globalen) Reisen«, Zwillinge dagegen als Zeichen der »kleinen Reisen«.

49 Sehr lesenswert ist die gleichnamige Kurzgeschichte von Manfred Kyber in: *Das Manfred Kyber Buch.*

50 Er sagt nein, wenn er ja meint, und ja, wenn er innerlich nein sagen möchte.

51 In den Zersetzungsprozessen im Skorpionmonat November, wo die Natur nicht mehr Lebensfähiges ausscheidet und verfaulen läßt, wird der Humus für die »nächste Generation« gelegt.

52 Verhalten ist hier wörtlich gemeint in der Form, daß es meint, sich zu etwas zu verhalten; also im Sinne von Zurückhaltung, Mäßigung, differenzierter Ausdrucksweise.

53 Süddeutscher und österreichischer Ausdruck für »wilde Ehe« oder andere lockere Beziehungen ohne Trauschein.

54 Dieser Typ wirkt in seiner Perfektion oft roboterhaft glatt.

55 Der Begriff Ent-Scheidung leitet sich ja von der Handlung ab, das Schwert zu ent-scheiden, aus der Scheide zu ziehen, also der ihr im Tierkreis entgegengesetzten Widder/Mars-Symbolik.

56 In der altgriechischen Grundbedeutung heißt Katastrophe vor allem: Der Wendepunkt und hat nicht die einseitig negative Bedeutung, die wir heute mit dem Begriff Katastrophe verbinden. Für den Skorpion trifft beides zu. Einmal bringt er sich in seiner masochistischen Veranlagung oft genug in wahrhaft katastrophale Situationen. Andererseits geht es ihm dabei tatsächlich oft auch um die (zumindest für ihn) nur dort mögliche Wandlung und Metamorphose.

57 Es gibt freilich auch Skorpiontypen, die nicht anti-ästhetisch eingestellt sind, sondern sich in manisch-perfektionistischer Art um eine Ästhetik bemühen, die auch ideologischen Hintergrund hat, wie man sie etwa in den rituellen Ansätzen japanischer Kunst wiederfindet (Ikebana, Cha-do etc.).

58 In diesem Tierkreiszeichenbezug werden wichtige Naturgesetze abgebildet. Der Schlüssel heißt: Waage ist das 10. Zeichen des 10. Zeichens (Steinbock) und in der Übersetzung: Das Ziel aller Ziele (oder: das Ergebnis aller Ergebnisse) ist Energieausgleich (Harmonie). Wissenschaftlicher formuliert: Systeme (Steinbock) streben (Steinbock) einen Zustand der Ausgeglichenheit (Waage) an.

59 Dies spiegelt sich deutlich in astromedizinischen Zuordnungen wieder, wenn dem Schützen die Oberschenkelregion mit ihrer typischen Weitsprungmuskulatur zugeordnet wird, dem Wassermann dagegen die Wadenregion (Wadenmuskulatur) und das Sprunggelenk, anatomische Bereiche, die vor allem für den Hochsprung wichtig sind.

60 Schütze beispielsweise wird in der Bachblütentherapie durch Agrimony (Odermennig) repräsentiert. Dieses Mittelbild entspricht einem Typus, der auf die Frage, wie es ihm denn gehe, ohne zu zögern »glänzend« antwortet, auch wenn er seinen Kummer gerade im Alkohol ertränken muß. Und Wassermann gleicht oft genug dem nach außen für den unsensiblen Beobachter witzigen, innerlich aber melancholischen Harlekin, der in seinem schwarz-weißen Kostüm in der Zirkuskuppel die Leute zum Lachen bringt, während ihm eine Träne die Wange hinabläuft.

61 Analog der Formel: Das 12. Haus (Fische) ist das 4. Haus des 9. Hauses (Schütze) und der dazu möglichen Auslegung: Das Kloster, die Einsamkeit, ist die Wiege, der Mutterboden (= 4. Haus) der Religion.

62 Die Antwort spielt darauf an, daß Meinungen auch nach scheinbarer Verobjektivierung immer Mein-ungen bleiben und nie den Status einer Unser-ung oder gar den der All-ung erreichen, der alleine den Anspruch auf die ganze Wahrheit beanspruchen könnte; Mein-ungslosigkeit dagegen ist Ego-losigkeit, bezeichnet einen Zustand, in dem das kleine Ich wie ein Tropfen im Ozean aufgeht und damit an dessen Wahrheit teilhat.

63 Charakterlosigkeit ist in diesem Zusammenhang nicht als negative Wertung zu verstehen, sondern als wertfreie Eigenart.

64 N. Klein, *Arbeitsbuch zur Astrologie*, München 1990.

65 Nicht im wertenden Sinne von Egoismus, denn dies ist mehr eine Frage, auf welcher Entwicklungsstufe das 1. Haus gelebt wird, und kann nicht alleine aus einer Besetzung des 1. Hauses geschlossen werden.

66 Eine gute rhythmische Zuordnung ist die, die die ersten 12 Monate im Leben eines Menschen mit dem Ablauf der 12 Häuser (oder auch Tierkreiszeichen) gleichsetzt : 1. Haus (Widder) = 1. Monat, 2. Haus (Stier) = 2. Monat, 3. Haus (Zwillinge) = 3. Monat … usf. Wenn man bei dieser Analogie die Erfahrungen, die man beispielsweise in der Kinderheilkunde zum kindlichen Entwicklungsschema der ersten Monate und Jahre gemacht hat, mit dem Häuserzyklus vergleicht, ergeben sich höchst aufschlußreiche Beobachtungen. So entsteht in aller Regel im 3. Lebensmonat (= 3. Haus) beim Säugling schwerpunktmäßig die Lächelreaktion auf das frontal dargebotene Gesicht der Mutter oder Bezugsperson, eine erste wesentliche Kontaktaufnahme mit der Umwelt, nachdem der Säugling vorher vor allem mit der Verarbeitung innerer Reize beschäftigt war (2. Haus/Stier).

67 Das 5. Haus steht in Analogie zum Tierkreiszeichen Löwe und zeigt so den Charakter des Katzenhaften, Streunenden, das sich nicht domestizieren lassen möchte, sondern nur aus freien Stücken zum Schmusen kommt.

68 Das 7. Haus als Haus der Gegensatzanziehung ist somit auch das klassische Haus der Verliebtheit. Bei dieser Gelegenheit sei mir ein kurzer Exkurs zu den Begriffen Verliebtheit und Liebe gestattet. Es erscheint mir wichtig, diese beiden Begriffe nicht miteinander zu verwechseln. Verliebtheit kann als süß schmeckende Neurose definiert werden, Liebe dagegen als Erfüllung. Verliebtheit braucht, was zur Ganzheit fehlt; Liebe läßt überfließen, was aus Erfüllung quillt. Verliebtheit sagt: Ich kann ohne dich nicht leben und zeigt so kindliche Abhängigkeit; Liebe sagt: Ich möchte mein Leben mit dir teilen und fließt aus erwachsener Souveränität. Liebe ist All-Eins, Verliebtheit ohne den einen Partner allein. Definiert man diese Begriffe so, wie hier vorgeschlagen, so ergibt sich daraus auch die – für so viele sicher provokative – Aussage, daß Liebe sich im Überfließen auf die jeweilige Umgebung des Liebenden ergießt und nicht auf einen Partner beschränkt ist, wogegen die »notleidende« Verliebtheit den einen Partner braucht und damit oft auch ver-braucht oder miß-braucht.

69 Astrologisch kann der Aszendent gleichsam als Gürtellinie verstanden werden, die den »Bauch« (die Häuser 1–6) von dem tagbewußten »Kopf« (die Häuser 7–12) trennt.

70 Vgl. zur Systematik der Häuser auch Fußnote 37.

71 Wer die Qualität der Beziehungen des 11. Hauses aus der Systematik des Häuserkreises ableiten möchte, der möge sich vor Augen führen, daß das 11. Haus das 3. Haus des 9. Hauses ist, also jenes Haus, in dem die Dinge des 9. Hauses ausgetauscht (= 3. Haus) werden; das Haus, in dem man sich über die Sinnhaftigkeit des Daseins, über Religion und Weltanschauung (= 9. Haus) unterhält (= 3. Haus). Das 11. Haus beschreibt also die »philosophischen« (9. Haus) Zwillinge (3. Haus).
Wem diese Betrachtungsweise der Bezüglichkeit der Häuser untereinander noch ungewohnt ist, der sei auf die Lektüre meines Buches *Die Systematik des astrologischen Häusersystems* verwiesen, in dem diese Methode ausführlich behandelt ist.

72 Vgl. dazu das Symbol für Wassermann.

73 Griechisch: Liebe im Sinne von »schenkender Nächstenliebe«.

74 Siehe dazu: N. Klein, *Das Arbeitsbuch zur Astrologie,* München 1990.

75 Der in der Symbolik bereits ein wenig Geübte, erkennt hier schnell die Parallelen zwischen Säure als männlichem Prinzip und Base als weiblichem und der »Partnerschaftsfunktion« der Niere (als paarigem Organ!), zwischen männlichen und weiblichen Interessen einen organischen Ausgleich zu schaffen. Wie wichtig diese Funktion ist, erkennen wir auf der somatischen Ebene daran, daß eine nur geringe Abweichung von dem ausgeglichenen PH-Wert im Blut zu lebensbedrohlichen Krankheitserscheinigungen führt. Der Symbolkundige wird also von einer diagnostizierten Nierenerkrankung den Rückschluß auf eine entsprechende Partnerschaftsproblematik wagen können, eine Schlußfolgerung, die selbst in psychosomatischen Zusammenhängen denkenden Medizinern oft verschlossen bleibt.

76 Etwa, wenn die Mutter einen Widder-Aszendenten und eine Löwe-Sonne hat, und der Vater einen Krebs-Aszendenten und eine Fische-Sonne und damit die Rollenverteilung nicht nach der Geschlechtlichkeit, sondern nach dem astrologischen Archetyp bestimmt ist.

77 Selbst wenn der andere ein persönliches Interesse daran hätte einem zu schaden, könnte das aus dem hier eingenommenen Blickwinkel vernachlässigt wer-

den, weil der Spiegel eben immer nur abbildet, was im Inneren ist. Schadet mir draußen jemand mutwillig, so zeigt dies eben nur, daß ich mir selbst gerade mutwillig Schaden zufüge. Der Partner ist lediglich Instrument für mich, dies zu erkennen. Die konsequente Umkehrung dieses Gedankens heißt freilich auch, daß die Auf(oder Er-)lösung des innerseelischen Problems quasi automatisch ebenso zu einer Auflösung der Probleme im Außen führt.

78 Das Horoskop zeigt den »Empfängerhorziont« des Horoskopeigners oder, anders ausgedrückt, die (selektierende) Brille, durch die die sogenannte objektive Realität verzerrt beim Horoskopeigner ankommt. So erfährt jeder Mensch »Realität« subjektiv anders, nämlich als *seine* Realität. Viele zwischenmenschliche Probleme existieren nur deshalb, weil wir meinen, ein anderer müßte dasselbe Geschehen auch so wahrnehmen wie wir selbst. In Wirklichkeit nimmt sich jeder aus der ihm angebotenen Realität nur das, was die Brille seiner Persönlichkeit durchläßt. Das Horoskop wirkt aber nicht nur als Realitätsfilter, sondern in gewisser Weise auch wie ein Magnet, der bestimmte Strukturen in der Umwelt anzieht. Das bedeutet, daß ein bestimmtes Kind seine Mutter nicht nur durch seine Brille als charakteristisch empfindet, sondern auch einen bestimmten »objektiven« Muttertypus anzieht. Dabei sind Ähnlichkeit einerseits, und besonders deutliche Kontraste andererseits die am häufigsten vorgefundenen »Magnetismen«, wohl deshalb, weil sie für das so wichtige Thema der Selbsterkenntnis am fruchtbarsten wirken.

79 Gemeint ist hier die englische Prinzessin Diana und deren »schamhaftes« Lächeln von unten nach oben.

80 In der überlieferten Astrologie heißt es demgemäß, daß die Position der Venus (besonders im Horoskop des Mannes) die ersehnte Geliebte anzeigt (so z. B. die Venus im Krebs eine in ihrem Geburtsbild stark krebsbetonte Frau, die Venus im Löwen eine »Löwin« etc.). Im weiblichen Horoskop gilt dies für die sinnliche (Venus) Ansprechbarkeit zwar auch, doch wird hier der Marsposition die Bedeutung des Wunschliebhabers zugewiesen (also Mars im Widder sehnt sich nach einem Widder als Geliebtem), was daraus verständlich ist, das Mars das Symbol schlechthin für Männlichkeit im triebhaft-erotischen Bereich ist.

81 Ich möchte dieses Buch – wie schon mein *Arbeitsbuch zur Astrologie* – nicht als Buch von astrologischen »Kochrezepten« verstanden wissen, die dem Leser jede Eigenkreativität nehmen und ihn nur zum Nachbeten vorgezeichneter Interpretationen veranlassen, zumal es davon schon eine Unzahl mehr oder weniger guter Bücher auf dem Markt gibt. Der schwerere Weg, nämlich der nach der Suche eigener Gedanken und Symbolbilder zu einer vorgegegebenen Konstellation, ist langfristig gesehen der tiefgründigere und ertragreichere, zumal er den Leser veranlaßt, sich anhand der vorgegebenen Konstellation mit eigenen ähnlichen Themenkreisen auseinanderzusetzen und nicht nur »draußen« über etwas »hinwegzulesen«.

82 Obwohl es eine eigentlich unzulässige Vereinfachung darstellt, könnte man hier – wie auch bei den folgenden Tierkreiszeichen – davon sprechen, daß der ersehnte Partner die Sonne in dem entsprechenden Tierkreiszeichen (hier Widder) haben sollte, wie es auch oft in der Literatur erwähnt wird. Exakter ist es freilich zu differenzieren, was genau am anderen das Anziehende ausmacht. So deutet eine Venus im Widder bei einem Partner, dessen Körperlichkeit besonders attraktiv erscheint, auf Partner hin, die den *Aszendenten (= Körperlichkeit)* im Widder stehen haben. Ist es dagegen die Ausstrahlung des anderen, die anzieht, so müßte sich seine Sonne im Widder, ist es sein Intellekt sein Merkur im Widder usw. befinden.

83 Das Sich-Hingezogen-Fühlen zum anderen ist aus der Sicht der Venus das Bedürfnis, durch die Ergänzung (Waage-Venus) oder die Assimilation (orales Thema der Stier-Venus) das Andere zum Eigenen zu machen, um so in die Mitte zu gelangen: Thema der Integration von »Schatten« auf dem Weg zum Heilen (= Ganzen). Beispielhaft wäre dafür die (unterbewußte) Hoffnung, durch die Vereinigung mit dem anderen etwa dessen Körperlichkeit zur eigenen machen zu können. Dabei wird in der Regel übersehen, daß dies bestenfalls in einem Dritten, nämlich dem Kind aus der Beziehung, Form annehmen kann.

84 Ob man einen in einem weiblichen Horoskop beispielsweise im Löwen stehenden – also entsprechend »feurigen« und tendenziös »chauvinistischen« – Mars als Frau auch entsprechend im Sinne erotischer Beutezüge leben kann, wird freilich entscheidend mitbestimmt von der Ausprägung des Gesamthoroskopes. Bei Vorliegen einer Krebssonne und eines Stier-Aszendenten wird dies trotz der Marsanlage ähnlich wenig möglich sein, wie bei stark bremsenden Aspekten zum Mars z. B. einer Konjunktion mit Neptun oder ähnlichem.

85 Der Unterschied könnte auch dadurch herausgearbeitet werden, daß Mars im Widder den Partner erkämpfen, Mars im Stier ihn dagegen erringen will.

86 Eine »Kriegführung« wie sie der berühmte römische Feldherr Fabius Maximus mit dem Beinamen cunctator (= lat. der Zögerer) bekannt gemacht hat.

87 Diese Position ist nach der Tradition der Astrologie die Stellung der »Erhöhung« oder »Würden«. Dies wohl deshalb, weil der Mars hier in seiner unzähmbaren Natur Bändigung durch Regeln, Verantwortung und Ehrgefühl (Steinbock) erfährt.

88 Hier spielt die Mythologie des Saturninen, nämlich die Angst vor Machtverlust durch die Nachkommen eine wichtige Rolle. (Jupiter als Sohn des Saturn setzt seinen Vater ab und erfüllt damit die Prophezeiung, die Saturn wegen der Absetzung und Tötung des eigenen Vaters Uranos gemacht worden war.)

89 An dieser Stelle soll noch einmal darauf hingewiesen werden, daß man bei seriöser Horoskopinterpretation einzelne Deutungskomponenten, wie beim Beispiel Mars im Wassermann nicht isoliert betrachten darf. Auch wenn ich hier von der »klassischen Seitensprungsymbolik« spreche, reicht diese Konstellation allein nicht für eine zwingende Veranlagung in diese Richtung aus, sondern zeigt nur eine Komponente. Beim Hinzukommen anderer, in dieselbe Richtung weisender Komponenten (z. B. Uranus im 5. Haus, Venus im 12. Haus etc.) wird ein Gesamtbild in dieser Richtung schon klarer. Aber selbst dort, wo die Gesamtsymbolik zwingend erscheint, bleibt dem Horoskopeigner immer noch die Chance, die Symbolik auf anderen Ebenen (etwa über den Weg der Sublimation) zu erfüllen. Es gilt auch hier der astrologische Lehrsatz: Die Symbolik an sich ist zwingend, nicht aber die Art und Weise, sie zu erfüllen.

90 Hier reicht das Spektrum von einer Kreuzritter-Mentalität bis hin zu der Ritterlichkeit des seinen Mantel mit dem Bettler teilenden St. Martin.

91 Zum Beispiel auf der physischen Ebene in Form der Haut(grenze), auf der seelischen Ebene durch die Grenze zwischen Vorlieben und Abneigungen, oder auf der geistigen Ebene durch Standpunkte und Mein-ungen.

92 Dem liegt der Erfahrungssatz zugrunde, daß tabuisierte Bereiche wie Magneten anziehend wirken. Je größer der Widerstand (oder das Tabu), desto größer der Magnetismus.

93 Und dies am besten bewußt, da das der letzten Endes angenehmere Weg ist, als die Angst zu verdrängen, und uns dann im Unterbewußten mit ihr auseinandersetzen zu müssen.

94 Schon dieser Ausdruck wäre dem Neptun fremd, da er als das grenzauflösende Prinzip mehr als alle anderen Horoskopfaktoren die Möglichkeit schafft, unter Auflösung einer Subjekt-Objekt-Grenze im Universum – und damit in allen seinen Gestaltungsformen – aufzugehen.

95 Vgl. Hermann Hesse, *Siddhartha.*

96 Nicht selten in der Variation des Süchtigen, der vergeblich gegen seine Sucht ankämpft und sich immer tiefer darin verstrickt.

97 Im oben genannten fruchtbaren Sinn von grundsätzlicher Wandlung.

98 Das Opfer der Materie (= Matrix = Mater = Mutter = Körperlichkeit) für die Bewußtwerdung ist eine der Schattierungen, in denen das Prinzip des Pluto sich zeigt.

99 Vgl. N. Klein *Das Arbeitsbuch zur Astrologie.*

100 Vgl. Dane Rudhyar, *Der Sonne-Mond-Zyklus.*

101 Dieser Beginn ist wichtiger, als er zunächst scheint. Denn viele Ratsuchende, die Partnerschaftsprobleme haben, sind noch der weitverbreitenden Täuschung erlegen, daß ihre Probleme mit dem Partner zu tun haben. Sie kommen also beispielsweise mit dem Horoskop des Partners, um vom Astrologen die Bestätigung dafür zu erhalten, wie schwierig der Partner ist. Sie wollen damit von den eigenen Problemen ablenken und verkennen, daß ihr Problem auch ihr *eigenes* Problem ist. Hier ist also Aufklärung darüber nötig, daß ein Mensch, der keine Probleme mehr mit sich hat, auch keine mit dem Partner haben wird, da der Partner nur die eigenen Probleme spiegelt und bewußt macht. Daher muß das Horoskop des Fragestellers am Anfang der Betrachtung stehen und untersucht werden, welche Probleme der *Fragesteller* selbst mit dem Thema Partnerschaft hat – und zwar ganz allgemein und unabhängig davon, mit welchem konkreten Partner er gerade liiert ist.

102 Dabei möchte ich nochmals hervorheben, daß der mit Abstand wichtigste Punkt die Analyse der Situation des *Fragestellers* ist, also der Gliederungspunkt I und die nachfolgenden Punkte – II: Analyse von P2 und III: der Partnerschaftsvergleich – soll nur zur Abrundung der Gesamtbetrachtung dienen. Ich erwähne dies auch deshalb so ausdrücklich, weil der Partnerschaftsvergleich (PV) in der Literatur meist als der entscheidende Faktor hingestellt wird, und damit der große Fehler begangen wird, den Ratsuchenden in der Haltung zu bestätigen, daß die Ursache für seine Probleme außerhalb seiner Person zu suchen seien. Die Astrologie dient dann – wie sonst oft der Verweis auf das Milieu und die böse Umwelt – als Alibi für das eigene Ungemach und gibt dem Betroffenen nicht die Möglichkeit, seinen Eigenbeitrag als entscheidend zu betrachten.

103 Vgl. zum Auszählverfahren der Elementpunkte: N. Klein, *Das Arbeitsbuch zur Astrologie,* S. 28 ff.

104 Dabei muß auch hier klargestellt werden, daß damit nicht Wertungen derart vorgegeben sein sollen, daß etwa Du-Bezogenheit als besser als Egozentriertheit angesehen wird. Die Bezogenheit auf sich selbst ist – wie die Farbe einer Blüte – eine wertfreie Eigenschaft des Betreffenden, die man persönlich zwar als angenehm oder unangenehm empfinden mag, die aber an sich weder positiv noch negativ ist. So wird die Annehmlichkeit eines Du-bezogenen Menschen, der sich viel um den anderen kümmert, durch dessen Abhängigkeit und Schwierigkeit, sich mit sich selbst zu beschäftigen, ebenso aufgewogen, wie der – oft als egoistisch in Mißkredit gebrachte – vorwiegend mit sich selbst be-

schäftigte Egozentriker, als Ausgleich dafür eben anderen weniger durch seine Ansprüche an die Umwelt zur Last fällt.

105 Viel eher, als wenn man dies zwanghaft anzustreben versucht, weil man sich in seiner egozentrischen Veranlagung ablehnt. Dies ist Ausdruck des »seelischen Grundgesetzes«, welches da lautet: »Widerstand macht magnetisch« oder anders ausgedrückt: Durch Ablehnung eines bestimmten Sachverhaltes oder einer Eigenart lädt man gerade diese gleichsam magnetisch auf und bindet sich dadurch unnötig lange daran.

106 Diese Neigung wird durch die Besetzung extravertierter Zeichen (Feuer und Luft) betont, durch die Besetzung von Tierkreiszeichen, die Introversion oder Abkapselung ausdrücken, dagegen abgeschwächt. So ist für einen Menschen mit einer sehr ausgeprägten Steinbockbetonung im 3. Quadranten zwar die Umwelt (3. Quadrant = Rechtsbetonung) überdurchschnittlich wichtig, andererseits wird er sich dort durch seine steinbocktypische distanzierte Verhaltensweise oft wie durch eine Glaswand von den anderen isoliert fühlen.

107 Das heißt bei vorwiegender Besetzung der Herbst- und Winterzeichen: Waage bis Fische.

108 Vgl. dazu näher N. Klein, *Das Arbeitsbuch zur Astrologie.*

109 Vgl. dazu a.a.O. S. 80 ff.

110 Einleuchtend, aber weniger verbreitet, ist auch die Zuordnung des Saturn zum absteigenden und des Jupiter zum aufsteigenden Mondknoten, welche auch auf die Symbolik der Gefangenheit in ersterer Form (Saturn) als Ausgangspunkt (südlicher Mondknoten) und den Weg in die sinnhafte Entwicklung (Jupiter) zum nördlichen Mondknoten bezug nimmt.

111 Pluto erscheint hier optisch zwar noch im 6. Haus. Da er aber nur knapp ein Grad von der Häuserspitze 7 entfernt steht und so eine Konjunktion mit ihr eingeht, muß er schon als im 7. Haus stehend gedeutet werden. Dies würde bis zu einem Abstand von 2 Grad zur Häuserspitze gelten, da dies der gemeinsame Orbis von Pluto (Orbis 4 Grad) und Spitze 7 (alle Achsen haben Orbis 0 Grad) ist. Die umgekehrte Situation haben wir beim Mond, der zwar rein rechnerisch noch in das 7. Haus fallen würde, aber wegen seiner Konjunktion mit der Spitze des 8. Hauses schon in diesem gedeutet werden muß. Jupiter steht gerade noch im 7. Haus. Denn er ist bei seiner Position von 14 03' Jungfrau noch über 2 1/2 Grad von der von der Häuserspitze 8 (= 16 47' Jungfrau) entfernt. Erst bei einem Abstand von weniger als 2 1/2 Grad würde er aber mit dieser eine Konjunktion eingehen (Orbis des Jupiter = 5 Grad; Orbis Spitze 8 = 0 Grad; gemeinsamer Orbis 2,5 Grad und sich so in das 8. Haus ziehen. Genaueres zu den Orben ist nachzulesen im *Arbeitsbuch zur Astrologie,* S. 48 f.

112 Diese Reihenfolge zeigt uns im übrigen nicht nur das Kräfteverhältnis der einzelnen (7. Haus-)Planeten untereinander an, sondern kann auch noch als Indiz für die *zeitliche Reihenfolge* von Geschehensabläufen im 7. Haus gewertet werden. Die Horoskopeignerin in unserem Beispiel wird in Beziehungen also zunächst mit Absolutheitsansprüchen (Pluto) konfrontiert sein, im weiteren Verlauf über Auflösungsprozesse (Neptun) zur direkten Konfrontation (Mars), und zuletzt zur Toleranz (Jupiter) hinfinden.

113 Man könnte hier sogar auch noch die Opposition zu Pluto nennen, obwohl – rein rechnerisch gesehen – der von mir benützte Orbis hier nicht mehr ganz ausreicht (Venus = 5; Pluto = 4; ergibt nur einen gemeinsamen Orbis von 4,5 Grad). Doch einmal darf hier darauf hingewiesen werden, daß die Orben – wie

die verschiedene Schulrichtungen der Astrologie zeigen – sehr dehnbar gehandhabt werden können und ein ängstlich schematisches Klammern an den Orbisregeln nicht sinnvoll ist, zum anderen wirkt Pluto durch seine enge Konjunktion mit dem Mond über dessen Opposition zur Venus auch auf diese ein.

114 Ich habe – obwohl es ganz unwahrscheinlich erscheint, daß die Identität des Briefeschreibers aufgrund der Daten ermittelt werden könnte – aus dem Leser sicher einleuchtenden Gründen des Persönlichkeitsschutzes aus dem wörtlich zitierten Brief alle Daten entfernt, die sein Geheimhaltungsbedürfnis gefährden könnten.

115 Mond die Weiblichkeit in der mütterlich-umsorgenden, ernährenden und behütenden Komponente und Venus die verführerische Weiblichkeit, die erotisch leicht und primär die Sinnlichkeit, weniger die Geborgenheit, anspricht.

116 Nur am Feuer fehlt es bei beiden Horoskopen, aber alles kann man in einem Partner eben selten finden.

117 Vielleicht hatte er unterbewußt gerade gehofft, daß seine ihm intellektuell überlegene Frau ihm dabei helfen kann.

118 Auch hier also ein klassischer Fall von Projektion, indem S. davon ausgeht, daß die Astrologie ebenso geheimniskrämerisch veranlagt sein müsse, wie er selbst.

119 Damit meine ich nicht nur intellektuelle Billigung, sondern darüber hinaus ein tieferes Verständnis der Zusammenhänge auch »mit dem Herzen«.

120 Ein Altersunterschied von zehn oder mehr Jahren wird sich zwar in der Mitte des Lebens weniger trennend spüren lassen, wenn beispielsweise der eine Partner 30 Jahre alt ist und der andere 45, härter wird es dann, wenn der 70jährige mit den noch wesentlich vitaleren Bedürfnissen eines 55jährigen Partners nicht mehr mithalten kann. Dann kann der Altersunterschied durchaus als etwas Trennendes erfahren werden.

121 Auf die man zur Erklärbarkeit des Phänomens nicht unbedingt angewiesen ist, da sich dieselben Muster auch in diesem jetzigen Leben finden lassen.

122 Deren Aufzählung beileibe nicht abschließend ist, sondern nur beispielhaften Charakter hat.

123 Die extremste Form dieser Variante finden wir dort, wo nicht aus persönlicher Liebe geheiratet wird, sondern um der machtsichernden Familienzusammenführung willen in Herrscherhäusern oder auf Beschluß eines »Familienrates«, der die Partner – notfalls auch gegen deren Willen – miteinander verkuppelt.

124 Als Beispiel dazu möge dienen, daß der Betreffende sich darüber informiert, in welchem Durchschnittsalter feste Beziehungen eingegangen werden und sich nun zeitlich unter Leistungsdruck setzt, obwohl er (sie) nach der persönlichen inneren Uhr zu einer ganz anderen als der »Durchschnittszeit« reif wäre.

125 Was noch stärker durch Saturn in 5 ausgedrückt wird.

126 Vgl. dazu das Buch von Peter Schellenbaum, *Das Nein in der Liebe.*

127 Dies gilt übrigens sinngemäß auch für alle Menschen, die eine sehr starke Fische-Betonung aufweisen (AC-Fische, Sonne-Fische, Mond-Fische und mehr als 3 Planeten in Fische).

128 Gibt es ein schöneres Bild für den illusionären Charakter des Neptun als die Filmleinwand, die in ihrem vielfarbigen Schimmern Realität vormacht und doch nichts ist als Stoff und Lichtspiel?

129 Der astrologische Anfänger tut sich häufig schwer mit solchen Horoskopen, die mehrere der hier besprochenen Konstellationen im 7. Haus aufweisen, wie

z. B. Saturn und Neptun in 7. Haus. Man darf dann nicht dem häufig gemachten Fehler zum Opfer fallen, zu fragen, welche der beiden – so widersprüchlich erscheinenden – Deutungen die richtige sei. Auch hier heißt die Lösung nie: »entweder-oder«, sondern immer: »sowohl-als auch«. Im obigen Beispiel von Neptun und Saturn im 7. Haus ergibt sich demnach die Aussage, daß der (die) Horoskopeigner(in) in der Partnerschaft sowohl einen beamtenhafte Sicherheit versprechenden (Saturn) Partner sucht, als auch einen schillernden Bohemien (Neptun). Es soll durchaus Menschen geben, die beides in sich vereinigen können und somit partnerschaftliche »Zielgruppe« des Horoskopeigners sind. Daneben können dann die allgemeinen astrologischen Regeln zur Stärke eines Planeten (wie etwa diejenige, die besagt, daß ein Planet umso stärker wirkt, je näher er der Häuserspitze steht, oder Regeln zu Erhöhung bzw. Fall, Domizil und Exil von Planeten) helfen, herauszufinden auf welchen von mehreren Themen der Akzent liegt.

130 Für Bayern: »Fang-a-Mandl-Beziehung«.

131 Dies erklärt sich daraus, daß der Partner ihm nicht mehr den Gefallen tut, seinen Freiheitsdrang für ihn (in der Projektion) zu leben, und damit der Uranus als eigenes Freiheitsbedürfnis empfunden werden kann.

132 Diese Mutprobe wird ähnlich schwer sein, wie die erste, denn wer zunächst erfahren hat, vom anderen begehrt zu werden, aber auf seine Öffnung hin vom anderen scheinbar abgelehnt wird, spürt den starken Impuls, dem Partner beweisen zu wollen, daß er der Zuneigung würdig ist, wozu er nun dem anderen hinterherläuft.

133 Vgl. dazu das Wassermann-Symbol als Domizil des Uranus.

134 Bei Dominanz der weiblichen Elemente Wasser und Erde dominiert die »Masochistenrolle«, bei Überwiegen der männlichen Elemente die »Sadistenrolle«. Unabhängig von der Elementenverteilung im Horoskop tendieren Frauen eher zum Masochismus und Männer eher zum Sadismus.

135 Hinter dieser »Freiwilligkeit« verbarg sich allerdings ein verdecktes »Investitionsdenken«, welches – unausgesprochen – damit rechnet, daß der Partner sich ebenso »absolut« in die Beziehung einbringt oder aber diesen durch Schuldgefühle an sich binden möchte.

136 Dies ist ein Begriff von Guggenbühl, einem Therapeuten Jung'scher Tradition, der die Individuationsehe in seinem sehr lesenswerten Buch *Die Ehe ist tot – es lebe die Ehe* der überlebten Form der »Versorgungsehe« gegenüberstellt.

137 In diese Kategorie fällt auch das Muster, welches sich Zuwendung nur in Form der Bestrafung erlaubt. Der Partner wird dort so lange durch Sticheleien oder Aggression gereizt, bis er zuschlägt. Wenn der Betreffende Zuwendung bisher noch nie in einer anderen Form erlebt hat, konditioniert er sich in der geschilderten Weise, da ihm (ihr) Ohrfeigen noch lieber sind, als links liegen gelassen zu werden. Als ein extremes Beispiel wären in diesem Zusammenhang Jugendbanden zu nennen, welche durch ihre Aggressionslust die »Zuwendung« in Form der Bestrafung von außen herausfordern.

138 Interesse in seiner wörtlichen Übersetzung aus dem Lateinischen: Inter = dazwischen, esse = ein, zeigt die Qualität des »Zwischen-den-Stühlen-Sitzens« auf, die sich auch im Partnerschaftsbereich bemerkbar machen wird.

139 Vergewaltigung bietet – trotz der häßlichen Begleiterscheinungen – für solche Frauen eine willkommene Möglichkeit, die Verantwortung an den (die) Vergewaltiger abzugeben, da sie selbst als ohnmächtiges Opfer doch eigentlich nicht

zu der sexuellen Handlung beigetragen habe. Die versteckte Hoffnung, der Vergewaltiger würde nun die Verantwortung für die Konsequenzen aus der sexuellen Begegnung (z. B. das Kind) übernehmen, ist freilich illusionär.

140 Hier auch zu verstehen als die verführerische Frau »ohne Unterleib«.

141 Im Extremfall kann es zu Verfolgungswahnvorstellungen und Vergewaltigungsphobien kommen, die die eigene »Jungfräulichkeit« bedrängen. Zu diesem Themenkreis sehr lesenswert ist das Buch von James Hillman: *Pan* .

142 Salzburger Nockerln sind ein windbeutelartiges, duftiges Eiersoufflé, eine Spezialität der österreichischen Küche.

143 In der Verhaltenspsychologie fand man heraus, daß ein rundliches, »pausbäkkiges«, weiches Ausdrucksschema mit großen (Kinder-)Augen, wo auch immer es in der Natur – etwa in der Gestalt von Tieren – auftritt, zu Liebkosungs- und Hätschelungsreaktionen bei dem Betrachter führt, während asketisch-strenge, kantige Züge keine derartigen »mütterlichen Instinkte« freisetzen. So lädt ein rundlicher Pandabär gleichsam dazu ein, sich ihm beschützend und umsorgend zu nähern, während auch noch so hilflos kleine Schlangen oder Echsen eher abstoßend wirken. Dieses Prinzip ließ sich in einfachen abstrakten Zeichnungen – einmal rundes Gesicht mit großen Augen, zum anderen länglicher Kopf, mit kleineren Augen – nachweisen. Die Sympathie mit Mutterreflex lag signifikant bei rundlichen kindlichen Formen.

144 Dieses Phänomen ist immer wieder Anlaß für die Gegner der Astrologie, die Unwirksamkeit der Astrologie damit nachweisen zu wollen, daß sich bei (fast) identischen Horoskopen durchaus verschiedene Schicksalsverläufe ergeben. Die Verschiedenheit dieser Schicksale hat aber eben gerade damit zu tun, daß zwei »Schüler« (= Horoskopeigner) mit derselben »Schulaufgabe« (= Horoskop) je nach ihrem menschlichen Reifegrad (der sich im Gegensatz zu andersartigen Astrologenmeinungen *nicht* im Horoskop ablesen läßt) unterschiedlich umgehen und damit auch verschiedene »Noten« erhalten. So kann die Aufgabe Mars in 7 auf unreifem Niveau in Form von Handgreiflichkeiten (Mars) dem Partner gegenüber (7. Haus) gelebt werden, oder aber in der Form, ihm »ritterlich« und ehrlich zu begegnen und sich gegenseitig anzuregen (Mars). Die Konstellation als solche zwingt weder zu der einen, noch zu der anderen Möglichkeit. Diese liegen im *Entscheidungspielraum des »Schülers«*. Dies genau zu betrachten, ist auch deshalb von Bedeutung, weil sich darin der wesentliche Unterschied des exoterischen und des esoterischen Weltbildes offenbart. *Exoterischer Astrologie* geht es um den objektiven Nachweis, daß bestimme Konstellationen zu konkreten Ergebnissen (unabhängig vom Horoskopeigner) führen. Sie versucht dies – mehr oder weniger erfolgreich – mittels statistischer Untersuchungen zu bestimmten Konstellationen. *Esoterische Astrologie* dagegen sieht das Horoskop als eine dem Horoskopeigner als Schüler übertragene Lebensaufgabe an, die je nach Schülerniveau zu unterschiedlichen Ergebnissen führen wird. Im Gegensatz zu der festlegenden exoterischen Astrologie ist es ihr auch möglich, beratend zu helfen, indem sie auf die verschiedenen Möglichkeiten, ein und dieselben Konstellation zu erlösen, hinweisen kann.

145 Der »Erlösungsgrad« bemißt sich hier (wie auch bei allen anderen Konstellationen) vor allem an der *Abhängigkeit* vom Thema der Konstellation.

146 Die Wertung »illegitim/legitim« ist nämlich stark gefärbt von einem viktorianischen Moralismus, der alles unterhalb der Gürtellinie (= AC-DC-Linie!) als unmoralisch betrachtete und damit die 5. Haus-Beziehung abwerten mußte. Die heutige, offenere Einstellung dem Thema Sexualität gegenüber macht eine

wertfreie Betrachtung dieser Häuser leichter. Danach steht beim 7. Haus die Ergänzung durch den Partner, die Sehnsucht nach einer mit dem Partner zu findenden Gesamtharmonie im Vordergrund, während das 5. Haus den erotischen Selbstausdruck innerhalb der Beziehung betont.

147 Feuer frißt sich in die nahrungsspendende Umgebung (den Brennstoff) förmlich hinein, während Wasser gleichsam osmotisch in sie eindringt, sie lösend in sich aufnimmt und adhäsiv an ihr »netzt«. Im Gegensatz dazu stehen die »neutralen« Elemente Luft (Unverbindlichkeit gedanklicher Luftschlösser und Relativierung des Lebens) und Erde (sachliche Skepsis, objektivierende Distanz, ängstliche Abgrenzung).

148 Das 5. Haus als »Feuerhaus« und Löwe als Feuerzeichen kommen dem feurigen Naturell des Mars entgegen.

149 Dieser Aspekt ist oft ein Zeichen dafür, daß die Wünsche anderer für die eigenen gehalten werden.

150 Vgl. zur Strukturdeutung von Horoskopen: *Das Arbeitsbuch zur Astrologie.*

151 Symbolisch pikant ist an dieser Dame auch die Tatsache, daß sie als Steinbock-Sonne (!) zu-fällig (was einem gesetzmäßig alles zufällt?!) den Namen »von Stein« trägt. Die hier oft angemeldeten Bedenken, die darauf hinweisen, daß der Name nicht ursprünglich, sondern angeheiratet sei, treffen den Punkt nicht, denn es bleibt ganz gleichgültig, *auf welche Art und Weise* das Schicksal kennzeichnet (auch ein Kind bekommt gesetzmäßig seinen Namen von den Eltern); wichtig ist, *daß* es überhaupt dazu kommt.

152 Peter Boerner: *Johann Wolfgang von Goethe, in Selbstzeugnissen und Bilddokumenten dargestellt,* Reinbek 1978.

153 Auch in der Schilderung der Persönlichkeit von Charlotte v. Stein kommt das Steinbock-Thema ihrer Sonne plastisch zum Ausdruck.

154 Bei der Aspektbetrachtung können wir uns im 90-Grad-Kreis einen schnellen Überblick über die großen Spannungsaspekte (Quadrat, Opposition) zusammen mit den Konjunktionen und deren Exaktheit verschaffen, die sich hier ja alle als Konjunktionen darstellen.

155 Die ebenfalls gegebene Konjunktion mit dem MC ist hier hypothetischer Art, da in Ermangelung einer exakten Geburtszeitangabe Charlotte v. Steins von den Mittagsständen der Planeten ausgegangen wurde. Dabei ist die Ungenauigkeit der Mondposition am größten; sie kann maximal 6 Grad von der eingezeichneten Position abweichen.

156 Es empfiehlt sich, zunächst die Spannungsaspekte zu analysieren, da sie in aller Regel die Lernaufgaben der an einer Beziehung beteiligten Personen beschreiben, während die weichen Aspekte (Trigon, Sextil) mehr die Bereiche umschreiben, die sich ohne Reibung auf einen Nenner bringen lassen.

157 Kritiker mögen hier einwenden, daß es sich bei dem Pluto um einen Kollektivaspekt handelt, da diese Plutoposition ganzen Jahrgängen gemeinsam ist. Dies ändert aber nichts daran, daß Goethe eben diesen Aspekt in der Person Charlottes repräsentiert fand und durch sie mit ihm in Berührung kam.

158 Nach solchen Aspekten versucht die Vulgärastrologie zu entscheiden, wer zu wem paßt. Frei nach dem Motto: »Tierkreiszeichen, die im Trigon oder Sextil zueinander stehen, passen gut zueinander, solche, die in Opposition oder Quadrat zueinander stehen, sollten gemieden werden«. Bei genauem Hinsehen wird dabei die Verbindung männlicher Zeichen mit männlichen und weiblicher mit weiblichen bevorzugt. Dieser »Geschlechterinzest« mag zwar hohe Rei-

bungslosigkeit garantieren, verhindert aber die Fruchtbarkeit, die sich aus der Gegensatzspannung der (astrologischen) Geschlechter oder der Oppositionszeichen innerhalb eines Geschlechtes (z. B. Löwe/Wassermann) ergibt. Stimmiger erscheint mir der Ansatz, der Astrologie nicht als Vermeidungsstrategie zur »Verbesserung des Lebens« betrachtet, sondern als Versuch, mit ihrer Hilfe die Sinnhaftigkeit und die Aufgabenstellungen »zufällig« sich ergebender Partnerschaften zu erkennen.

159 Dies setzt im Gegensatz zum reinen Aspektvergleich aber voraus, daß die Geburtszeit und damit das Häusersystem bekannt ist. Im vorliegenden Beispiel steht zwar Goethes Häusersystem fest, so daß die Planetenstände der Partnerinnen dort eingezeichnet werden können. Mangels exakter Geburtszeiten der Frauen kann diese Methode in den weiblichen Horoskopen dagegen nicht praktiziert werden.

160 Peter Boerner: *Johann Wolfgang von Goethe*, S. 62 f.

161 Dies gilt besonders für Menschen, die – wie Goethe – schon in sich selbst viel kreative Spannung angelegt haben und sie deshalb auch im Umweltspiegel wiederfinden.

162 Diese Konjunktion ist trotz der ungewissen Geburtszeit Christianes sicher, da ihr Mond von dem hier zugrunde gelegten Mittagsstand (bei dem er in gradgenauer Konjunktion mit Goethes Sonne steht) maximal 6 Grad abweichen kann und damit immer noch gut im Orbis liegen würde.

163 Als »Lebenslichter« werden in der klassischen Astrologie Sonne und Mond bezeichnet.

164 In Zahlen 10 Grad Widder = 10 Grad; 10 Grad Zwillinge = 70 Grad; Halbsumme = (10 + 70):2 = 40 Grad, was 10 Grad Stier entspricht.

165 Ich habe hier bewußt noch einmal alle die Hauptfaktoren aufgezählt, um deutlich zu machen, wie unwahrscheinlich es ist, daß die Partner in all diesen Komponenten gleich stark sind.

166 Ich spreche hier deshalb von »bestenfalls«, weil es durchaus fraglich sein kann, ob es immer das Ideal zwischen zwei Partnern darstellt, wenn sie mit derselben Intensität in die jeweils eigene Richtung ziehen, so daß sich ein »mittlerer Kompromiß« ergibt, wie ihn das Composit darstellt. In vielen Situationen wird es angemessener sein, wenn der eine oder andere nachgibt, das heißt seine Kraft zurücknimmt, und sich dem Partner anschließt, je nah der speziellen Lage der Dinge.

167 Das Compositháusersystem wird üblicherweise so berechnet, daß aus den beiden Partner-MC's der gemeinsame (Halbsummen-)Composit-MC ermittelt wird und von diesem ausgehend für die Breite des (den Lebensschwerpunkt der Beziehung beschreibenden) Aufenthaltsortes der AC und die übrigen Häuser aus der Häusertabelle entnommen werden. Wenn wir im Beispiel für die Venus den MC einsetzen, kommen wir also einmal zu einem Composithäusersystem mit MC (Comp) = 11 Grad Krebs; und einem zweiten mit MC (Comp) = 11 Grad Steinbock und den jeweils dazu stimmigen Häuserspitzen.

168 Hier werden häufig Fehler bei der Interpretation von Compositхoroskopen gemacht. Die rechte Horoskophälfte des Composits beschreibt logischerweise den »Umraum« der Beziehung, also das, was aus der Sicht der Beziehung »die anderen« sind. Ein linksbetontes Composit wäre demnach als auf sich selbst zurückgenommene Beziehung zu deuten, die weniger Kontakt mit Dritten aufnimmt, während Composits mit einem z. B. starken 3. Quadranten Bezie-

hungen beschreiben, die wie ein »Tag der offenen Tür« gelebt werden wollen, d. h. Dritten die Teilnahme an der Beziehung ermöglichen.

169 Ich greife bei der Definition des Aszendententhemas gerne auf eine Formulierung des Münchner Astrologen Wolfgang Döbereiner zurück, der den AC sinngemäß und in Anspielung auf die Weisheit der Märchen als »das Verwunschene im Menschen« bezeichnet, »was durch die Heldenreise des Menschen durch sein Leben aus der Verzauberung erlöst werden möchte«.

170 Was in unserem Beispiel praktisch gesehen nicht der Fall war.

171 Es ist wichtig den Begriff Katastrophe in ihrer altgriechischen Grundbedeutung zu verstehen, die auch soviel wie »Umkehrpunkt«, »Wende« meint, nicht in der heutigen verkümmerten Bedeutung von »Unglück« oder »Unfall«. Die eigentliche, alte Bedeutung veranschaulicht, daß wir oft an Extremsituationen heran müssen, um eine wirkliche Wende, eine Wandlung und Metamorphose zu erreichen, und genau dies meint auch das Krisenthema (Krisis = altgriech.: Entscheidung) des 8. Hauses.

172 Das soll beileibe kein Angriff auf die Naturwissenschaft als solche sein, denn Gott sei Dank gibt es auch dort, und besonders in deren geistiger Spitze, so bescheidene Repräsentanten, die trotz ihrer qualifizierten Arbeit das unergründliche der Schöpfung bestehen lassen können, ohne gleich an einer Profilneurose zu leiden. Ein schönes Beispiel dafür ist der Nobelpreisträger für Chemie von 1977 Ilja Prigogine, der über sein Fachgebiet, die Thermodynamik in der physikalischen Chemie (Thermodynamik ist ein gleichnishaftes Wort: Bereiche, in denen Wärme (Thermo-) und Dynamik eine Rolle spielen, mithin *lebendiges Sein)* als Ergebnis seines Forschens aussagt, daß er keine Aussagen über die Entwicklung von Systemen mehr machen kann. Systeme entwickeln sich auf eine offene, letztlich nicht definierbare Weise. Eine solche Ansicht zu vertreten, zeigt Größe und Mut. Denn sie gibt nichts mehr vor, an das sich der ängstliche Intellekt klammern könnte, nichts, was als »Patentlösung« beruhigen könnte. Kleine Geister dagegen brauchen für alles Sicherheit versprechende Regeln und haben nicht den Mut zu dem sokratischen: »Ich weiß, daß ich nichts weiß«. Sehr lesenswert: Ilja Prigogine, Isabelle Stengers: *Dialog mit der Natur,* München 1980.

173 Einen Zeitpunkt, der sich obendrein oft nicht genügend exakt festlegen läßt.

174 Moderne Forschungsergebnisse zu den Themen Liebe und Beziehung scheinen die enorme Bedeutung dieses ersten Begegnungsmomentes auch zu bestätigen.

175 Und wenn dies einer der Partner »zu statistischen oder analytischen Zwecken« tut, so ergibt sich wohl daraus allein, auch ohne astrologische Kenntnisse, eine treffende Aussage über die Leidenschaftslosigkeit und Nüchternheit der sexuellen Veranlagung.

176 Ausnahmen sind die heute gar nicht mehr so seltenen Fälle, wo der kirchliche Rahmen als »schmucke Bühne« für die Feierlichkeit gewählt wird, ohne über den »Barockrahmen« hinaus tiefere Sinnhaftigkeit in das Geschehen zu legen. Auch bei dieser oberflächlichen Handlungsweise ist jedoch geistlichen Ritualen eine Kraft zuzubilligen, die unabhängig von der Zustimmung durch die »Schauspieler« ist, so daß selbst dann, wenn Kirche nur als Staffage eingesetzt wird, eine tiefergehende Wirkung als bei der standesamtlichen Trauung entsteht.

177 Dazu muß man schon »einen Vogel haben« oder Astrologe oder etwas ähnlich Unseriöses sein!

Literatur

Boerner, Peter: Johann Wolfgang von Goethe, in Selbstzeugnissen und Bilddokumenten dargestellt, 13. Auflage, Reinbek 1978
Dethlefsen, Thorwald/Dahlke, Rüdiger: Krankheit als Weg. Deutung und Bedeutung der Krankheitsbilder, Neuauflage, München 1986
Guggenbühl-Craig, Adolf: Die Ehe ist tot – lang lebe die Ehe, Zürich 1981
Hesse, Hermann: Siddhartha. Eine indische Dichtung, Neuauflage, Frankfurt a. M. 1977
Hillmann, James: Pan, Zürich 1981
Klein, Nicolaus: Der wunderbare Kreis, München 1988
Klein, Nicolaus/Dahlke, Rüdiger: Das senkrechte Weltbild, München 1986
Klein, Nicolaus: Das Arbeitsbuch zur Astrologie, München 1990
Kyber, Manfred: Das Manfred Kyber Buch. Tiergeschichten und Märchen, Reinbek 1990
Rudhyar, Dane: Der Sonne-Mond-Zyklus. Ein Schlüssel zum Verständnis der Persönlichkeit, Wettswill 1988
Schellenbaum, Peter: Das Nein in der Liebe. Abgrenzung und Hingabe in der erotischen Beziehung, Stuttgart, 1984
Prigogine, Ilja/Strengers, Isabelle: Dialog mit der Natur. Neue Wege naturwissenschaftlichen Denkens, München 1980

Deutungsschema

I. Horoskop des Fragestellers (= Partner/P1)

1. Das Horoskop von P1 (Grundsätzliches):

a) Die Elemente und das Thema Partnerschaft
b) Die Quadranten und Partnerschaft
c) Die Grunddeutung: AC/Sonne/Mond/MC
d) Die Mondphase und Partnerschaft
e) Die Planeten und das Thema Partnerschaft
f) Die Mondknotenachse

2. Das Horoskop von P1
(Spezielle partnerschaftliche Veranlagung)

Die »Partnerschaftshäuser« von P1

a) Das 7. Haus / Planeten in 7 / Herrscher von 7
b) Das 5. Haus / Planeten in 5 / Herrscher von 5
c) Das 3. Haus / Planeten in 3 / Herrscher von 3
d) Das 11. Haus / Planeten in 11 / Herrscher von 11
e) Das 8. Haus / Planeten in 8 / Herrscher von 8

II. Das Horoskop des anderen Partners (P2)

1) Grunddeutung von P2 (wie I,1)
2) Spezielle partnerschaftliche Veranlagung von P2 (wie I,2.)

III. Der Partnerschaftsvergleich (PV) im engeren Sinne

1. Der Aspektvergleich (Synastry) zwischen P1 und P2
2. Das Composithoroskop von P1 und P2
3. Das Combinhoroskop von P1 und P2)
4. Horoskope auf den Beginn der Partnerschaft von P1 und P2:

a) Das Horoskop auf den 1. Blick
b) Zusammenziehen (Beginn der Wohnungsgemeinschaft)
c) Intimkontakt
d) Heirat (standesamtlich/kirchlich)
e) Das Horoskop auf den Zeitpunkt der Fragestellung zur Beziehung (Stundenastrologie)

Knaur

Astrologie

(4281)

(4131)

(4112)

(4172)

(86039)

(86058)